인공지능시대, 민주주의의 미래를 찾다

숫자로 읽는
한국의
지방자치

인공지능시대, 민주주의의 미래를 찾다

숫자로 읽는
한국의
지방자치

초판 1쇄 인쇄 2026년 3월 26일
초판 1쇄 발행 2026년 3월 31일

지은이 유문종·유한봄
펴낸이 김승희
펴낸곳 도서출판 살림터

기획 정광일
편집 이희연·송승호·조현주
북디자인 꼬리별

인쇄·제본 (주)신화프린팅
종이 (주)명동지류

주소 서울시 양천구 목동동로 293, 2215-1호
전화 02-3141-6553
팩스 02-3141-6555
출판등록 2008년 3월 18일 제313-1990-12호
이메일 gwang80@hanmail.net
블로그 http://blog.naver.com/dkffk1020
한국교육연구네트워크 www.kednetwork.or.kr

ISBN 979-11-5930-360-9 03350

인공지능시대, 민주주의의 미래를 찾다

숫자로 읽는
한국의
지방자치

유문종·유한봄 지음

살림터

지방자치, 민주주의를 다시 배우는 학교

민주주의는 제도만으로 유지되지 않는다. 제도는 틀을 제공할 뿐, 그 틀 속에서 민주주의의 숨을 불어넣는 것은 시민의 참여와 자치의 힘이다. 지방자치가 '민주주의의 학교'라 불리는 이유는 여기에 있다. 시민은 자기가 사는 지역에서 문제를 발견하고, 토론하고, 참여하고, 함께 해결하는 경험을 통해 자치의 힘을 키우고 공동체를 지켜간다. 이웃과 소통하며 그들의 삶에 공감하며 연대의 힘을 배운다. 이렇게 민주주의의 원리를 체득한다.

그렇다면 다음과 같은 질문에 우리는 어떻게 대답할 수 있을까 자문해 본다.

우리는 지금 민주주의를 어디에서 어떻게 배우고 있을까? 국가 차원의 선거와 권력 교체만으로 민주주의를 이해하고 있지는 않은가? 중앙정부의 정책 변화에 따라 민주주의의 수준이 오르내린다고 믿어온 것은 아닐까? 최근 해일처럼 몰려오는 인공지능AI 시대, 민주주의는 어디로 향해 가야 하는가?

물음에 대한 답은 잠시 뒤로 미루고 글을 이어간다. 다른 측면에서 민주주의를 바라보면 민주주의는 한 번에 완성되는 제도가 아니다. 선거를 치르거나 권력을 선출하는 행위만으로 민주주의가 작동하는 것도 아니다. 우리는 지난 수십 년 동안 민주주의를 단지 국가권력의 문제, 국가 차원의 정치 체계라고 생각해 왔다. 주민의 생활 현장을 벗어난 상층 중앙정부에서 벌어지는 일로 여겨 왔다.

국회에서 누가 다수당이 되었는지, 혹은 누가 대통령이 되었는지, 그리하여 국가가 어떤 방향으로 움직이려 하는지에 따라 민주주의의 수준이 달라지는 듯 보였다. 그러나 그동안의 경험은 한 가지 사실을 분명히 알려준다. 민주주의는 국가권력과 정부에서만 일어나는 제도와 정책이 아니라, 일상의 가장 작은 단위에서 시작된다는 생활문화이며 삶의 방식이라는 것이다.

한국 사회는 오랫동안 양극화와 갈등 속에서 흔들려 왔다. 공동체의 연결망은 느슨해지고, 정치적 극단화는 서로에게서 등을 돌리게 했다. 책임은 사라지고 권력만 비대해져 왔다. 사회 곳곳에서 '책임 없는 권한'이 증폭되고 있다. 작은 이익을 둘러싼 경쟁이 더욱 치열해졌다. 연대는 점점 희미해졌다. 이 모든 과정에서 민주주의는 제도적 틀을 유지하고 있는 것처럼 보였다.

하지만 사회적 약자를 배려하는 포용 사회의 꿈은 멀어지는 듯하다. 타협하며 협력하는 연대의 힘이 약해지고 있다는 우려가 높아진다. 권리와 권한을 뒤로 미루고 책임을 앞세우는 시민성의 부재를 안타깝게 바라본다. 거리와 광장에서의 목소리는 살아 있으나, 일상의 삶 속에서 조용한 헌신은 사라지고 있다. 이렇게 시민이 스스로 민주주의를 경험하고 학습할 공간과 기회가 줄어들고 있다. 이에 더해 사람과 사람이 아닌 사람과 컴퓨터, 컴퓨터와 컴퓨터가 소통하며 펼쳐지는 인공지능AI 시대는 이전과는 다른 관점과 노력이 필요할 것이다.

이 책이 지방자치를 다시 '민주주의의 학교'라고 부르는 이유는 바로 여기에 있다. 지방자치는 국가의 주변부가 아니다. 오히려 국가란 정부와 지방정부라는 두 개의 권력인지도 모른다. 민주주의가 위기에 빠졌을 때 나서는 구원투수도 아니다. 지방자치는 민주주의 바로 그 자체이며, 민주주의가 걸어갈 미래이기도 하다.

지방자치 현장은 민주주의가 구체적 삶과 만나는 가장 앞에 있는 공간이다. 정부의 정책이 국가 전체를 생각하며 설계된 것이라면, 지방정부의 정책은 지역의 골목과 마을, 시장과 학교, 문화센터와 도서관처럼 실제 시민들이 살아가는 장소를 향해 있다. 그만큼 시민의 목소리가 직접적으로 영향을 미치는 장소이기도 하다. 민주주의가 일상의 언어로 전환되는 곳, 갈등을 해결하는 기술을 배우는 곳, 자치를 경험하며 시민성을 키워가는 곳이 바로 지방자치 현장이다.

그리고 모두가 느끼고 있듯이 오늘날 우리가 마주한 문제들은 과거와 전혀 다르다. 기후위기, 초고령사회, 돌봄과 안전에 대한 요구, 산업구조의 변화, 기술 혁신과 불평등의 심화 나아가 인공지능AI 시대가 던져주는 인간의 주체성과 주도력의 문제까지, 이전에 한 번도 겪어보지 못한 난제들이다. 이에 더해 한국은 수도권 집중이라는 누적된 문제에 돌파구를 찾지 못하고 있다.

우리가 풀어나가야 할 이런 문제들은 서로 얽히고 겹쳐 어느 하나만의 해결로는 충분하지 않은 복합성을 띠고 있다. 그래서 모든 문제 해결의 출발은 개별이 아닌 협력, 한두 번의 돌파가 아닌 꾸준한 지속, 가시적 현상 속에 있는 본질의 변화를 추구해야 한다. 한 방향으로 향해서 일직선으로 흐르는 정책을 넘어서야 한다. 한두 층위를 연결하는 협업보다 더 다양한 계층이 통합된 접근이 필요한 시대다.

정책의 중심도 옮겨져야 한다. 여전히 진영과 이념에 묶여 있는 중앙의 설계가 아니라 문제가 발생하고 변화가 시작되는 현장의 경험과 현실에서 출발해야 한다. 이 지점에서 지방자치는 단순한 행정 단위가 아니라 복잡한 문제를 몸으로 겪는 시민과 지역 공동체가 스스로 대응하고 학습하며 성장하는 플랫폼이 된다. 지역마다 문제의 형태가 다르고,

해결 방식 또한 다를 것이다. 바로 이런 사실이 민주주의가 본질적으로 다양성 위에서 작동해야 한다는 것을 일깨운다. 그리고 이 다양성은 시민이 스스로 판단하고 토론하고 선택하는 과정을 통해 비로소 제도 안에서 살아 움직인다.

지방자치는 시민을 민주주의의 주체로 성장시키는 과정이다. 지역의 문제를 자신과 연결해서 바라보고 그 문제를 공동의 과제로 재구성하며, 함께 해결책을 만들어 가는 경험은 민주주의의 원칙을 생활 속에서 체득하는 실질적 학습이 된다. 이처럼 시민의 성장은 지방자치가 민주주의와 만나는 가장 중요한 지점이다.

특히 우리가 앞으로 살아갈 인공지능AI 시대에는 시민의 힘市民力이 꼭 필요하다. 다수 시민이 발휘하는 이러한 시민의 힘이 확장되어야만 비로소 인간은 컴퓨터와 공존할 수 있다. 민주주의 가치를 깊이 이해하고 그것을 지켜가려는 시민의 힘만이 컴퓨터가 통제하고 극소수의 권력자가 지배하는 어두운 미래를 피할 수 있다. 시민의 힘이 성숙해 가야만이 시민 개개인의 창조적인 삶을 지키고, 모든 시민이 활기차게 생활하는 공동체를 만들어 갈 수 있다. 이렇듯 민주주의의 미래, 아니 인류 공동체의 미래는 오롯이 시민의 힘에 달려 있다.

이 책은 지방자치의 역사를 '숫자'로 다시 읽어보려는 새로운 시도다. 지방자치를 포괄적으로 설명하는 대신, 숫자라는 렌즈를 통해 지방자치를 읽어보는 색다른 방식을 제안한다. 숫자 하나하나에는 구조적 변화, 제도적 발전, 시민의 참여라는 이야기들이 촘촘하게 들어 있다. 지방자치의 흐름 속에서 반복적으로 등장하는 숫자들은 우리가 놓쳐온 민주주의의 진실을 조용히 말해주고 있다. 우리는 이 숫자를 읽으며 한국 민주주의가 어떤 과정을 거쳐 성장해 왔는지, 그리고 앞으로 어디를 향해 나가야 하는지를 다시 생각하게 된다.

숫자는 우리에게 많은 것을 알려준다. 헌법 조문의 숫자 96과 97은 지방자치가 민주주의를 지켜가는 과정에서 얼마나 중요한지를 증명한다. 헌법에 명시되어 있는 지방자치가 왜 30년 동안이나 임시조치법과 부칙이라는 잠금장치로 봉인되었는지, 그리고 그렇게 함께 봉인된 지방자치와 민주주의가 1990년 10월 8일에 어떻게 풀리기 시작했는지 알려준다.

지방자치단체의 변화를 알려주는 숫자는 275에서 243으로 움직였다. 시·군·구의 분포는 75, 82, 69라는 숫자로 표현되고, 지방의원의 정수는 5,170에서 3,621로 되레 줄어드는 역전의 그래프를 그렸다. 지방의회 최소 정수는 7명으로 한다는 제도적 한계가 35년을 훌쩍 넘긴 지금까지 이어지며 지역 민주주의의 취약성을 드러내고 있다. 지방의회 회기 30일과 50일은 지방의회가 실제로 의제를 다룰 수 있는 시간을 제한해 왔다.

그러나 또 다른 숫자들은 희망을 보여준다. 조례는 0건에서 577,384건까지 쌓여 왔다. 이 숫자는 지역이 스스로 만든 삶의 규칙이자 '시민의 문제를 해결해 온 기록'이다. 조례의 영역은 다양한 영역으로 확장되어 갔다. 6~7개의 분야로 구분하기에는 부족해 11개 분야로 나누어야 할 만큼 확장되었다. 아니 그보다 더 다양하고 넓고 깊게 확장되었다. 다만 필자는 편의상 11개 분야로 정리했을 뿐이다.

현행조례만 117,370건에 이른다. 그리고 현행조례를 존재하도록 만든 연혁 조례 577,384건은 지방자치가 어떤 길을 걸어왔는지 세밀하게 보여준다. 청년과 여성의 진출을 보여주는 3과 1,626은 지방정치가 점점 더 다양한 주체를 받아들이고 있음을 알리는 신호다. 참여 연령이 21세에서 20세, 19세, 그리고 마침내 18세로 낮아진 것은 민주주의의 교실 문이 넓게 열린 사건이다.

이 책은 본문을 총 5부로 구성했다. 제1부는 '제도적 기반을 만든 숫자들'의 이야기다. 지방자치의 헌법적 의미와 역사 속에서의 성장 과정,

그리고 무엇이 그 성장을 막아 왔는지, 장애를 어떻게 극복하며 지방자치의 시대를 열었는지를 숫자로 되짚는다. 제1장 「96-97, 118-119-임시조치법과 부칙에 막힌 지방자치」, 제2장 「9와 3, 그리고 13의 힘-지방자치 부활 전야」로 두 장의 제목을 잡았다.

제2부는 '지방정부의 구조를 만든 숫자들'이다. 한국 지방자치가 어떤 구조 위에서 운영되고, 그 구조는 어떻게 바뀌어왔는지 수량적 변화로 설명한다. 제3장 「12와 11, 그리고 9와 8-숫자가 말해주는 숫자가 말해주는 지방자치의 역사」, 제4장 「243부터 275까지-자치 숫자의 변화」, 제5장 「75·82·69 그리고 17-자치 현장의 구조를 읽다」라는 제목을 가진 세 개의 장이다. 지방정부의 유형과 변화가 왜 지역성, 자치권, 민주주의의 문제와 직결되는지를 보여준다.

제3부는 '시민의 삶을 바꾼 조례의 숫자들'로 조례에 대한 이야기다. 조례에 관한 필자의 인연과 함께 조례의 의미를 쉽게 풀어서 전달한다. 그리고 지방자치의 성과는 결국 조례로 나타나며, 조례가 어떻게 시민의 생활세계와 맞닿아 있는지를 보여준다.

제6장 「0이라는 조례의 숫자-내 친구 조례를 소개합니다」, 제7장 「122,740에서 117,370으로-지방자치의 세월을 기록하는 숫자들」, 제8장 「11과 117,370-조례가 말해주는 민주주의 지도」, 제9장 「11과 577,384-조례로 읽는 지방자치 30년, 제도에서 삶으로」 등 4개 장으로 구성했다. 조례의 양적·질적 변화는 지방자치가 어떻게 '제도에서 삶으로' 확장되었는지를 드러낸다.

제4부는 '자치를 막은 통치 숫자들'로 지방의회 관련 제도 설계의 한계와 실제 운영 현실을 지방의회의 숫자로 분석한다. 지방의회의 자치권이 어떤 구조를 통해 막혀 있는지 생생하게 전달하려고 했다. 4부는 제10장 「5,170에서 3,621로-국회가 정한 지방의원 정수의 모순」, 제11장 「숫자 7의 저주-최소 의회에 남아 있는 통치의 숫자」, 제12장

「30·50·120·150-시간의 자치를 회복하다」로 구성해 지방의회의 자율성, 대표성, 책임성이 어떻게 제도에 의해 제한되어 왔는지 밝힌다.

마지막 순서인 제5부는 '민주주의 참여를 바꾼 숫자들'로 지방자치의 희망을 보여주는 숫자들을 소개한다. 선거권과 피선거권의 괴리를 좁혀 가며 민주주의를 확장하려는 노력과 함께 이러한 노력을 정면으로 막아서는 무투표 당선이라는 정치 현상의 의미를 대비해 보여주고 싶었다. 그리고 청년과 여성 정치인의 등장과 확대로 지방자치에 새로운 바람이 일어나 변화를 촉진하길 바라는 마음을 담았다.

13장 「18세·19세 선거연령-참여의 문턱이 낮아진 숫자들」, 14장 「108·381, 축배인가 독배인가-선거가 사라진 지역의 숫자들」, 15장 「청년·여성 3·1626-지방정치에 스며든 희망의 숫자들」 등 세 개의 장이다. 누가 정치에 참여할 수 있으며, 어떤 지역에서 민주주의가 위험에 빠지고 있는지, 정치·세대·성별 구조가 어떻게 변화되어 왔는지를 수치로 보여준다.

이 책은 이러한 숫자들을 따라가며 지방자치의 역사를 다시 읽는다. 총 5부 15장의 구성은 헌법과 지방자치 제도에서 출발해, 지방정부의 구조와 변화의 과정, 지방자치의 꽃이라 말할 수 있는 조례를 살펴본다. 그리고 그 조례를 만드는 지방의회의 자치권을 막고 있던 중앙 통치의 실상과 새로운 미래를 만들어 가는 희망의 숫자를 찾아간다.

앞에서 던진 질문이 필자에게 던지는 숙제였다면 다음은 이 책을 읽는 독자에게 드리고 싶은 질문이다. 이 책을 읽으며 답을 찾을 수 있기를 바라며 아래와 같은 질문을 던진다.

지방자치는 과연 한국 민주주의를 지켜왔는가?

그렇다면 어떤 숫자 속에 남아 있는가?

타율과 통치의 벽을 넘어 자치와 민주주의로 가는 숫자는 어디에서 발견할 수 있을까?

이 질문에 대한 답은 이제, 책 속에서 함께 찾을 수 있기를 바란다.

책을 읽기 전에 알려드릴 정보가 하나 더 있다. 이 책은 전문이론이나 어떤 주장을 내세우기 위한 쓴 책이 아니다. 단지 시민이 생활하고 있는 공간인 지역에서 일어나는 일을 전달하고 싶어 글을 시작했다. 생활 현장에서 반복하는 일상이 어떻게 국가와 연결되는지, 우리의 일상을 구성하고 있는 지방자치의 현실은 어떤지 궁금했다. 그리고 그 현실은 어떤 역사적 과정을 거쳐 왔는지, 또 좀 더 나은 주민의 삶이 만들어지기 위해서는 무엇이 필요한지 생각하며 순서 없이 글을 썼다.

책으로 묶는 과정에서 순서를 정해보고, 글의 내용을 정확하게 전달하고 싶어 제목도 붙이게 되었다. 그래서 이 책은 처음부터 순서대로 읽을 필요는 없다. 맘에 드는 숫자가 보이면 거기부터 읽어도 좋다. 혹 인연이 있는 숫자가 있다면 그 부분만 읽고 책을 덮어도 된다. 지방자치에 대한 흥미를 높이고, 책을 읽은 시민이 한두 번쯤은 자기가 사는 지역에 대해 생각해보길 바라는 마음으로 글을 썼다.

이러다 보니 완성된 구조보다는 무언가 뒤섞여 있는 느낌을 준다. 아니 솔직히 고백하건대 몇 개의 내용은 중복되어 있다. 같은 사실과 비슷한 시기에 대한 표현이 다른 곳도 있다. 이런 부분을 보고 최종 검토하면서 중복된 부분은 삭제하려고 망설였지만 그대로 전달하기로 했다. 글의 흐름에 따른 표현의 차이도 그대로 수정하지 않고 가능하다면 처음 표현대로 사용했다.

창밖에 서 있는 나무도 안에서 볼 때와 밖에서 볼 때의 모습이 다르다. 눈이 쌓인 겨울과 푸른 잎이 무성한 여름의 나무 또한 같지 않다. 동일한 지점, 같은 시간을 고집하면 단일한 상으로 보여줄 수는 있다. 하지만 이런 모습은 강력할 수는 있어도 단순해질 위험이 있다. 다양성과 고유함, 다 층위의 통합을 존중해야 하는 지방자치의 글이라면 한 번쯤은 이런 중복과 뒤섞임도 괜찮다고 생각한다.

　지방자치단체라는 용어 또한 한 가지 표현만을 고집하지는 않았다. 이 책에서는 지방정부라는 표현을 병행했다. 필자는 지방정부는 정부와 대등한 권한을 시민으로부터 위임받은 주권 기관으로 생각하지만, 현행 헌법을 비롯한 법적 체계에서는 정부의 권한에 제약을 받는 자치단체임을 부정할 수 없는 현실을 수용했다. 글의 흐름과 문맥에 따라 병행했음을 밝힌다.

　용어와 관련하여 지방의회 기수에 관하여 덧붙여 설명한다. 이 책에서 지방의회 12기, (부활 후)지방의회 9기, 민선 8기는 모두 2022년 선거를 표현한다. 1950년대 지방의회의 역사성을 고려하고 서술된 맥락에서는 '지방의회 12기'(혹은 지방 11기)를 사용하고 1991년 지방자치가 부활한 이후 의미를 살리고자 한 부분에서는 '지방의회 9기'(혹은 지방의회 8기)를 사용했다. '민선 8기'나 '민선 1-7기'를 사용한 이유는 단체장 선거와 함께 시작된 지방자치 현황을 표현하기 위해서다. 지방의회와 지방자치단체장의 선거가 따로따로 시작된 대한민국 지방자치 역사의 복잡성을 드러내 주는 한 단면이다. 이 점에 대해 너른 이해를 바란다.

차례

1부

제도적 기반을 만든 숫자들

민주주의가 흔들릴 때,
왜 다시 지방자치인가

민주주의는 언제나 안정적인 상태로 존재하지 않는다. 선거가 치러지고 제도가 유지된다고 해서 민주주의가 곧바로 작동하는 것도 아니다. 오히려 민주주의는 위기의 순간에 그 실체가 드러난다. 갈등이 격화되고, 사회가 양극단으로 나뉘며, 타협과 숙의의 공간이 사라질 때 우리는 비로소 민주주의가 얼마나 취약한 체제인지를 체감하게 된다.

요즘 한국 사회의 풍경은 낯설지 않다. 정치적 입장은 진영으로 고착되고, 서로 다른 의견은 토론의 대상이 아니라 공격의 근거가 된다. 정치는 거대한 갈등의 무대가 되었고, 민주주의는 승패를 가르는 기술처럼 소비된다. 이 과정에서 시민은 점점 피로해지고, 정치는 멀어지며, 공공의 문제는 해결되지 않은 채 쌓여 간다.

이러한 순간마다 반복해서 호출되는 이름이 있다. 바로 지방자치다. 특히 정치·경제·사회 등 여러 분야에서 양극화가 심화될수록 지방자치의 역할은 분명해진다. 정치에서는 타협이 불가능해 보이는 사안도, 지역의 생활 문제로 내려오면 전혀 다른 얼굴을 갖는다. 보행로를 어떻게 넓힐 것인가? 돌봄 서비스를 누구에게 우선 제공할 것인가? 학교와 복지시설을 어디에 둘 것인가? 이 질문들은 이념이 아니라 생활의 언어로 답을 요구한다. 지방자치는 민주주의를 다른 방식으로 전환시켜 말할 수 있게 만드는 번역의 도구다.

　제1장은 바로 이 지점에서 출발한다. 지방자치와 민주주의의 관계가 어떻게 제도 속에 각인되었고, 또 어떻게 현실에서 지워졌는지 숫자를 통해 추적한다. 헌법 조문 번호, 부칙에 적힌 문장, 시행을 미루는 연도와 날짜들. 처음에는 무미건조해 보이는 이 숫자들이야말로, 지방자치가 한국 민주주의에서 어떤 대우를 받아왔는지를 가장 정직하게 증언한다.

　제2장은 지방자치를 막아섰던 이 봉인이 어떻게 풀리기 시작했는지를 다룬다. 이번에 등장하는 숫자들은 헌법 조문이 아니라 정치의 시간이다. 반복된 법 개정 시도와 번번이 미뤄진 약속, 그리고 단식으로 이어진 정치적 결단의 날짜들, 이들 갈등과 역사적 사건을 나타내는 숫자를 따라가다 보면 지방자치의 부활과 민주주의의 회복의 순간을 만나게 된다.

　이제 숫자라는 렌즈를 들고 현대사의 길을 따라가는 여정을 시작한다. 어떤 길이 기다리고 있는지 함께 동행하기를 정중히 요청하며 1장을 시작한다.

1장

96-97, 109-110, 114-115, 117-118, 118-119
_임시조치법과 부칙에 막힌 지방자치

제도는 숫자로 약속되었다. 그리고, 그 숫자를 가리는 장치로 현실에서 지워졌다. 지방자치는 한국 민주주의의 역사에서 한동안 이상한 위치에 있었다. 헌법에는 분명히 적혀 있었지만, 현실에서는 작동하지 않았다. 존재했으나 실천되지 않았고, 약속되었으나 반복해서 미뤄졌다. 그 모순의 흔적은 선언이나 구호가 아니라, 숫자 속에 남아 있다.

제1장은 바로 그 숫자에서 이야기를 시작한다. 헌법 조문 번호, 부칙에 적힌 문장 하나, 시행 시점을 미루는 연도와 날짜들. 얼핏 보면 건조한 법률 정보처럼 보이지만, 이 숫자들은 한국 민주주의가 어디에서 멈추었고, 무엇을 두려워했으며, 어떤 방식으로 권력을 유지해 왔는지를 정확하게 증언한다. 헌법에 남아 있던 숫자와 현실 사이에는 깊은 균열이 존재했다. 숫자는 남았지만, 자치는 사라졌다. 헌법은 자치를 말했지만, 국가는 통치를 선택했다.

이제부터 시작하는 제1장은 이 모순의 구조를 추적한다. 지방자치가 왜 30년 동안 실종될 수 있었는지, 그 과정에서 어떤 숫자들이 사용되었는지, 그리고 그 숫자들이 어떻게 민주주의의 작동을 멈추게 했는지를 하나씩 짚어간다. 이는 과거를 비판하기 위한 기록이 아니라, 제도가 어떻게 현실을 배반할 수 있는지를 이해하기 위한 출발점이다. 이제 우리는 질문해야 한다. 지방자치는 왜 헌법에 있으면서도 현실에서는 허용되지 않았는가? 제1장의 숫자들은 그 질문에 대한 대답의 실마리를 제공한다.

1절 숫자가 증언하는 지방자치의 운명

96-97, 109-110, 114-115, 117-118, 118-119. 언뜻 보면 복권 번호나 난수표처럼 보이지만, 이 숫자들은 단순한 기호가 아니다. 대한민국 헌법 속에서 지방자치제를 규정한 조문 번호로, 지방자치의 운명을 묵묵히 기록해 온 일종의 '헌법적 연표'라 할 수 있다. 지방자치에 조금만 관심이 있다면 익숙할 것이고, 이제 관심을 가지려는 독자라면 꼭 의미를 알아둘 필요가 있다. 정확히 외울 필요는 없지만, 그래도 이 숫자들이 가리키는 흐름만큼은 놓쳐서는 안 된다. 이 숫자들은 제1공화국부터 제6공화국까지 이어지는 지방자치제의 궤적을 차례대로 기억하고 있다.

제96조와 제97조는 제1·2공화국

제109조와 제110조는 제3공화국

유신시대와 군사정권 시기에도 헌법 속에서만큼은 지방자치 조항이 삭제되지 않았다.

제114조와 제115조는 유신헌법(제4공화국)

제118조와 제119조는 제5공화국

제117조와 제118조는 현행 제6공화국 헌법에서 지방자치를 규정하

는 조문 번호다. 이 숫자들을 따라가다 보면 한 가지 흥미로운 사실을 마주하게 된다. 지방자치제는 헌법에서 단 한 번도 사라진 적이 없다. 현대 민주주의의 상식처럼 여겨지는 지방자치는, 선거관리위원회나 헌법재판소보다 더 먼저 헌법에 자리 잡았다. 이 기관들이 역사 속에서 등장과 소멸을 반복할 때도 지방자치 조항은 묵묵히 자리를 지켰다.

그 이유는 단순하다. 대한민국 헌법 1조가 민주공화국을 선언하고, '모든 권력이 국민으로부터 나온다'고 규정하는 이상, 국민이 권력을 행사하는 공간은 중앙정치만으로는 충분하지 않기 때문이다. 주민이 일상에서 권력을 나누고 행사하는 지방자치야말로 민주공화국의 필수 구조다. 그래서 헌법은 지방자치를 쉽게 지울 수 없다.

2절 헌법에는 존재하나 현실에선 사라진 지방자치

제헌헌법 이래 지방자치를 규정한 문구는 아홉 차례의 개헌에서도 크게 변하지 않았다. 지방자치를 규정하는 조문은 1948년에 제정된 제헌헌법부터 40년 후에 바뀐 1987년 현재의 헌법에도 두 개 조문으로 규정되어 있다.

두 개 조문 내용도 바뀌지 않고 그대로 이어져 왔다. 표현하는 문구만이 조금 바뀌었을 뿐이다. 앞에 있는 조문, 즉 96조, 109조, 114조, 117조, 118에서는 지방자치단체의 역할과 조례를 제정할 수 있다고 규정했다. 이 조문 내용은 1952년, 1954년, 1958년, 1960년에 바뀐 헌법에 그대로 자리 잡고 있었다. 정확한 조문 내용은 아래와 같다.

제96조 지방자치단체는 법령의 범위 내에서 그 자치에 관한 행정사무와 국가가 위임한 행정사무를 처리하며 재산을 관리한다.

지방자치단체는 법령의 범위 내에서 자치에 관한 규정을 제정할 수 있다.

5·16 군사 반란으로 시작된 제3공화국 헌법에서도 지방자치 조항은 헌법에서 사라지지 않았다. 지방자치와 민주주의보다는 강력한 통치로 효율적인 산업화를 추구했던 박정희 정부도 헌법에서 지방자치 규정을 삭제할 수 없었다. 제1·2공화국에서 사용했던 조문을 내용은 똑같이 유지하면서 앞뒤 문장 순서만 바꾸었다. 그리고 아래와 같이 조문 세항에 ①, ②라는 번호를 넣었다.

> 제109조 ① 지방자치단체는 주민의 복리에 관한 사무를 처리
> 하고 재산을 관리하며 법령의 범위 안에서 자치에 관한 규정
> 을 제정할 수 있다.
> ② 지방자치단체의 종류는 법률로 정한다.

1963년에 개정된 헌법에 등장한 이 표현은 1987년 제정된 현행 헌법에 토씨 하나 다르지 않게 그대로 옮겨졌다.

지방자치와 관련해 또 다른 조문은 제헌헌법 규정부터 4·19 민주혁명 이후 개정된 1960년 헌법에 있는 지방자치단체와 지방의회에 관한 규정이다. 5·16 군사 반란 이후 개정된 헌법의 조문 내용도 같으나 조문 앞에 있는 지방자치단체와 관련된 내용을 앞 조문에 배치한 부분이 달랐다. 위 인용 조문 ②세항에 지방자치단체와 관련한 내용은 법률로 위임하고 있음을 볼 수 있다. 헌법에서 지방자치 관련 두 개의 조문 중 뒷부분 조문 내용은 아래와 같다.

> 제97조 지방자치단체의 조직과 운영에 관한 사항은 법률로써
> 정한다.

지방자치단체에는 각각 의회를 둔다.

지방의회의 조직, 권한과 의원의 선거는 법률로써 정한다.

앞에서 확인했듯이 지방자치 관련 조문은 한 번도 헌법에서 삭제되지 않았다. 지방자치단체가 법령의 범위에서 자치 규정을 제정할 수 있었고, 주민의 복리에 관한 사무를 처리하고 관리하도록 규정했다. 지방자치단체에는 각각 지방의회를 두도록 했다. 지방의회의 조직, 권한과 의원의 선거를 위한 법률, 즉 「지방의회법」을 제정하도록 규정했다.

그런데 지방자치 관련 헌법 조문을 읽어 가다 보면 신선한 조항을 하나 발견할 수 있다. 제2공화국 헌법에서는 시·읍·면장을 주민이 직접 선출한다는 조항이 새롭게 들어갔다는 점이다. 당시 헌법 조문을 읽어 보자.

제96조 제97조 1, 2, 4항 생략(앞의 내용과 동일함)

제97조 ② 지방자치단체의 장의 선임 방법은 법률로써 정하되 적어도 시·읍·면의 장은 그 주민이 직접 이를 선거한다. [신설 1960.6.15.]

이승만 정부의 부정과 부패가 민주주의의 실종에서 시작되었다는 인식에서 시작된 4·19 민주혁명은 민주주의 회복과 함께 지방자치에 대한 관심을 높여 주었다. 지방자치에 대한 높아진 관심은 시·읍·면장의 선출 방식을 헌법에 직접 규정하도록 했다. 당시 지방자치법에서 동장과 이장까지 주민이 선출하도록 규정한 사례를 보면 시민들이 가진 민주주의와 지방자치에 대한 열기를 짐작할 수 있다.

이런 모습은 4·19혁명 이후, '중앙 권력은 국회가 견제하고, 지역 권력은 주민에게 돌려준다'는 민주주의 재구축의 방향을 분명하게 보여준다. 하지만 이 실험은 오래가지 못했다. 1960년 12월 오랜 논의 끝에 지방의회가 일제히 문을 열었으나, 5개월 뒤인 1961년 5월 16일 새벽 모든 것이 바뀌었다.

1961년, 가장 짧았던 지방의회의 날들을 당시 일부 지역의 의회 회의록에는 이렇게 기록되어 있다. "군의회는 5월 17일 도착한 공문에 따라 즉시 해산되었음."

전날까지만 해도 예산을 논의하던 의원들이 다음 날 아침, '해산'이라는 딱 한 줄의 공문을 받았다. 30년 동안 이어질 침묵의 시작이었다. 주민들은 직접 뽑은 의원이 사라지는 이유를 이해할 수 없었다. 그러니 이유를 묻는 목소리는 어디에도 닿지 않았다.

그렇다면 분명하게 헌법 속에 살아있는 지방자치제가 현실에서는 왜 실천되지 못하고 사라졌을까? 1961년부터 1991년까지 무려 30년이라는 시간 속에서 지방자치는 어떻게 현실에서 삭제되었을까? 지방자치 실종 사태가 어떻게 가능했는지 살펴보자.

3절 지방자치를 삭제한 장치 1: 임시조치법

헌법에 두 개의 조문으로 존재했던 지방자치는 왜 30년 동안 현실에서 사라졌는가? 답은 헌법 본문의 실행을 가로막았던 두 개의 장치에 있다. 시민이 쉽게 알 수 없었던 두 개의 법률 규정이다. 하나는 헌법 본문이 끝나고 뒤에 붙어 있는 '부칙'이었고, 또 다른 하나는 헌법이 아닌 또 다른 법률인 '임시조치법'에 숨어 있다. 그렇다. 헌법에는 존재하나 현실에서는 사라진 지방자치의 비밀은 바로 부칙과 임시조치법에 있다.

먼저 임시조치법이 어떻게 지방자치를 멈추게 했는지 살펴보자. 5·16 군사 반란으로 대한민국 역사의 전면에 나서기 시작한 군부는 혁명 포고령을 통해 헌법과 법률을 모두 정지시켰다. 지방자치 분야도 마찬가지였다. 세 차례 실시된 지방자치 선거를 비롯한 전반적인 지방자치 활동을 규정한 '지방자치법'을 대체하는 '지방자치에 관한 임시조치법'을 발표했다. 흔히 '임시조치법'으로 불리는 법이다. 1961년 제정된 이 법은 지방자치법을 사실상 정지시키고 잠들게 하는 역할을 했다.

이 법의 목적을 규정하는 제1조에는 이렇게 적혀 있었다. "본 법은 혁명 과업을 조속히 성취하기 위해 지방자치 행정을 더욱 능률화하고 정상화함으로써 지방자치 행정의 건전한 토대를 마련함을 목적으로 한다." 그러나 실제 현실은 정반대로 나타났다.

이 법은 지방자치단체의 핵심 권한을 모두 중앙정부로 귀속시키는 구조로 만들었다. '지방행정을 능률화한다'는 명목 아래 도지사와 부산시장은 내무부 장관의 제청으로 대통령이 임명했다. 시장이나 군수도 도지사가 추천하고 역시 대통령이 임명했다. 서울특별시장은 내각의 일원으로 정부와 한 몸이 되어 있었다.

지방의회도 구성하지 않았고, 지방의회가 의결해야 할 사항은 도지사나 내무부 장관의 승인으로 처리하도록 규정했다. 임시조치법 제11조는 "지방자치법 중 본법에 저촉되는 규정은 본법에 따른다"고 해 완벽하게 지방자치법을 무력화했다. 지방자치 행정의 건전한 토대를 마련하려는 목적은 사라지고, 지방차지 토대 자체를 없애는 결과를 가져온 것이다.

이렇게 4·19 이후 어렵게 되살아났던 지방자치는 5개월도 채 지속되지 못하고 다시 중단되었다. 이 법의 부칙에는 지방자치법이 새로 개정되면 임시조치법은 폐지한다고 규정했으나 그 후 지방자치법은 개정되지 않았다.

1961년 5·16 군사 정변이 모든 지방자치 흐름을 끊어놓은 것이다. 이 임시조치법은 1988년 지방자치법 개정으로 폐지될 때까지 27년간 지속되며, 지방자치의 부재를 제도적으로 정당화했다. 그 결과 헌법 속 문장으로만 존재하던 지방자치는 임시조치법이라는 장치에 가로막혀 30여 년 동안 현실에서 전혀 꽃피지 못했다.

헌법 조문에는 지방자치라고 적혀 있지만, 대통령과 권력자들은 지방통치라고 읽고 충실히 지방을 통치했다. 형식상 존속했지만 실제로는 철저히 삭제된 지방자치 시대, 이 시기가 바로 한국 지방자치의 가장 깊은 암흑기였다.

4절 지방자치를 삭제한 장치 2: 헌법 부칙

1971년 힘들게 대통령에 당선된 박정희는 권력 연장을 위해 새로운 헌법을 만들었다. 1971년 선거 결과를 보면서 국민이 직접 선출하는 직선제 투표를 통한 집권에 불안함을 느낀 그는 간선제 대통령의 길을 선택했다. 국정 운영에 도움을 주지 않고 사사건건 방해만 한다고 생각한 국회도 무력화시킬 수 있는 방법을 찾았다.

그는 제4공화국이라 부르는 새로운 국가권력 체제를 만들었다. 바로 유신헌법이다. 대통령은 통일주체국민회의라는 기구에서 선출하도록 했다. 국회의원 1/3도 이 기관에서 뽑도록 했다. 통일주체국민회의 대의원은 국민이 선출한다고 했지만, 민주적 절차를 보장하지 않았다.

임시조치법으로 지방자치를 막았던 제3공화국의 헌법에서는 조문으로나마 지방자치 규정은 남아 있었으나 유신헌법과 제5공화국 헌법에서는 헌법에서부터 지방자치를 유보했다. 헌법에 보장된 지방자치제 실시를 임시조치법으로 계속 미루는 것은 어려울 거라고 판단했다. 그렇다고 헌법에서 지방자치 조항을 삭제할 수도 없었을 것이다. 박정희 정부도, 전두환 정부도 민주주의를 지킨다는 명분을 버릴 수 없었기 때문이다.

이런 상황에서 부칙을 통해 지방자치를 유보하는 방식이 나왔다. 부칙에 지방자치를 유보하는 한 조항을 추가한 것이다. 헌법 부칙 제10조에 다음과 같은 조항을 넣었다.

> 제10조 이 헌법에 의한 지방의회는 조국 통일이 이루어질 때
> 까지 구성하지 아니한다.

지방자치단체는 임명직 단체장으로 자치가 아닌 통치를 유지해 가면서, 헌법에 규정하고 있는 또 다른 지방자치의 핵심축인 지방의회의 구성 시기를 조국 통일의 그날까지 유보한 것이다. 통일이라는 무기한의 조건은 지방자치를 영원히 미루기 위한 장치였다. 당시 언론은 이를 '국가 안정을 위한 조치'라 설명했지만, 그 말을 믿는 국민은 없었을 것이다.

12·12 군사 반란으로 집권한 전두환은 국가 보위를 위해 집권했다지만 국정 운영에 관한 별다른 목표와 계획을 보여주지 못했다. 80년 서울의 봄이라는 희망으로 부푼 대한민국의 민주주의를 군대를 동원해 억압했다. 유신시대가 재연되었다. "지방의회는 지방재정 자립도를 감안해 순차적으로 구성한다." 모호한 부칙 규정 속에서 지방자치는 여전히 현실에서 삭제되었다. 재정자립도를 기준으로 삼는 순간 지방의회 구성은 사실상 기약 없이 미뤄졌다. 1980년대 지방자치단체의 재정은 중앙정부 이전 재원에 의존했기 때문이다.

헌법 본문에서는 지방자치가 변함없이 명시되었지만, 부칙과 임시조치법이라는 장치는 이 숫자들이 의미하는 제도를 현실에서 지워버렸다. 숫자는 남았으나, 자치는 사라졌다. 헌법 조문은 자치를 말했지만, 정권은 통치를 실천했다. 이 모순된 시대가 한국 지방자치의 가장 깊고 긴 암흑기였다. 그리고 이상하게도, 그 암흑기의 모든 순간을 헌법 조문 번호라는 숫자들은 끝까지 기록하고 있었다.

5절 임시조치법과 부칙이라는 봉인의 해제

1987년 6월 민주항쟁의 승리로 얻은 결과로 새로운 헌법이 만들어졌다. 대통령 직선제를 골자로 하고 임기도 5년 단임으로 정권의 독재화를 막으려 했다. 현행 헌법과 제5공화국 헌법의 큰 차이는 대통령의 선출 방법에 있었다. 선거인단이 대통령을 선출하는 체육관 간접선거와 국민이 투표장에서 직접 선거하는 직선제 개헌이 핵심이었다. 그리고 같은 단임제 구조에서 7년을 5년으로 단축하는 점이 개헌의 또 다른 핵심이었다.

그 외 헌법 전문에 4·19 민주 이념 계승, 제4조 평화통일 정책의 추구, 제119조의 경제 민주화 관련 내용의 신설 등의 변화가 있었다. 제34조의 복지권에 대한 규정을 여자, 노인과 청소년, 신체장애자 및 질병과 노령 등으로 세분해 표현하는 등의 변화는 있었지만 큰 틀에서는 변화가 없었다.

기존 헌법이 총 131개 조문이었던 반면 바뀐 헌법은 총 130개 조문으로 구성되었다. 제1조부터 시작해 많은 조문이 글자 하나 바뀌지 않고 똑같이 표현되어 있다. 지방자치 관련 규정도 제8장에 2개 조문으로 구성되어 있으며, 그 내용과 표현도 바뀐 곳이 전혀 없다.

단 한 곳의 차이는 유신헌법과 제5공화국 헌법의 부칙, 정확하게는 부칙 제10조가 없다는 것이다. 부칙 한 줄이 없어지기까지 15년이 걸렸다. 임시조치법이 사라지기까지 27년을 기다려야 했다. 이렇게 지방자치는 부활을 향해 역사의 길을 뚜벅뚜벅 걸어갔다.

6절 시급한 과제, 자치분권 개헌

그동안 많은 시민이 개헌을 요구한 것은 1988년에 개정된 헌법을 37년 만에 바꾸자는 것이 아니다. 현행 헌법이 1980년, 제5공화국 헌법과 크게 다르지 않으니 개헌 요구는 1980년에 개정된 헌법을 바꾸자는 요구다. 군사 반란 과정에서 만들어진 헌법, 군사 반란 책임자를 대통령으로 선출한 헌법을 버리고 시대에 맞는 헌법을 만들자는 촉구다.

그렇다면 제5공화국 이전의 헌법은 어떠했는지 살펴볼 필요도 있다. 좀 더 역사를 거슬러 올라가 살펴보자. 민주주의에 작은 관심이 있는 시민이라면 1972년 제4공화국의 헌법 또한 자유로운 시민들의 토론을 통해 합의된 헌법이 아니라는 점은 익히 알고 있다. 이런 사실을 생각하면 현행 헌법을 바꾸어야 할 필요성은 더욱 절박해진다. 어쩌면 대한민국 시민은 50년이 훌쩍 넘은 낡은 헌법이 시시각각 급변하는 오늘의 세상을 규정하고 있는, 참으로 기묘한 나라에 살고 있는지도 모른다.

그리고 지금으로부터 벌써 65년이 지난 4·19 민주혁명으로 활짝 꽃피웠던 민주주의 시대의 헌법 또한 지방자치 관련 규정은 옛 헌법이나 뒤에 이어지는 헌법과 크게 다르지 않았음을 확인했다. 이런 사정을 생각하면 자치분권 개헌은 더욱 절실하고도 시급한 과제로 다가온다. 시대 흐름에 맞춰 지방자치 정신을 헌법에 담고, 분권 국가로 나아가려는 분권형 국가 체제를 담은 헌법은 아직 대한민국에서 한 번도 만들어지지 않았다. 그래서 자치분권 개헌 요구는 87년 헌법이 아니라 제헌헌법부터 이어온 중앙통치 헌법을 바꿔야 하는 오래된 시대적 과제다. 힘든 길이지만 포기할 수 없는 길이다. 더 많은 시민이 관심을 가지고 참여해 자치분권 개헌의 길이 열리길 기대한다.

2장
9와 3, 그리고 13의 힘
_부활의 힘, 억압의 몸부림: 지방자치 부활 전야

1990년 10월 8일, 서울 여의도 평화민주당 당사. 기자들 앞에서 김대중 총재가 단식 돌입을 선언했다. "저는 오늘 이 시간부터 무기한으로 단식에 들어가겠습니다." 짧고 단호한 한 말이었지만, 그 말이 던진 울림은 결코 약하지 않았다. 민주주의를 외치며 거리를 달렸던 시민의 요구를 저버린 정권을 향한 엄중한 경고였다. 그는 단식의 이유로 네 가지를 제시했다. "내각책임제 개헌 시도 포기, 약속된 지방자치제의 시행, 보안사 해체와 군의 정치적 중립, 민생문제 해결." 그의 요구는 단순한 정치적 구호가 아니라, 당시 한국 정치의 근본 문제를 겨냥한 것이었다. 정부·여당이 이미 국민에게 약속한 지방자치를 제대로 이행하지 않고 있다는 비판은 특히 날카로웠다. 한국 민주주의의 구조적 결함—권력의 비대화, 중앙에 집중된 권력, 그리고 시민의 통제력 부재—을 정면으로 겨누고 있었기 때문이다.

김대중 총재는 이후 대통령이 되어 IMF 위기를 수습하고 남북 대화를 성사시켜 한국인 최초로 노벨평화상을 수상했다. 한반도 평화와 세계평화를 위해 헌신한 그의 공로를 세계가 인정한 것이다. 아마도 민주주의를 향한 그의 삶 전체가 평화로운 세상을 만들려는 기나긴 여정이었을 것이다. 많은 시민이 기억하는 그의 중요한 업적은 대략 이렇게 소개된다. 그러나 그가 가장 자부심을 가진 호칭은 바로 '미스터 지방자치'였다. 그의 오랜 정치 인생에서 지방자치는 단순한 제도가 아니라 민주주의의 기초를 복원하는 문제였다. 그는 지방자치를 '민주주의를 가능하게 만드는 필수조건이자 민주주의가 현실에서 살아 움직이는 방식'으로 이해했다.

이번 제2장은 세 개의 숫자, 9와 3, 그리고 13이라는 비밀을 풀어본다. 이 과정은 바로 지방자치가 부활의 막을 펼치기 바로 직전, 숨 막히는 정치적 갈등과 충돌을 추적하는 길이다. 대통령과 여당 등 집권 세력의 수 차례 약속과 여야 정치세력의 합의, 그 약속의 폐기와 또 다른 합의의 파기, 좌절이 어떻게 얽혀 있었는지를 따라간다. 그리고 그 모든 좌절을 딛고 김대중 총재가 마지막 승부수인 무기한 단식으로 얻어낸 지방자치 시대를 소개한다.

1987년부터 1995년까지 지방자치법은 아홉 차례나 개정되고, 지방자치 선거 이행 약속은 세 차례나 연기되었다. 이렇게 지방자치 관련 법률의 제·개정 과정에 담긴 대립을 추적하다 보면, 한국의 지방자치가 얼마나 어렵게 되살아났고, 이후에도 왜 순탄하지 않은 길을 걸어왔는지 확인할 수 있다. 그리고 이를 둘러싼 중앙집권 세력과 자치 세력의 힘겨루기를 통해 한국 지방자치가 어떤 과정을 거쳐 부활했는지도 비로소 이해할 수 있다.

1절 흔들리는 민주주의 속에서 드러난 지방자치의 가치

한국 민주주의는 지난 수십 년 동안 여러 차례 중대한 위기를 겪어왔다. 특히 2016년과 2024년, 불과 8년 사이에 민주주의의 기초가 흔들리는 경험을 했다. 대통령 탄핵이라는 초유의 사태를 두 차례 넘기며 국민은 다시금 민주주의의 본질에 대해 성찰해야 했다. 국민이 직접 선출한 최고 권력이 언제든지 부패하고 심각하게 흔들릴 수 있음을 확인

했다. 그러나 대한민국은 이 위기를 슬기롭게 극복했다. 이 과정에서 지
방자치의 지속된 경험이 위기 대응의 중요한 토대가 되었다는 점은 시
민 대부분은 인정할 것이다. 중앙 정치가 흔들릴 때, 지방정부는 여전
히 주민 생활을 살피면서, 지역 문제를 해결하며 대한민국을 지켜왔다.
지방자치제도는 생활 현장에서 차분하게 민주주의의 토대를 다져 왔다.

영국의 법학자 브라이스는 "지방자치는 민주주의의 학교이자 그 성
공을 보장하는 제도"라고 했고, 『미국의 민주주의』라는 고전을 쓴 프랑
스 출신의 토크빌은 9개월간의 미국 여행을 통해 민주주의가 지역 공
동체의 자치 경험 위에 서 있다는 사실을 발견했다. 한국 역시 민주화
이후 어렵게 부활한 지방자치가 단기간에 민주주의의 한 축으로 자리
잡았다. 중앙 정치가 정쟁으로 표류하거나 권력이 부패로 신뢰를 잃을
때, 지방자치는 시민의 삶에 가까운 곳에서 민주주의를 떠받쳐 왔다.
시민에게 가장 가까운 수준에서 문제를 해결하는 자치의 경험은, 한국
민주주의가 위기를 넘길 때마다 중요한 방파제가 되었다.

이러한 인식은 쉽게 공유되지 못했다. 오히려 지방자치는 부활 이전
부터 지속적으로 탄압받고 지연되었으며, 여러 정치적 거래의 대상으로
취급되었다. 중앙 권력을 쥔 세력은 지방자치가 가져올 분권을 경계하
고 두려워했다. 노골적으로 반대하기 어려운 시대적 분위기 속에서 그
들은 가능한 한 자치의 범위를 좁히려고 했다. 자치를 허용하더라도 가
능한 속도를 늦추며 중앙집권체제를 유지하려 했다. 한국 지방자치의
역사는 바로 이 중앙 집중 권력과 자치 세력 간의 보이지 않는 투쟁의
역사이기도 하다. 이제 우리는 민주주의 전환기였던 1987년 이후, 그
투쟁이 어떻게 본격적인 '정치적 전쟁'으로 전개되었는지 살펴볼 필요
가 있다.

2절 민주주의 전환기, 지방자치를 둘러싼 치열한 전쟁

1987년 6월 민주항쟁은 한국 정치사의 흐름을 크게 바꾸어 놓았다. 시민들은 거리에서 "호헌 철폐", "독재 타도"를 외치며 헌법 개정을 요구했다. 그 결과 대통령 직선제 개헌이 이루어지고 1961년 이후 사라졌던 직선제가 부활했다. 그해 발표된 6·29 선언에는 지방자치의 전면 실시 약속도 포함되어 있었다. 지방자치제 부활은 단순히 하나의 제도를 되살리는 문제가 아니라, 민주주의의 완성을 위해 반드시 복원해야 할 제도로 인식되기 시작했다. 지방자치는 중앙 권력 중심인 민주주의의 구조 자체를 다시 설계하는 과제였기 때문이다.

그러나 지방자치 논쟁은 당시의 다른 민주화 요구처럼 거리에서 들끓는 방식으로 전개되지는 않았다. 노동자의 권리, 농민의 생존권, 기본적 시민권과 같은 시급한 현안이 전국적인 시위와 사회운동의 중심을 차지했기 때문이었다. 지방자치는 일상적 삶과 밀착된 문제였지만, 전면적이고 집단적인 시민 행동으로 이어질 만큼 공론화되지 못했다. 하지만 이것이 지방자치가 그다지 중요하지 않은 문제였다는 뜻은 결코 아니다. 시민들의 시선이 시급한 현안에 쏠려있는 동안에도 국회에서는 이를 둘러싼 치열한 전쟁이 이어졌다. 지방자치 부활과 이 제도의 설계는 민주주의 전환기의 권력 재편을 둘러싼 핵심 주제였다. 당시 시민이 갖고 있었던 지방자치에 대한 경험과 인식, 국회에서의 논쟁, 언론의 논조 등을 통해 생생한 현실로 드러나는 중앙집권 세력과 지방자치 세력과의 싸움을 살펴보자.

1) 왜 시민들은 지방자치를 '내 일'로 느끼지 못했을까?

지방자치가 민주주의의 핵심 제도임에도 불구하고, 당시 시민들 다수는 이를 현실의 생활과 연결된 문제로 체감하지 못했다. 그 원인은 단순히 관심 부족이 아니라, 오랫동안 형성된 중앙집권 구조와 정치문화에 깊은 뿌리를 두고 있다.

첫째는 오랜 중앙집권 체제가 만든 익숙한 중앙중심 구조가 있었다. 1961년 군사정권 수립 이후 지방의회는 해산되고, 광역·기초자치단체의 장도 모두 대통령이 임명했다. 지방자치단체는 주민의 대표기구가 아니라 중앙정부의 말단 집행기관으로 전락했다. 지방자치는 사라지고 지방통치만 존재했던 시간이 30년이나 지속되었다. 이 과정에서 시민들에게 "정치는 서울에서 하는 것"이라는 인식이 굳어졌다. 지역의 문제조차 국회의원, 장·차관, 중앙 관료에게 가서 해결을 요청하는 구조가 당연시되었다. 자연스럽게 "시장·군수·구청장을 내가 직접 뽑는다", "시·군·구의회가 조례를 만들어 내 생활을 바꾼다"는 생각도 오랫동안 가능하지 않았다.

둘째, 지방정부의 역할이 희미했던 시기였다. 지방자치단체가 할 수 있는 일이 제한적이다 보니, 시민들은 지방자치단체를 "주민 생활을 감시하거나 통제하는 기관"이나 "허가 내주는 곳" 정도로 인식하기 다반사였다. 학교·치안·복지·도시계획처럼 삶의 질에 직결되는 영역도 대부분 중앙부처와 산하 기관이 쥐고 있었다. 지방정부가 직접 정책을 설계하고 조례를 제정해 지역 문제를 풀어본 경험이 없으니, 지방자치 부활이 구체적으로 무엇을 변화시킬지 떠올리기 어려웠다.

셋째, 참여 경험의 부재와 정치 교육의 왜곡을 들 수 있다. 선거는 있었지만, 시민이 정책 결정 과정에 참여해 본 경험은 극히 제한적이었다. 참여라는 이름으로 시민은 동원의 대상이 되었다. 민주주의는 국가 목표를 달성하는 효율적 수단이라고 교육받았다. 다양한 목소리를 내고 실행하는 지방자치는 불필요한 혹처럼 느낄 수 있었다. 실제로 지방자치가 무엇을 의미하는지, 주민은 어떤 권한을 행사할 수 있는지 생각하기 어려웠다. 선거를 치른다면 내가 뽑는 지방의원과 단체장이 무슨 일을 하는지에 대한 체계적인 정보 제공이나 교육도 전혀 이루어지지 않았다. 이렇게 보면, 지방자치는 '실감할 수 있는 변화'가 아니라 '머리로만 이해되는 제도'에 머물기 쉬운 현실이 있었던 셈이다.

2) 국회 안에서 벌어졌던 중앙집권 세력과 지방자치 세력의 충돌

시민들이 거리에서 지방자치를 직접적으로 요구하지 않는 사이, 국회 안에서는 지방자치를 둘러싼 세력 간 갈등이 본격적으로 전개되고 있었다. 이 갈등의 핵심은 한마디로 말해 '권력을 언제, 어디까지, 그리고 어떤 방식으로 나눌 것인가'의 문제였다.

먼저 정부와 여당은 중앙집권 구조를 지키려는 세력이었다. 이들은 헌법에 명시된 지방자치 제도를 완전히 부정할 수는 없었다. 그러나 지방자치가 본격적으로 시행되면 다음과 같은 변화가 불가피하다는 사실을 잘 알고 있었다.

첫째, 중앙부처의 권한이 지방으로 상당 부분 이양되고, 지방 단체장이 중앙정치에 견제 세력으로 부상할 수 있다. 또한 지방의회가 예산과 조례를 통해 중앙정책의 효과를 실제로 바꿔버릴 수도 있다.

둘째, 첫 번째 결과로 나타나는 이런 변화는 중앙에 집중된 권력을 약화시킬 수밖에 없었다. 따라서 정부와 여당은 "지방자치를 하되, 최대한 늦추고, 최대한 약하게" 만드는 방향으로 지방자치 실시 요구에 대응했다. 그 전략은 대략 다음과 같은 방식으로 나타났다.

- 지방의회를 먼저 구성하되, 단체장 선거는 뒤로 미루기
- 광역보다 역량과 영향력이 작고, 약한 기초단위부터 먼저 실시하기
- 중앙정부가 임명하는 단체장 체제를 최대한 오래 유지하기
- 마지막으로는 지방의회 의원정수와 회기 등에 관한 지방의 권한을 줄여 실질적 영향력을 제한하기 등이었다.

겉으로는 지방자치의 필요성을 인정하지만, 실제로는 중앙집권의 큰 틀을 유지하려는 움직임이었다.

야당은 지방자치를 통해 민주주의를 확장하려는 세력이었다. 지방자치의 가치를 어떻게 인식하든 야당은 기존 질서에 변화를 주어 권력관계를 바꿔 집권하려는 목표를 가지고 있었다. 당연히 야당은 지방자치를 민주주의 확장의 핵심 수단으로 이해했다. 중앙 권력을 견제하고, 지역 주민이 스스로 대표를 뽑아 지역 문제를 해결하는 구조가 만들어지면, 중앙정치의 독점과 관권선거의 여지를 줄일 수 있다고 보았다.

특히 민주화 운동과 깊이 연결된 야당 정치인들에게 지방자치는 다음과 같은 의미를 지녔다. 김대중 전 대통령 등으로 대표되는 이들 세력은 지방자치가 민주주의의 학교라는 인식을 갖고 있었다. 지방자치가 실행되면 시민이 생활 속에서 참여와 토론이 활성화되며 반복되는 선거를 통해 민주주의를 경험하며 시민의식이 성장할 수 있다고 생각했다. 또 지방자치는 중앙 권력을 견제하고 감시하는 장치로 작동될 것이라고 믿었다. 지방정부와 지방의회가 별도의 자치 기반을 형성하며 중앙 권력을 견제하기를 기대했다. 마지막으로 사회 양극화와 지역 불균형 해소의 대안으로 지방자치를 적극 지지했다. 서울·수도권 중심의 정책 구조에서 벗어나 지역 고유의 문제를 자율적으로 해결할 수 있다고 기대했다.

그러므로 야당은 지방자치법 개정 과정에서, 조속한 지방자치제의 실시를 촉구하면서 지방자치단체장과 지방의회의 동시 선거, 지방의회 권한 강화, 읍·면·동 수준의 자치 단위 확대 등을 지속적으로 요구했다. 정리해 보자면 정부와 여당은 지방자치의 속도와 자치권의 범위를 조절하려고 노력했고, 야당은 전면적인 지방자치의 조속한 실시를 요구했다.

흥미로운 점은 지방자치법 개정을 둘러싼 과정에서 여소야대의 국회

가 만들어 냈던 풍경이다. 국회의원 숫자가 만들어 내는 '의석의 역학'
이라고도 할 수 있다. 1988년 이후 한동안 유지된 여소야대 국회 구도
는 지방자치 논쟁을 더욱 흥미로운 양상으로 만들었다. 숫자만 보면 야
당이 지방자치 강화를 밀어붙일 수도 있는 상황이었지만, 현실은 그렇
게 단순하지 않았다. 야당 내부에도 지방자치를 바라보는 관점의 차이
가 있었고, 정당마다 지역 기반, 이해관계, 전략이 달랐다. 소수였지만
여당은 국회에서 의결된 법안에 대한 대통령의 재의요구권, 즉 법안 거
부권을 행사할 수 있었다. 이런 제도적 장치가 정부와 여당 쪽에 유리
하게 작동했다.

결국 국회 안에서의 힘겨루기는 "법안을 어떻게 통과시키느냐"를 넘
어서, "어디까지 양보하고, 무엇을 끝까지 지킬 것인가"를 두고 치열한
협상을 반복하는 과정이 되었다. 지방자치 부활을 원하는 세력과 이를
지연시키려는 세력이 수치상 힘의 균형만큼이나 복잡하게 뒤엉킨 전쟁
터였던 셈이다.

3) 언론의 논조: '시대 흐름'과 '질서 유지' 사이

지방자치에 대한 언론의 시각도 다양했고, 시기마다 다르게 나타났
다. 언론은 한편으로는 시대 분위기를 반영해 지방자치의 필요성을 인
정하면서도, 다른 한편으로는 정치적 안정과 행정 효율이라는 이유를
들어 신중론을 제기했다.

① "민주주의 완성을 위해 지방자치가 필요하다."

민주화 국면에서 많은 언론은 지방자치가 헌법상의 약속이자 민주주
의 발전을 위한 필수 단계라는 점을 부각했다. 군사정권이 없앴던 지방
자치를 되살려야 한다는 역사적 책무와 중앙집권 구조가 낳은 부작용
에 대해 비판했다. 지역의 자율성과 다양성을 인정해야 한다는 시대정

신도 놓치지 않았다.

이런 논조는 지방자치가 단지 행정 구조를 바꾸는 것이 아니라, "국민 스스로가 주인이 되는 정치"를 위해 필요한 과정이라는 점을 강조했다.

② "너무 빨리, 너무 크게 하면 혼란이 온다."

그러나 동시에 언론의 일부는 다음과 같은 우려를 반복해서 제기했다. 지방자치 경험이 부족한 상태에서 갑작스러운 전면 실시가 과연 가능한가? 재정자립도가 떨어지는 현재 상황에서 지방자치단체가 어떻게 자치를 실현하는가? 지역주의, 지방 토호 세력의 부상, 부패 가능성은 어떻게 막을 것인가? 등의 문제였다.

이러한 우려는 때로는 진지한 문제 제기였고, 때로는 중앙집권 구조를 유지하는 논리와도 겹쳐 있었다. 중앙 권력과 관료제, 그리고 일부 언론의 인식이 서로 영향을 주고받으면서, "지방자치를 해야 하지만, 너무 급하게 하면 안 된다"라는 신중론이 자주 등장했다. 결국 언론은 "지방자치가 필요하다"는 시대적 합의를 전파하는 역할과 "지방자치를 둘러싼 불안과 우려"를 증폭시키는 역할을 동시에 수행했다. 언론은 논쟁의 판을 형성하며 또 하나의 중요한 행위자로 자리를 잡았다.

4) 치열했지만, 눈에 잘 보이지 않았던 전쟁

1987년 이후 지방자치를 둘러싼 논쟁은 시민의 눈에 크게 띄는 방식으로 폭발하지 않았다. 그 대신 정부와 국회의 여당과 야당의 정당, 언론 사이에서 복잡하고 치열한 형태로 전개되었다. 표면적으로는 "지방자치를 언제, 어떻게 실시할 것인가"라는 기술적인 일정 논쟁처럼 보였다. 그러나 실제로 그 이면에는 지방 권력의 재편과 그에 따르는 중앙 권력 판도의 변화, 민주주의의 제도적 토대 형성 방법과 시기를 놓고 치열하게 다투었다. 또한 자치권의 확대 범위 등 여러 주제를 놓고 국회는 전쟁터를 방불케 하는 모습을 연출했다.

이런 과정을 살펴보면 민주주의 전환기에 지방자치는 그 자체로 하나의 정치적 전장이었음을 알게 된다. 거리에서 펼쳐진 민주화 운동이 군사정권과 맞선 "전면전"이었다면, 지방자치를 둘러싼 싸움은 국회 안에서 조문 하나, 부칙 한 줄을 두고 벌이는 "치열한 육탄전"에 가까웠다. 그리고 바로 이 보이지 않는 공방이, 이후 한국 지방자치의 형태와 민주주의의 운명을 결정짓는 중요한 분기점이 되었다. 이제 우리는 지방자치 부활을 둘러싼 갈등과 충돌의 현장 속으로 들어가 보려 한다. 다음 절에서는 이 치열한 전쟁의 구체적 결과가 어떻게 법과 제도에 새겨졌는지, 그리고 그 과정에서 지방자치 부활이 어떤 굴곡을 겪게 되었는지를 살펴보자.

3절 부활을 향한 법의 전쟁: 지방자치법 개정을 둘러싼 국회의 격돌

1987년 민주항쟁 이후 시민들은 지방자치가 곧바로 부활할 것이라 기대했다. 헌법에 이미 지방자치 조항이 존재했고, 민주화 이후의 흐름도 그 약속을 이행하는 방향으로 보였다. 그러나 실제로 1988년 4월 제정된 지방자치법은 지방자치의 '부활'이라기보다는 '마지못한 조건부 허용'에 가까운 형태였다. 왜 이런 결과가 나왔을까? 이 당시 개정된 지방자치법은 어떤 문제가 있었을까? 역사의 현장으로 들어가 살펴보자.

1) 1988년 개정된 지방자치법의 한계: 약속된 부활이 왜 반쪽이 되었나

문제의 시작은 무엇보다 이 법률이 처리된 1988년 4월이라는 시기의 정치적 상황에 있었다. 개정 지방자치법 법이 통과된 4월 6일은 제12대 국회가 폐회를 한 달여 앞둔 시점이었고, 노태우 정부가 출범한 지 두 달도 되지 않은 시기였다. 게다가 불과 20여 일 뒤에는 제13대 총선이 예정되어 있었다. 이런 상황에서 처리된 이 법률은 반년 가까이 이어진 민주화 요구가 충분히 반영될 수 없었다. 여야의 토론도 부실했다. 평범한 시민의 눈으로 보더라도 총선을 앞두고 여당이 주도권을 유지한 채 서둘러 처리한 법이라는 인상을 버릴 수 없다.

제12대 국회에서 여당인 민주정의당은 276석 중 151석을 보유해 안정적인 과반을 확보하고 있었다. 하지만 지방자치법 개정 직후 치러진 13대 총선 결과는 전혀 달랐다. 여당은 125석으로 줄었고, 무소속을 포함한 야권이 174석을 차지하며 여소야대 국회가 구성되었다. 여당은 총선 이후 지방자치 제도 논의의 주도권을 잃을 가능성이 높다고 판단했고, 그 결과 지방자치법은 부랴부랴 처리된 측면이 있었다. 이러한 정치적 조건에서 만들어진 지방자치법이 갖는 한계는 명확했다. 앞서 1장에서 보았듯이 헌법 조항에 있는 지방자치가 부칙에 막혀 버렸던 악몽이 떠오른다. 무엇보다도 부칙에서 규정하고 있는 다음 세 가지 내용은 지방자치 실시를 천명한 6·29 선언과는 정면으로 배치되는 것으로 약속의 파기였다.

(1) 기초의회 → 광역의회 '역순 구성'의 문제

부칙은 지방의회를 기초 → 광역 순으로 구성하도록 규정했다. 이는 정상적인 행정 운영 원리에 정면으로 배치되는 구조였다. 지방행정의 기본 흐름은 광역자치단체가 큰 틀의 정책 방향과 예산 구조를 마련하고, 기초자치단체가 그 틀 안에서 지역적 특성을 살려가며 정책을 집행하는 방식이다. 그런데 기초의회를 먼저 구성하면 상위 계획이 없는 상태에서 개별 기초단체가 움직여야 한다. 예산과 정책의 결정 흐름이 뒤바뀌며 행정체계 전반에 혼란이 생길 수밖에 없다.

당시 야당 의원들이 이를 두고 "지방자치를 약화시키기 위한 비상식적 구성 방식"이라고 비판한 이유가 여기에 있었다. 이 조항은 지방자치의 정상적 작동을 보장하기보다는 시간을 벌어 어찌하든 지방자치를 막아보려는 정부와 여당의 힘겨운(?) 노력이었다.

(2) 지방자치단체장 '선거 유보': 자치의 핵심축이 빠진 제도

지방자치는 지방의회와 집행부, 즉 지방자치단체장이라는 두 바퀴가 균형을 이루며 발전해 가야 한다. 그런데 1988년 지방자치법은 단체장 선거를 부칙으로 막으며 지방자치를 외발로 달리게 했다. 법의 본 조항 제88조·89조·90조 등에서 명시한 단체장의 선거·임기·보궐 규정을 부칙에서 모두 "적용하지 않는다"고 명시했다.

단체장은 지방행정의 최종 책임자이며 지방자치단체의 예산 편성권자다. 또한 주민이 직접 선출하는 인물로서 지방자치의 핵심이자 풀뿌리 민주주의의 상징이다. 그런데 이 제도의 핵심을 유보한 채 '지방자치 실시'를 선언한 것은, 사실상 자치의 외형을 갖추되 실질은 비워둔 결정이었다. 야당에서는 이를 두고 "주민이 주인이 되는 정치의 핵심축을 의도적으로 제거한 것"이라고 비판했다.

(3) 부칙에 숨겨진 '시간 끌기' 전략

법률 본문이 아닌 부칙에서 "1년 이내 기초의회 구성", "그로부터 2년 이내 광역의회 구성"이라는 규정을 두었다. 따라서 전체적으로 최대 3년까지 실행이 지연 가능한 구조였다. 이 방식은 법률 제정 자체는 막을 수 없지만, 시행은 최대한 늦추려는 전략이었다. 다시 말해, 지방자치를 '약속하되 즉시 실현하지 않는 정치적 술수'였다.

이렇게 지방자치는 단체장 선거가 없는 '반쪽짜리 자치', 상하 구조가 뒤집힌 '거꾸로 선 자치', 기약 없는 '지연 자치'라는 한계를 안고 출발했다. 이해를 돕기 위해 당시 부칙 조항을 그대로 인용한다.

부칙 [법률 제4004호, 1988. 4. 6.]

제1조(시행일) 이 법은 1988년 5월 1일부터 시행한다.

제2조(지방자치단체별 지방의회의 구성시기) ① 이 법에 의한
최초의 지방의회는 시·군 및 자치구부터 구성하되, 그 지방의
회의원의 선거는 이 법 시행일로부터 1년 이내에 실시한다.
② 이 법에 의한 최초의 시·도의회는 시·군 및 자치구의 의회
가 구성된 날로부터 2년 이내에 구성한다.

제3조, 제4조 생략

제5조(지방자치단체의 장의 선거에 관한 경과조치) ① 지방자치
단체의 장은 제86조 제1항의 규정에 불구하고 따로 법률로 정
할 때까지 정부에서 임명한다. 이 경우 제87조와 제89조 내지
제91조는 적용하지 아니한다.

2) 야당의 반격: 세 정당, 세 개의 개정안

1988년 5월 30일 시작된 제13대 국회는 여소야대 체제였다. 야당은
이를 지방자치 부활의 기회로 보았고, 적극적으로 대안을 제시했다. 그
결과 신민주공화당·통일민주당·평화민주당에서 각각 개정안을 제출했
다. 세 개정안은 서로 다른 철학을 담고 있었지만, 공통적으로 "지방자
치를 조속하게, 온전하게 실시해야 한다"는 요구를 분명히 했다.

먼저 구자춘(신민주공화당) 의원은 지방자치를 민주주의의 기본 기제
로 규정하고, 광역 → 기초 순 구성, 단체장 선거 즉시 실시를 담은 개
정안을 제출했다. 문정수(통일민주당) 의원도 자당의 의원을 모아 주민

의 자기 통치를 강조하며 '민치民治' 관점을 분명하게 하는 개정안을 제출했다. 이 개정안에는 3단계 자치 체제(광역과 기초의 2단계에 읍, 면, 동을 추가해 3단계)를 제안하고, 지방의회 권한을 강화하는 내용이었다.

평화민주당의 최락도 의원도 당내 의견을 모아 생활 자치 중심을 강조하며 읍·면 자치의 복원을 담을 개정안을 제출했다. 이 안에는 단체장-의회 사이의 견제 구조를 강화하며 지방자치를 발전시켜 나가려 했다. 최의원이 개정안을 발의하면서 밝힌 다음과 같은 제안 이유는 당시의 상황을 이해하는 데 도움이 된다.

> 지방자치는 민주주의의 기초이며 자유로운 국민의 힘이라고 할 수 있는바, 국민들이 지역사회에서 자기 문제를 스스로 토론하고, 결정하고, 집행하기 위하여 스스로 대표를 뽑고, 일을 맡기고 감시하며 일정 시기마다 대표를 교체할 수 있어야 함에도 불구하고, 기존 지방자치법은 원활한 지방자치를 실시하는 데 있어서 부족하거나 장애되는 점을 가지고 있어 지방자치 실시를 앞두고 지방자치법이 안고 있는 문제점을 시정하고자 지방자치법 개정법률안을 제안함.

세 정당의 접근 방식은 다르지만, 모두 정부의 속도 조절 전략에 맞서 지방자치 실질화와 조속한 실행을 요구한 점에서는 동일했다.

3) 야 3당 합의안: 하나의 목소리로 재정비

세 정당은 개별 개정안을 조정해 하나의 합의안으로 묶었다. 이 '야 3당 대안'은 지방자치를 단순한 행정 개편이 아니라 민주주의 심화 전략으로 바라본 점에서 매우 혁신적이었다. 합의안의 제안 이유는 다음의 핵심 철학을 담고 있었다. 주요 핵심어는 '주민의 참여와 자기 결정권,

지방의 다양성과 균형 발전, 중앙 권력의 비대화 견제, 지방자치를 통한 민주주의 역량 확대, 정당정치의 생활 자치 현장으로의 제도화'로 요약할 수 있다. 합의안 제안 이유를 지방자치의 철학과 가치를 생각하며 숙독해 보길 제안한다.

지방자치는 주민들의 자율적인 참여로 주민 스스로가 지방정부를 구성하고, 그 정부를 민주적으로 운영함으로써 지방정치의 민주화와 책임 행정를 통해 중앙정치의 안정 및 발전을 가져오고, 또한 고유한 문화성 및 전통성을 지닌 지방의 다양성을 온존시키면서 균형적인 지역발전에 이바지하며, 통치 권력을 수직적垂直的으로 분권함으로써 국가권력의 사제화專制化와 비대화를 통제하고, 지방주민들의 정치 및 행정의 참여폭을 확대시켜 자치능력과 민주주의 양식民主主義良識을 배가培養하는 민주정치의 훈련장을 제공하며, 정치발전의 요체인 정당정치의 제도화制度化에 필수임에도 불구하고 현행 지방자치법은 지방자치의 이념구현理念具現과 실시의 기본 취지를 성취하는 데 크게 미흡한 문제점들을 담고 있어, 이러한 문제점들을 시정是正하여 지방자치의 이념을 구현하기 위한 것임.

3당이 합의한 개정안은 각 당의 의견을 타협해 합의한 내용이라는 느낌을 쉽게 받을 수 있다. 2단계 지방자치 체계를 기본으로 하면서 읍·면·동장을 주민이 직접 선출하도록 했다. 지방의회에 행정감사권과 조사권을 부여하며 지방의회 회기는 광역은 150일, 기초는 120일로 했다. 또 의회 사무직원은 의회 의장이 임명하고 사무국장은 지방의회 승인을 받도록 했다. 지방자치단체에 대한 내무부 장관과 상급 단체의 감사조항을 삭제하는 대신에 보고 및 서류 요청을 할 수 있도록 했다.

각 당이 조속한 지방선거를 요구하며 개정안에 담은 선거 시기는 다음과 같다. 광역 선거(의회와 단체장 포함)는 1989년 9월 30일 이전에 동시 실시하고, 기초 선거와 읍·면·동장의 선거는 시도의회 구성 후 1년 이내에 실시하기로 했다. 3당 합의 개정안에서 밝힌 선거 나이는 19세였다. 이 법이 노태우 정부의 재의 요구로 폐기되지 않았다면 19세 청년들이 91년 이후 모든 선거에 참여할 수 있었을 것이다. 이들 19세 청년이 선거에 참여하려면 2005년까지 기다려야 했다. 이 합의안은 여소야대의 국회 상황에서 1989년 3월에 의결되어 정부로 이송되었다. 그러나 정부의 재의 요구로 공포되지 못하고 폐기되었다. 이는 사실상 지방자치 부활 저지와 다름없었다. 국회에서 통과한 지방자치법 합의안이 거부되자 국회-정부 간 갈등은 더욱 깊어졌다. 지방자치 제도 논의는 다시 처음으로 되돌아갔다.

4) 합의를 위한 양보: 지방자치 실행을 위한 타협

여소야대 구도 속에서 지방자치법 개정은 몇 차례에 걸쳐 다시 시도되었다. 여소야대 국회라도 어찌하든 지방자치를 부활시키려면 여당을 포함해 정부와 타협이 필요했다. 결국 야 3당은 합의안을 폐기하고 여당과 협상해, 여야 4당이 합의한 새로운 개정안을 만들었다. 여야 4당은 합의한 지방자치법 개정안을 1989년 12월 19일 접수해 위원회심사와 체계 자구 심사를 당일로 마무리하고 본회의 심의도 그날 일사천리로 완료했다. 26일 정부로 이송되어 12월 30일 공포되어, 1990년 1월 1일부터 시행이 확정되었다.

개정안의 주요 내용은 제1조 목적에 '지방의 균형적 발전과 대한민국의 민주적 발전을 기함'을 추가했고 광역의회 회기를 70일에서 100일로 연장했다. 지방의회에 행정 사무감사권을 부여했다. 기존 법 제86조항(단체장 선거조항)에 있는 '선거한다'라는 표현을 '주민이 직접 선거한다'로 수정하는 등의 보완이 있었다. 그러나 개정안의 가장 큰 쟁점이자 관심사는 역시 지방선거 실시 일정이었다.

부칙에 다음과 같이 명시하며 일정을 확정했다. 지방의회 선거는 1990년 6월 30일까지, 단체장 선거는 1991년 6월 30일까지 실시하기로 약속했다. 만시지탄, 비록 늦었지만 이런 과정을 통해 야당은 지방선거 시기는 관철했지만, 지방의회와 단체장의 동시 선거는 양보했다. 이렇게 1989년 12월은 지방자치 실시라는 희망과 함께 한 해를 마무리했다.

지방자치 부활 순간은 숨 가쁘게 이어지지만 잠시 숨을 고르며 읍·면 자치의 문제를 살펴보자. 이 법이 시행되면서 대한민국 지방자치 체계는 2단계인 시·도의 광역지방자치단체와 시·군·구의 기초지방자치단체로 정착되었다. 생활 자치를 가장 효율적으로 실현할 수 있는 읍·면·동 자치는 이렇게 역사 속으로 사라졌다. 지방자치 현실에서는 생활 현장과는 한 걸음 더 멀어진 시·군·구가 주민에게는 가장 가까운 자치단체로 굳어지기 시작했다. 지방자치의 조속한 실행이라는 과제를 위한 불가피한 양보였지만 안타까운 대목이다.

4절 '미스터 지방자치 김대중'

1988년 총선 이후 유지되던 여소야대 구도는 지방자치 논의의 중요한 동력이었다. 여당은 지방자치법을 자신들이 원하는 수준에서만 다루기 어려웠고, 야당은 정부가 제시한 반쪽짜리 자치안을 비판하고 대안을 내놓으며 협상력을 유지할 수 있었다. 그러나 1990년 1월 3당 합당 후 국회는 완전히 다른 구조가 되었다. 이제 정부와 여당은 야당의 견제를 거의 받지 않고도 지방자치의 방향을 마음대로 바꿀 수 있는 조건을 갖추게 된 것이다.

야당 역시 심각한 타격을 받았다. 지방자치 실질화를 위해 개정안과 대안을 내며 논의를 끌어왔던 야 3당 체제는 하루아침에 무너졌다. 지방자치를 민주주의의 핵심 기제로 보았던 정치세력의 힘이 약화되면서,

지방자치는 국회 안에서 '우선순위가 낮은 의제'로 밀릴 수 있는 현실적 위기에 직면했다. 이 위기를 김대중 총재는 어떻게 돌파했을까? 지방자치는 부활할 수 있을까? 다시 긴박했던 1990년 1월로 들어가 보자.

1) 3당 합당과 지방자치 실종 위기

지방자치 실시라는 희망으로 시작한 1990년이었지만, 해가 바뀌자 정국은 요동치기 시작했다. 노태우 정부와 민정당은 김영삼 민주당 총재, 김종필 공화당 총재와 밀실 회담을 통해 3당 합당을 발표하며 정국 위기에서 빠져나갔다. 3당은 1990년 1월 내각제 개헌 등을 조건으로 합당에 동의했다. 당명은 민주자유당(민자당)으로 바꿨다. 3당 합당으로 여당은 국회 의석수를 합치면 개헌선인 200석을 훌쩍 넘기고 각각 대구, 경북과 부산, 경남, 충청 지역에 기반을 다져놓게 되었다. 여러 정치세력이 혼재되어 있는 수도권과 호남 외의 지역들이 모두 연합하는 괴물 여당이 탄생했다. 3개의 야당과 1개의 여당이 하루아침에 3개의 여당과 1개의 야당으로 바뀐 것이다. 여소야대 정국이 여당 독주 정국으로 급변했다.

다수 의석을 확보한 노태우 대통령은 자신감을 갖고 지방선거 실행을 연기했다. 그해 6월까지는 지방의원 선거를, 다음 해인 1991년 6월까지는 시·도지사와 시·군·구청장을 선출한다는 약속은 다시 한번 폐기되었다. 지방자치는 또다시 법전에만 존재하고 현실에서는 삭제되는 역사가 반복되어 나타났다. 지방자치는 정치적 우선순위에서 밀려났고, 중앙집권 체제는 다시 공고화되는 듯했다.

하지만 정치적 흐름은 또다시 급변했다. 1990년 가을, 윤석양 이병의 보안사 민간인 사찰 폭로는 정국을 뒤흔들었다. 군부대의 민간인 사찰과 함께 군대 내부의 친위 쿠데타 계획이 담긴 문서를 윤 이병이 언론 앞에서 폭로한 것이다. 대한민국은 발칵 뒤집혔다.

2) 단식이라는 승부수: 지방자치가 민주주의다

정치적 위기가 커지자 김대중 총재는 무기한 단식이라는 결단을 내렸다. 그의 단식은 지방자치와 민주주의를 지키기 위한 마지막 승부수였다. 거대 여당의 힘에 억눌려 막혔던 민주주의와 지방자치의 물꼬를 트는 순간이 온 것이다. 평생을 민주주의 수호를 위해 싸웠고, 지방자치 실현을 위해 헌신했던 그는 단식이라는 최후의 투쟁 무기로 이 위기에 맞선 것이다.

김대중은 단식의 네 가지 요구 사항 중 하나로 군의 정치 중립을 내걸었는데, 이는 윤석양 폭로 사건으로 인해 더욱 정당성과 긴급성을 얻게 되었다. 단식의 두 번째 요구 사항, 즉 지방자치 실시도 같은 맥락에서 무게감을 얻었다. 군사 권력의 잔재가 여전히 정치에 영향을 미치는 상황에서, 지방자치는 중앙 권력이 집중되는 것을 막고, 권력을 지역으로 분산하는 민주주의의 안전장치였다. 지방자치의 실종은 단지 행정 문제를 넘어, 민주주의 후퇴의 징후로 읽힐 수 있었다.

정국의 흐름도 단식에 유리하게 작용했다. 여당은 윤석양 폭로로 인해 방어적인 위치에 놓였고, 여론은 정부의 책임을 추궁하는 방향으로 움직였다. 이런 상황에서 지방자치 시행 문제를 더욱 미루거나 축소하려는 태도는 큰 정치적 부담을 초래할 수 있었다. 단식이 시작된 이후 여야 간 협상은 빠르게 재가동되었다. 야당은 지방선거 일정 재확인을 강하게 요구했고, 여당도 정국 수습을 위해 일정 부분 양보할 필요가 있었다. 여당 내부에서도 "지방자치를 더 늦추기 어렵다"는 현실적인 인식이 확산되기 시작했다. 결국 단식 13일째, 정치권은 극적으로 합의에 도달하게 된다.

13일간의 단식 투쟁을 통해 극단으로 치닫던 정국은 다시 대화와 타협의 자리가 만들어졌다. 역사는 꼭 1년 전의 상황을 재현했다. 여야 합의로 지방선거 일정을 다시 약속해 지방자치법을 개정했다. 그리고 개정된 자치법의 부칙으로 그 일정을 명시했다. 1년 전에 개정한 법률과 같이 부칙 제2조 1항과 2항에 담았다. 1년 전 조항에서 1990년을 1991년으로, 1991년을 1992년으로 숫자만 바꾸고, 모든 단어는 동일했다. 비록 1년이 지연되기는 했지만, 이렇게 지방자치의 시대는 열리고 있었다.

이 장을 마무리하면서 두 개의 신문 기사를 소개한다. 지방자치와 민주주의를 위해 헌신한 김대중 전 대통령에 대한 시민의 마음으로 읽어주길 바란다. 먼저 2015년 8월 22일 자 경향신문의 원희복 선임기자의 기사를 읽어보자.

> DJ의 단식은 꺼져가는 지방자치를 되살리는 불씨가 됐다. DJ는 자신의 자서전에서 밝혔듯이 스스로 별명을 '미스터 지방자치'라고 할 정도로 지방자치에 대해 애착을 가졌다. DJ는 1971년 7대 대통령 선거 후보 때부터 "집권 1년 내에 지방자치제의 실시"를 선거 공약으로 내세웠다. DJ는 "제1차로 시·도 및 시·군 의회의 구성, 제2차로 자치단체장의 선출, 단 서울특별시, 부산직할시 및 각 도의 수장은 임명제를 계속 유지함으로써 중앙과 지방 간의 조화와 안정을 유지하겠다"는 합리적 실천 방안을 제시했다.
>
> 이상환, 「지방자치법 이렇게 만들어졌다」, 1995

이 기사는 지방자치가 김대중 개인의 신념을 넘어, 한국 민주주의의 토대를 바꾸기 위한 오랜 정치적 과제였음을 보여준다. 그에게 지방자치는 단순한 지역 행정 제도가 아니라, 권력을 국민에게 되돌리는 구조적 개혁이었다.

다음으로 2020년 8월 5일 자 한겨레신문 성한용 기자의 기사다. 그해 제20대 총선이 끝나고 펼쳐진 민주당 최고위원 선거에 출마한 당시

염태영 수원시장의 행보에 관심을 보이면서 작성한 기사였다. 성 기자는 김대중 전 대통령이 지방자치에 매달린 이유를 다음과 같이 소개했다.

> 김대중 총재가 지방자치에 매달린 이유는 지방자치가 곧 민주주의라고 확신했기 때문이었습니다. 그는 지방자치를 하지 않으면 관권선거를 막을 수 없다고 주장했습니다. 김대중 총재의 걱정이 사실로 드러나는 데는 그리 많은 시간이 걸리지 않았습니다. 1992년 14대 총선에서 한준수 연기군수가 내무부 장관과 충남도지사의 명령에 따라 민자당 후보를 당선시키기 위해 조직적으로 금품을 살포하는 등 대대적인 관권 부정선거를 저질렀다고 폭로한 것입니다.
>
> 「정치인 김대중에게 별명을 붙인다면 '미스터 지방자치'」 [성한용 선임기자의 정치 막전막후 334]

기사의 중간 제목은 "1992년 한준수 연기군수 관권 부정선거 폭로, "지방자치 없었으면 1997년 정권 교체 불가능"이었다. 이 중간 제목은 1992년 14대 총선 직후 벌어진 유명한 사건을 상기시킨다.

"한준수 연기군수는 내무부 장관과 충남도지사의 명령에 따라 민자당 후보를 당선시키기 위해 금품을 조직적으로 살포하는 등 대대적인 관권 부정선거가 있었다고 폭로했다."

이 사건은 단지 부정선거 폭로에 그치지 않았다. 중앙 권력의 지시와 한 줄기의 라인만으로 지역 정치 전체를 흔들 수 있었던 구조 즉, 지방자치 부재가 만들어 낸 민주주의의 취약성을 적나라하게 드러낸 사례였다. 그리고 김대중이 지방자치를 "민주주의의 기초"라고 강조했던 이유가 정확히 무엇이었는지를 설명해 준다.

1990년 10월 8일부터 13일 동안 진행된 김대중 전 대통령의 단식은 지방자치가 민주주의를 지키는 보루임을 확신했던 그의 통찰을 잘 보여주는 역사적 사건이었다. 그의 단식은 두 신문 기사에서 공통적으로 평가하듯 꺼져가던 지방자치의 불씨를 다시 살려낸 결정적 사건이었다. 이렇게 지방자치는 암흑기에서 천천히 부활하며, 이후 1991년 지방의회 선거와 1995년 단체장 직선제라는 한국 민주주의의 토대를 만들어 나가게 된다. 비로소 지방자치는 암흑기에서 서서히 부활하며 K-민주주의의 역사를 쓰기 시작했다.

제1부를 정리하며: 지방자치는 민주주의의 보루

제1부에서 살펴본 숫자들은 지방자치가 단절된 역사가 아니라, 끈질기게 억눌린 역사였음을 보여준다. 지방자치는 헌법에서 삭제된 적이 없었다. 대신 부칙과 임시조치법, 시행 유보라는 방식으로 현실에서 지워졌다. 숫자는 거짓말을 하지 않는다. 제도는 존재했지만, 실행을 막는 장치가 더 정교했을 뿐이다.

그러나 숫자는 억압만 기록하지 않는다. 봉인이 풀리는 순간 역시 숫자로 남아 있다. 부칙 한 줄이 사라지는 데 15년이 걸렸고, 임시조치법이 폐지되기까지는 27년이 필요했다. 1987년, 1988년, 1989년, 그리고 1990년과 1991년. 지방자치는 단번에 되살아난 것이 아니라, 수차례의 연기와 좌절, 정치적 거래와 투쟁을 거치며 조금씩 현실로 돌아왔다.

특히 제2장에서 살펴본 9와 3, 그리고 13이라는 숫자는 지방자치 부활이 결코 자연스러운 제도 개혁이 아니었음을 분명히 보여준다. 법 개정 횟수, 약속의 파기 횟수, 그리고 단식의 날짜는 중앙집권 권력과 자치 세력 사이의 힘겨루기가 얼마나 치열했는지를 드러낸다. 지방자치는 '시대의 흐름'에 의해 주어진 것이 아니라, 자치와 민주주의 사람들이 끝까지 붙들고 놓지 않은 신념과 정치적 결단, 그리고 시민의 압력으로 간신히 되살아났다.

이로써 한 가지 사실은 분명해진다. 지방자치는 한국 민주주의의 장식물이 아니었다. 중앙 권력이 흔들릴 때마다 민주주의를 보호해 주는 방파제였고, 권력이 집중될 때마다 이를 분산시키려는 구조적 장치였다. 그래서 지방자치는 늘 두려움의 대상이었고, 동시에 쉽게 포기할 수 없는 헌법적 약속이었다.

우리가 제1부가 살펴본 것은 '지방자치는 어떻게 사라졌는가'에 대한 답이었다. 그리고 사라진 지방자치가 다시 역사의 현장으로 되돌아온 과정이었다. 그러나 이것만으로는 충분하지 않다. 제도가 다시 열렸다고 해서, 곧바로 민주주의가 제대로 작동하는 것은 아니기 때문이다. 지방자치는 어떤 구조 위에서 운영되었는지, 그 구조는 과연 자치에 적합했는지, 그리고 그 구조와 공간을 무슨 숫자가 채웠는지를 알아야 한다.

[표 2-1] **지방자치법에 명시된 지방선거 일정**

차수	지방자치법 개정. 시행 일시	지방선거 실행 일정 조항
1차	1988. 4. 6., 전부개정, 시행 1988. 5. 1	부칙 제2조(지방자치단체별 지방의회의 구성 시기) ①이 법에 의한 최초의 지방의회는 시·군 및 자치구부터 구성하되, 그 지방의회의원의 선거는 이 법 시행일로부터 1년 이내에 실시한다. ②이 법에 의한 최초의 시·도의회는 시·군 및 자치구의 의회가 구성된 날로부터 2년 이내에 구성한다.
2차	1989. 12. 30., 일부개정 시행 1990. 1. 1	부칙 제2조(지방선거의 실시 시기) ①이 법에 의한 최초의 시·도 및 시·군·자치구의 의회 의원의 선거는 1990년 6월 30일 이내에 실시한다. ②이 법에 의한 최초의 시·도지사 및 시장·군수·자치구의 구청장의 선거는 1991년 6월 30일 이내에 실시한다.
3차	1990. 12. 31., 일부개정 시행 1990. 12. 31	부칙 제2조(지방선거의 실시 시기) ①이 법에 의한 최초의 시·도 및 시·군·자치구의 의회 의원의 선거는 1991년 6월 30일 이내에 실시한다. ②이 법에 의한 최초의 시·도지사 및 시장·군수·자치구의 구청장의 선거는 1992년 6월 30일 이내에 실시한다.

이제 다음 질문으로 나아갈 차례다. 지방자치는 어떤 틀 위에 다시 세워졌는가? 그 구조는 민주주의를 키우는 방향이었는가? 아니면 또 다른 제약이었는가?

제2부에서는 지방자치가 부활한 이후, 지방정부의 구조를 만든 숫자들을 따라가며 이 질문에 답해본다.

2부

지방정부의 구조를 만든 숫자

숫자는 제도의 외형을 만들고,
삶의 조건을 갈라 놓았다

제1부에서 우리는 지방자치가 어떻게 헌법 속에 남아 있으면서도 현실에서 봉인되었는지를 살펴보았다. 이제 시선을 조금 바꿀 차례다. 제도가 다시 작동하기 시작한 이후, 지방자치는 어떤 구조 위에 놓였는가? 라는 질문을 하게 된다. 제2부는 바로 이 질문에 답하기 위해 숫자를 다시 불러낸다.

이번에 등장하는 숫자들은 헌법 조문이나 연도만큼 상징적이지 않아 보일 수 있다. 12와 11, 9와 8, 275와 243, 75·82·69·17. 행정 통계표에서 흔히 마주치는 숫자들이다. 그러나 이 숫자들은 지방자치가 '같은 제도' 아래에서 얼마나 다른 현실을 만들어 왔는지를 보여주는 결정적 단서다. 지방자치는 하나의 제도로 출발했지만, 결코 하나의 모습으로 존재하지 않았다.

3장은 지방자치의 시간 구조를 다룬다. 지방의회는 9기인데, 민선은 왜 8기인가. 어떤 지역은 지방의회가 12기이고, 어떤 지역은 11기인가. 이 차이는 단순한 회기 숫자의 문제가 아니라, 지방자치가 전쟁과 쿠데타, 유보와 부활을 거치며 불균등하게 축적된 시간의 흔적이다. 같은 지방자치라는 이름 아래, 서로 다른 출발선과 단절의 경험이 겹겹이 쌓여 있다.

4장은 지방자치의 공간구조를 숫자로 해부한다. 1991년 275개였던 지방자치단체가 왜 243개가 되었는지, 군은 왜 줄고 시와 구는 늘어났는지, 도농통합과 특별자치도의 탄생이 무엇을 바꾸었는지를 추적한다. 이 과정에서 드러나는 것은 행정 효율성이라는 명분과 주민 생활권이라는 현실 사이의 긴장이다. 행정구역은 줄었지만, 지역은 사라지지 않았다. 숫자는 줄어들었지만, 삶의 현장은 그대로 남아 있었다.

5장은 독자를 지방자치의 현장 한가운데로 데려간다. 오늘날 대한민국의 지방자치는 17개의 광역자치단체와 226개의 기초자치단체 위에서 작동한다. 그러나 이 '226'이라는 숫자 안에는 인구 1만 명이 채 되지 않는 군과 100만 명을 넘는 대도시가 함께 들어있다. 면적은 600배, 인구밀도는 1,300배, 재정 여건은 또 다른 방식으로 갈라진다. 같은 법, 같은 제도, 같은 지방자치라는 말로 묶기에는 그 차이가 너무 크다.

제2부는 이 사실을 독자에게 솔직하게 보여주고자 한다. 지방자치는 추상적인 제도가 아니라, 서로 다른 조건 위에서 작동하는 구조물이다. 그리고 이 구조를 이해하지 못하면, 이후에 등장할 조례와 정책, 참여와 대표성의 문제도 제대로 읽을 수 없다.

이제 질문은 분명해진다. 이렇게 다른 조건 속에서 지방자치는 어떻게 같은 민주주의를 말할 수 있는가? 하나의 구조는 과연 이 다양한 삶을 담아낼 수 있는가?

제2부는 이런 질문을 품은 채, 숫자를 따라 구조의 내부로 들어간다.

3장
12와 11, 그리고 9와 8
_숫자가 말해주는 지방자치의 역사

지방자치 역사를 설명하는 데 숫자만큼 편리하고 상징적인 언어도 드물다. 그런데 이 숫자들은 단순한 행정적인 시기 구분만을 보여주는 것이 아니다. 이런 숫자들은 뒤섞여 다소 혼란스럽지만, 이 숫자들은 대한민국 지방자치 70여 년의 굴곡진 역사를 압축해 담고 있다. 그 이해는 단순한 행정 용어 해석을 넘어서, 이 나라 민주주의와 지방자치의 궤적을 읽어내는 일이다. 이번 3장에서는 12와 11, 그리고 9와 8에 얽힌 이야기를 통해 지방자치 역사를 알아보자.

1절 최다선 지방의원은 9선 의원

조례를 최종 의결하는 지방의원은 4년마다 지방선거를 통해 선출된다. 지방자치의 주인인 주민이 조례 제정과 관련된 권한을 비롯해 지방정부의 예산심의권, 의결권, 지방정부 행정감사와 견제 권한 등의 역할을 4년마다 위임한다. 그러나 지방의원에 위임된 4년 임기는 항상 보장된 것이 아니다. 주민 의사를 왜곡하거나 자신이나 주변 사람들만의 이익을 욕심내는 일을 반복하고 지방의원으로 심각한 잘못을 했다고 그 지역 주민이 판단하면 임기 중이라도 소환되어 해고될 수 있다.

지난 2007년에는 하남시의원 2명이 주민소환 절차를 통해 해고된 사레도 있다. 지방의원은 4년마다 주민의 선택에 따라 새로 임기를 시작하거나(초선) 다시 새로운 4년의 임시를 시작한다(재선). 지방의원의 재선 제한 규정은 없기 때문에 4선, 5선도 가능하다. 현재까지 필자가 아는 범위에서 가장 오래 지방의원 활동을 하는 의원은 안동시의회의 이재갑 의원이다.

그는 91년부터 지금까지 현직에서 지방의원으로 활약하고 있다. 아홉 번째 의원 임기를 수행하고 있는 9선 의원이다. 눈치가 빠른 독자라면 여기까지 읽으면 9라는 숫자의 의미를 알게 되었을 것이다. 2025년 현재 지방의회는 제9기 임기를 수행하고 있다. 지난 2022년 6월 1일에 선출되어 2026년 6월 30일까지 활동하는 지방의원은 제9기 지방의회 의원이다.

2절 1991년의 부활과 '계산되지 않는 1년'의 비밀

1991년 3월 26일(시·군·구의회 의원 선거)과 6월 20일(시·도의회 의원 선거)에 선출된 제1기 지방의회부터 시작해 매년 4년마다 새로운 임기를 시작해 지금에 이르고 있다. 그런데 91년부터 4년씩을 더하다 보면 제9기 지방의회 임기, 즉 36년이 지나는 시기는 2026년이 아니라 2027년이 되어야 한다. 어디서 착오가 있는 것일까?

1년이라는 시간이 사라진 것은 95년 7월 1일에 시작된 지방의회 2기가 3년 만인 98년 6월 30일에 마무리되었기 때문이다. 지방자치제를 실행하면서 4년에 한 번씩 실시하는 국회의원 선거 주기에 맞추기 위한 결정이었다. 1996년 국회의원 총선거, 1998년 지방선거, 그리고 다시 2000년 총선으로 이어지는 정치 일정의 2년 주기를 맞춘 것이다. 그래서 제9기가 마무리되는 연도는 35를 더해 2026년이 된다.

그럼 '8'이라는 숫자는 무엇이며 대한민국 지방자치는 정말로 91년에 시작된 것일까? 4·19혁명을 통해 민주주의와 지방자치가 활짝 피어난 시기가 있었다고 하는데 그럼 지방자치의 시작 또한 91년보다는 더 앞서야 맞지 않을까? 그렇다면 12와 11이라는 숫자는 무엇을 뜻하는 것일까? 쉽게 추측할 수 있듯이 흥미진진한 지방자치의 역사는 바로 12와 11이라는 숫자가 담고 있다. 지방자치의 긴 역사로 들어가기 전에 혹처럼 달린 8이라는 숫자를 해결해 보자. 그리고 과거로의 여행을 떠나기로 하자.

3절 민선 8기와 지방의회 9기는 왜 다를까?

지방자치를 다루는 언론이나 여러 글에서 2026년 6월 3일에 실행되는 선거를 지방의회 제10기 선거라고 쓰지 않고 민선 제9기 선거라고 쓰고 있다. 지방의회가 시작된 91년이 아니라 지방의회의 두 번째 선거가 실행된 95년에 초점을 맞추고 있다. 왜냐하면 1995년 6월 4일에 비로소 지방의회 의원과 함께 지방정부의 대표인 시장과 군수, 구청장과 함께 서울시장을 비롯한 부산광역시 등 광역시장, 경기도지사 등 도지사를 함께 선출하기 시작했기 때문이다.

이날 지방의원과 단체장이 함께 선출되면서, 한국의 지방자치는 드디어 제도의 완전체가 되었다. 그래서 1995년 선거가 민선 1기로 기록된다. 이 순간부터 두 개의 시간 축이 생겼다. 1991년에 시작된 지방의회 시간 축과 1995년에 시작되는 민선 지방정부 시간 축이 또 하나의 축이 된 것이다. 이 두 시간 축이 나란히 흘러가며 9와 8이라는 서로 다른 숫자를 만든 것이다.

지방선거를 표현할 때 '동시 지방선거'라고 하는 표현은 지방의원과 지방정부의 대표(지방자치단체의 장, 즉 시장, 군수, 구청장)를 동시에 선출한다는 의미다. 2010년 6월 2일에 실행된 제5회 '동시 지방선거' 때부터 교육감도 함께 선출하기 시작했다. 최근 지방선거 투표장에 다녀온 독자라면 몇 장의 투표용지를 받았는지 생각해 보자. '동시 지방선거'라는 표현을 실감할 수 있을 것이다.

자신이 속한 투표장에 들어가서 1차로 도지사(혹은 광역시장), 교육감, 시장(혹은 군수나 구청장) 후보자의 이름이 적힌 3장의 투표용지를 받고, 다음으로 도의원(혹은 광역시의원), 도의회 비례, 시의원(혹은 기초의원), 시의원 비례 등 총 4장의 투표용지를 받아 투표했을 것이다. 7명의 후보를 선택한 후 투표가 완료된다.

91년에는 지방의회 의원 선거, 95년부터는 지방의원과 지방정부 대표 동시 선거, 이렇게 시간 차이를 두고 지방자치를 실행하게 된 이유 또한 간단치 않은 역사가 있으나 여기서는 이 정도로만 소개하고 본격적인 지방자치의 진정한 출발로 들어가 보자. 이 과정에서 자연스럽게 12와 11일이라는 숫자의 비밀이 풀릴 것이다.

4절 1952년, 전쟁 속에서 태어난 지방의회

길든 짧든 지나간 역사를 돌아보면 어떤 일의 시작과 결과는 다음 네 가지 유형으로 나눌 수 있다. 좋은 의도를 가지고 일을 도모해 좋은 결과를 낳는 경우, 좋은 의도를 가지고 추진했으나 나쁜 결과로 나타난 경우, 별로 좋지 않은 생각으로 시작했는데 결과는 좋은 쪽으로 나타난 경우, 그리고 명백하게 나쁜 의도를 가지고 추진해 결과 또한 사회나 시민에게 해를 끼친 경우다.

사람은 대부분 좋은 의도를 가지고 일을 시작한다. 정치인이라면 더욱 그렇다. 아니 혹시라도 나쁜 의도가 있었더라도 선한 목표를 보여주려고 노력한다. 정치 활동의 성공은 선한 목표, 즉 대의로 표현되는 그 일의 목표에 달려 있기 때문이다. 하지만 시간이 지나면 여러 자료나 드러난 그 일의 결과를 통해 그 일을 시작한 의도를 알 수 있던 역사가 많다. 좋지 않은 불순한 의도는 역사를 통해 밝혀지기 마련이다.

대한민국에서 지방자치의 출발은 세 번째 경우로 보는 것이 일반적인 시각이다. 이러한 시각을 공식적으로 확인할 수 있는 문서는 91년 지방의회가 출범하고 1년 뒤인 1992년 7월에 당시 내무부에서 발간한 『지방의회백서』다.

백서 발간의 책임 장관이자 지방자치 업무를 총괄했던 이동호는 발간사에서 "국민들의 염원에 부응해 30년 만에 지방의회가 부활해 기초민주주의가 뿌리를 내려가고 있다"고 평가하면서 "그간의 지방의회 운영 성과를 보면, 운영 경험이 일천한 관계로 일부 미흡한 면이 있기는 했으나 의정활동을 통해 주민여론이 충실하게 시책에 반영되고, 지방행정 집행과정에서 감시의 역할도 해 주었으며, 주민의 숙원사업도 행정기관과 의회가 공동으로 노력함으로써 보다 나은 해결 방안을 마련하는 등 많은 성과를 가져왔다고 하겠습니다"라며 지방의회 활동 성과를 언급했다.

이어 "앞으로 해를 거듭하면서 시정, 보완해 나간다면 더욱 성숙될 것입니다"라며 지방의회와 지방자치에 대한 희망을 밝혔다. 백서 부록으로 다루고 있는 지방의회 연혁 앞부분이 대한민국 지방의회 출발 과정에 대한 설명이다. 옮겨보면 아래와 같다.

> 최초로 민선 지방의회가 구성된 1952년 4월과 5월은 정부가 임시수도 부산에 피난 중인 때였다. 그럼에도 불구하고 이승만 대통령은 대통령직선제 개헌안을 지지해 줄 정치적 기반을 확보하여야 할 필요성을 느끼고 자신의 입장을 지지하여 줄 세력으로 지방의회를 구성하여 키우고자 했던 것이다. 전쟁 중에 지방자치를 실시한다는 것이 여러모로 어려움이 따르는 것이었음에도 지방자치 실시는 민주공화국으로의 발전을 염원하는 정부나 국민 모두가 크게 환영하여 1952년 4월 25일 시·읍·면의회 의원 선거를, 5월 10일 도의회 의원 선거를 실시했다. 『지방의회백서』 376쪽

지방자치의 출발에 대한 설명에서 지방자치 실행을 통한 주민복지 향상이나 대한민국의 민주적 발전이라는 표현은 없고 개헌을 위한 지지 세력 확보를 위해 지방자치를 시작했다는 평가다.

당시 이승만은 국회에서 지지 기반이 이탈하고 기반이 흔들리면서 국회가 아닌 국민의 직접 선거를 통해 재선 대통령이 되는 길을 찾았다. 그는 국회보다는 국회 밖의 국민적 지지가 높은 당시의 상황을 이용해 정치적 위기를 벗어나려 했다. 국회에서 대통령을 선출하는 헌법을 고쳐 국민 직선 헌법을 만들었다. 이런 정치적 혼란 상황에서 첫 번째 지방의회 선거가 실시되었음을 위 백서는 말하고 있다.

즉 대통령 직선제 개헌을 위한 국민적인 지지를 확보하려는 의도를 갖고 지방선거를 실시하면서 대한민국 지방자치는 시작된 것이다. 의도가 어찌 되었든 지방자치는 시작되어 누구도 멈출 수 없는 흐름이 형성되었다. 1948년 정부가 수립되고 1949년 8월 15일부터 지방자치법이 시행된 지 3년 만에, 그것도 전쟁 중에 지방자치가 시작된 것이다.

역사를 가정하는 일만큼 부질없는 일이 없다고는 하지만 당시 이승만 정부가 흔들리지 않았다면 지방자치 출발은 더 뒤로 밀렸을 것이다. 불순한 의도지만 지방자치를 출발시킨 당시의 선택은 중요한 역사의 이정표가 되었다.

5절 모든 권력은 지방자치를 두려워한다

권력은 부자지간에도 나누지 않는다고 했던 선인의 말씀은 지방자치 역사를 살펴보는 내내 떠올리게 되는 진리다. 제헌헌법부터 현행 헌법에 이르기까지 한 번도 헌법에서 삭제되지 않았던 지방자치제는 중앙권력에 의해 현실에서는 오랫동안 삭제되었다. 그리고 이에 맞선 지방자치 실행을 위한 노력은 번번이 좌절을 경험하게 된다. 1948년 7월 17일 공포된 제헌헌법 제8장 제96조와 97조는 지방자치제도를 규정하고 있었음은 앞 장에서도 설명했다.

1949년 8월 15일부터 시행되는 제정 지방자치법 또한 지방자치단체의 종류를 도와 서울특별시, 그리고 시·읍·면으로 구분하고, 기관구성은 단체장과 의회가 서로 견제하는 기관 분립주의를 채택했다. 지방자치단체장의 의회해산권과 지방의회의 장에 대한 불신임의결권을 인정하면서도 장은 의회에서 선출하도록 해 의회 우위의 제도를 규정했다. 도지사와 서울특별시장은 임명제로 했다. 권력의 분산을 두려워하는 중앙 권력의 보호주의는 지방자치법 출발부터 강하게 나타나기 시작했다.

당시는 정부나 지방정부나 주민이 직접 선출하는 의회가 의회에서 선출하는 대통령이나 자치단체장보다는 강한 역할을 하는 권력 구조를 선호했다. 지금의 현실과는 다른 모습이다. 장기 집권을 꿈꾸는 이승만에게는 바로 이 점이 장애가 되어 결국에는 지방의회 선거를 실행하게 만들었다.

지방자치법의 1차 개정은 법의 시행 4개월 만인 1949년 12월 15일에 이루어졌다. 지방의회 구성 시까지 의회의 권한대행(서울특별시의회와 도의회는 내무부 장관, 시·읍·면의회는 도지사)과 시·읍·면장의 임명제를 규정하는 내용이다. 헌법과 자치법으로 규정된 지방자치는 출발도 못 하고 대기 상태에 머물게 된 것이다. 민주공화국 헌법을 만들고 민주주의를 실천하는 민주 국가의 지방자치는 상식으로 받아들여졌던 당시의 상황에서 헌법과 법에서는 삭제할 수는 없으니 경과 규정을 두어 현실에서는 지방자치를 삭제했던 것이다.

이후 지방자치는 여러 우여곡절을 겪으면서 발전해 갔다. 1차 지방선거 이후 56년 2차 자치법 개정을 통해 시·읍·면장의 선출 방식을 의회 간선제에서 주민직선제로 바꾸고 임기를 4년에서 3년으로 단축했다. 또한 의원 수를 감축하고 회의 일수를 제한하며, 의회 의결에 대한 단체장의 거부권을 인정하며 단체장의 권한을 강화했다.

이런 제도로 1956년 8월 8일에는 시·읍·면의원과 시장, 읍장, 면장 선거, 8월 13일에는 경기도 등 9개 도의원과 서울특별시의원 선거가 실시되었다. 여전히 정치적 영향력이 큰 도지사와 서울특별시장 선거는 유보되었다. 제2기 지방의회 선거가 실시된 후 그해 12월에는 지방자치법의 개악이 있었다.

지방의원은 주민이 직접 선출할 수 있었으나 시·읍·면장을 임명제로 바꾼 것이다. 읍장과 면장은 도지사가 임명하고, 서울특별시장과 도지사, 시장은 대통령이 임명하도록 했다. 반쪽짜리 지방자치로 후퇴한 것이다. 온전한 지방자치가 복원되기 위해서는 4·19라는 거대한 민주주의 혁명을 기다려야 했다.

6절 짧았던 부활과 기나긴 암흑기

이승만의 장기 집권 욕망은 1960년 3월 15일에 실시된 대통령과 부통령 선거를 무지막지한 폭력과 부정선거로 얼룩지게 했다. 이승만 대통령을 정점으로 하는 자유당 정권은 지금도 많이 회자되는 부정선거의 다양한 방식들을 자행했다.

사전 투표(몰표) 조작, 유령 투표자 조작(존재하지 않는 유령 유권자를 만들어 투표수를 늘렸다), 투표 방해 및 참관인 축출, 3·5인조 공개 투표(5명씩 조를 이뤄 서로 감시하며 몰표를 주도록 강요하는 등, 투표의 비밀을 침해하는 방식), 유권자 협박 및 매수, 개표 조작(득표수 부풀리기, 투표함 바꿔치기, 득표수 조작 등), 내무부 조직, 경찰, 정치깡패, 외곽단체 등을 동원해 전국적으로 치밀하게 계획된 대규모 부정행위를 했다.

이러한 조직적이고 광범위한 부정선거는 4월 19일 대규모 시위(4·19 혁명)를 촉발했고, 결국 이승만 대통령의 하야로 이어졌다. 4·19 민주혁명의 결과로 헌법이 바뀌고(6월 15일), 바뀐 헌법에 따른 선거(7월 29일)

에서 민주당 정부가 새롭게 수립되었다.

이후 지방자치법도 개정(11월 1일)되어 지방의회 의원과 지방자치단체장 모두를 시민이 직접 선출할 수 있게 되었다. 서울특별시장과 도지사는 물론이고 시·읍·면장과 아울러 동장과 이장까지도 직접 주민이 선출할 수 있도록 제도적인 기반이 마련되었다.

개정된 지방자치법에 따라 12월 12일 시·도의회 의원 선거를 시작으로 19일 시·읍·면의회 의원 선거, 26일 시·읍·면장 선거, 29일 서울시장과 도지사 선거가 연이어 실시되었다. 민주주의와 지방자치의 꽃이 활짝 핀 것이다. 그러나 민주주의와 지방자치의 화양연화는 길지 못했다. 5개월 후 5·16 군사 쿠데타가 모든 것을 중단시키고, 민주주의와 지방자치를 요구하는 목소리를 강력하게 탄압하고 억압하며 지방자치를 긴 암흑 속으로 파묻어 버렸다.

지방자치가 긴 암흑의 터널로 들어가기 전 세 번의 지방의회 선거와 두 번의 단체장 선거가 있었음을 알게 되었다면 12와 11의 비밀도 알 수 있을 것이다. 1952년 제1회부터 지방선거가 실시된 17개 지역의 지방의회는 1950년대 3기를 활동하고 91년 이후 9기 의회 활동을 이어가고 있으니 현재는 지방의회 제12기를 지나고 있으며, 1956년에 처음 지방의회 선거를 실시한 서울시의회와 경기도와 강원도의회는 지방의회 제11기 활동을 수행하고 있다.

충청남북도와 경상남북도, 전라남북도와 제주도의회, 그리고 1952년 당시 시로 있었던 수원시 등 17개 시의회가 12라는 숫자를 사용하고 있으며, 서울시와 경기도와 강원도의회는 11이라는 숫자를 사용하고 있다.

현재 농촌 지역의 주요한 행정 단체인 군이라는 행정체계는 1961년 이후 본격적으로 지방행정 단체로 역할을 수행하기 시작했다. 여러 읍

면을 하나의 군으로 통합해 중앙통제 행정을 쉽게 하기 위한 의도였다. 그리고 서울시와 50만 이상의 도시에 만든 구 또한 1950년대에는 자치 단위가 아니었다. 구의회를 구성하지 않았다는 이야기다.

따라서 91년 지방의회가 부활하면서 군의회와 자치구의회의 역사가 시작되었기에 대한민국 군의회와 자치구의회는 2025년 현재 제9기 임기를 수행하고 있다. 여러분이 사는 도시의 의회는 어떤 숫자를 가지고 있는지 지방의회 홈페이지를 한번 방문해 보라. 필자가 생활하는 수원시의회는 제12기, 경기도의회는 제11기를 보내고 있다.

[표 3-1] **지방의회별 기수 변화**

구분	충청북도 등 7개도의회	서울시, 경기도, 강원도의회,	시의회	1961년 이후 자치시	읍,면의회	군, 자치구
1952-1956	지방의회 1기	전쟁 미실시	1기(17개 시)		1기	행정단위
1956-1960	지방의회 2기	1기	2기(17개시 외 8개시)		2기	상동
1960-1961	지방의회 3기	2기	3기(상동)		3기	상동
1961-1972	5·16군사반란으로 제정된 임시조치법으로 지방자치 중단					
1972-1980	제4공화국(유신헌법) 헌법 부칙에 의해 조국 통일 전까지 지방자치 유보됨					
1980-1988	제5공화국 헌법 부칙에 의해 재정자립도 달성 전까지 지방자치 유보됨					
1991-1995	지방의회 4기	3기	4기	1기	행정단위	1기
1995-1998	지방의회 5기	4기	5기	2기	상동	2기
1998-2002	지방의회 6기	5기	6기	3기	상동	3기
2002-2006	지방의회 7기	6기	7기	4기	상동	4기
2006-2010	지방의회 8기	7기	8기	5기	상동	5기
2010-2014	지방의회 9기	8기	9기	6기	상동	6기
2014-2018	지방의회 10기	9기	10기	7기	상동	7기
2018-2022	지방의회 11기	10기	11기	8기	상동	8기
2022-2026	지방의회 12기	11기	12기	9기	상동	9기

4장
243부터 275까지, 또는 1563, 1491, 그리고 1407
_자치 숫자의 변화

1절 275로 시작한 21세기 지방자치단체

지방자치가 다시 깨어난 1991년, 대한민국에는 총 275개의 지방자치단체가 존재했다. 275라는 숫자는 다음과 같이 세분할 수 있다. 서울특별시, 5개의 광역시, 9개의 도, 그리고 67개의 기초 시와 137개 군, 56개의 자치구다. 그리고 이 모든 단위를 우리는 '지방자치단체'라고 부른다. 오늘날 우리가 자연스럽게 말하는 '2단계 지방자치 체계', 즉 광역과 기초자치단체는 사실 이 시점에서부터 현재까지 변함없이 이어지고 있다. 좀 더 구체적으로 이들의 명칭을 알아보자. 광역지방자치단체는 서울특별시와 부산, 인천, 대구, 광주, 대전 등의 광역시, 경기도, 강원도, 충청남북도, 경상남북도, 전라남북도, 그리고 제주도를 말한다. 시·군·구를 기초지방자치단체라 부른다. 예를 들면 경기도 수원시, 용인시, 전라남도 목포시, 경상북도 포항시, 강원도 춘천시 등이 기초 시다. 군은 충청북도 단양군, 충청남도 서천군, 전라북도 진안군, 경상남도 남해군 등이다. 자치구는 서울시 종로구, 부산시 해운대구, 대구시 수성구, 인천시 미추홀구, 광주시 광산구, 대전시 유성구, 울산시 남구 등이다. 시민과 가장 가까이에서 생활 현장을 살피며 시민 복리와 행복을 위한 행정서비스를 제공하는 자치단체가 기초지방자치단체(이하 기초 지자체)다. 기초 지자체와 정부 사이에서 조정과 연계 역할을 하면서 광역적 시각으로 시민의 행복을 지원하는 지방자치단체를 광역지방자치단체(이하 광역 지자체)라 한다. 1990년 12월 31일에 개정되어 곧바로 시행된 당시 지방자치법 제3조는 아래와 같다. 특별시와 직할시 및 도, 시와 군 및 구로 지방행정 체제를 구분하고 있다. 이 법률에서 사용했던 직할시라는 명칭은 1994년부터는 광역시로 개정되어 지금까지 사용되고 있다. 조항을 살펴보자.

제2조(지방자치단체의 종류) ① 지방자치단체는 대별하여 다음의 2종으로 한다.
1. 특별시와 직할시 및 도
2. 시와 군 및 구
② 지방자치단체인 구(이하 "自治區"라 한다)는 특별시와 직할시의 관할구역안의 구에 한하며, 자치구의 자치권의 범위는 법령이 정하는 바에 의하여 시·군과 다르게 할 수 있다.

1항에서는 광역 지자체를, 2항에서는 기초 지자체를 규정하고 있다. 특별시와 광역시(직할시) 구역에 있는 자치구는 시와 군과는 다른 자치권을 가진다는 점도 설명하고 있다.

2절 대한민국 지방행정 체제의 긴 흐름

대한민국 정부 수립 이후 광역-기초의 2단계 지방행정 체계는 크게 흔들린 적이 없다. 그러나 그 내부의 구성, 특히 시·군·구와 같은 기초 단위는 시대적 변화의 흐름에 따라 끊임없이 변화해 왔다. 그 변화를 이 절에서 숫자로 살펴본다.

275 앞에 있는 243이라는 숫자는 2025년 10월 현재의 지방자치단체

숫자다. 275라는 숫자가 243으로 바뀌는 과정이 91년 이후 35여 년의 대한민국 지방행정 체계의 변화 과정이다. 지난 35년의 변화를 살펴보기 전에 좀 더 긴 시간의 변화를 요약해 보자.

앞선 시기의 흐름을 이해하면 지난 35년의 변화를 좀 더 쉽게 알 수 있기 때문이다. 1948년 대한민국 정부가 출발할 때도 광역과 기초라는 2단계 지방행정 체제는 지금과 같았다. 서울은 대한민국의 수도이기에 특별법에 따라 특별시로 구분되었다. 서울시는 다른 광역시와 도와는 구별되는 여러 권한과 역할을 갖고 있다.

1962년 1월 27일에 [서울특별시 행정에 관한 특별조치법]이 제정되어, 서울특별시를 내각 수반 직속하에 둔다고 규정했다. 서울특별시 다음으로 인구가 많았던 시市 중에서 가장 컸던 부산시(1963년)를 시작으로 1981년에는 대구시와 인천시가, 1986년에는 광주시, 1989년에는 대전시가 직할시로 바뀌면서 광역지자체 숫자가 늘어났다. 하지만 대부분 시민이 생활하는 도의 행정 체제는 크게 바뀌지 않았다.

직할시로의 변화는 도와 연계되어 지방행정을 수행하던 기초 시에서 정부 직할로 소속이 바뀌게 되는 과정이다. 도가 아닌 정부와 직접 연계되어 지방행정 업무를 수행하며 도와 같은 권한과 역할을 하게 되었다. 앞의 5개 직할시는 도와 같은 위치에서 정부와 직접 소통한 것이다.

지방행정 체제의 많은 변화는 시·군·구의 기초지자체에 있었다. 농촌을 떠나 도시로 몰려드는 인구로 인해 도시 지역은 팽창하고 농촌 지역은 인구가 축소되는 현상이 60년대부터 90년대까지 지속적으로 이어지면서 도시 지역의 행정 체제인 시와 구가 꾸준하게 확대되었다. 인구가 빠져나갔지만, 군이라는 농촌 공간이 사라지는 것은 아니어서 군의 행정 체제는 큰 변화 없이 그대로 유지되었다. 군의 숫자는 변화가 없었고 시와 구의 숫자가 증가했다.

한 가지 우리가 짚고 갈 사실은 이 당시는 지방자치가 삭제된 시기였기에 기초의원이나 단체장의 선거는 없었다는 것이다. 지방의회를 구성하지 않았고, 시장이나 군수, 구청장은 도지사나 직할시장, 혹은 서울특별시장이 임명했다.

당연히 인구가 많았던 직할시의 의회도, 도의회도 물론 없었으며, 직할 시장이나 도지사, 그리고 15만 명이 넘는 기초시장은 정부에서 임명했다. 1960년대 15만 명이 넘는 도시는 대구, 인천, 광주, 대전, 전주, 목포시 등 7개 시 정도였다.

군지역에서 가장 도시화가 진행되어 인구가 집중되는 곳이 읍이었고, 또 면 지역이라도 인구가 증가하면 읍으로 변경해 지방 행정업무를 수행했다. 1950년대 후반부터 기초 시의 숫자기 꾸준히 증가해 왔는데, 군지역의 읍이 시로 승격되면서 나타난 현상이었다.

1963년에는 기초 시가 30개, 군은 139개, 구(서울시와 당시 직할시로 된 부산시에 설치된 구)는 20개였다. 10년이 지난 1973년에는 기초 시가 33개, 군이 138개, 구가 28개였다. 70년대 후반으로 접어들면 탈농 현상이 가속화되어 가족 구성원 한두 명이 농촌을 떠나는 것이 아니라 가족 전체가 고향을 등지고 도시로 이주했다. 가족 탈농이 증가하면서 농촌은 더욱 비게 되고 도시는 그만큼 혼잡해졌다.

1983년 시와 구의 증가하는 숫자는 이런 탈농과 도시화 현상을 잘 대변한다. 기초 시는 46개로, 행정구도 42개로 급증했으나 군은 139개로 변화가 없었다. 행정구의 증가는 서울특별시나 부산직할시의 증가뿐만이 아니라 1981년에 직할시로 바뀐 대구와 인천시의 구가 추가되었기 때문이다.

이러한 기초 시와 행정구의 증가는 지방의회가 부활하는 1991년까지 지속되었다. 1991년 통계를 보면 대한민국 지방행정 체제는 특별시 1(서울시), 직할시 5, 도 9, 시 67, 군 137, 구 70개로 나타나 있다. 기초 시가 1983년과 비교해 28개, 구가 28개가 증가했음을 확인할 수 있다.

3절 도농통합의 대격변(1994~1995): 군 137개가 98개로 줄다

앞서 언급했듯이 91년 지방의회 선거를 실시한 지방자치단체는 기초 260개, 광역 15개로 총 275개의 지방의회가 구성되었다. 이때까지만 해도 군이 137개로 1960년대 이후부터 큰 변화가 없었다. 그러나 부활된 제1기 지방의회가 개원하고 본격적인 지방자치 행정 체제를 정비해 나가면서 기초지방자치단체는 줄고 광역과 특별자치단체는 큰 숫자는 아니지만 꾸준하게 증가해 왔다. 기초지방자치단체 중에서도 군의 숫자가 많이 감소했다. 이렇게 군의 숫자가 감소한 것은 앞서 언급했던 기초시의 증가와 깊이 관련되어 있다.

군지역에서 인구가 집중된 읍 지역을 중심으로 시라는 행정구역을 만들다 보니 도시개발과 산업화를 촉진하고, 도시기능 확충, 지자체의 기능 강화 등의 측면에서는 긍정적인 역할을 했다. 그러나 오랫동안 하나의 생활권이었던 지역이 두 개의 행정단위로 운영되면서, 생활권과 행정구역의 불일치, 지역이기주의에 의한 광역적 행정 수요 처리 문제, 행정비용 증대 등의 문제가 발생했다.

이런 문제에 더해 WTO 체제에 대응하기 위한 농촌의 경쟁력 강화, 지방자치제도의 출범을 앞둔 당시의 시대적 상황도 군과 바로 그 군에 인접한 시와의 문제를 되돌아보게 했다. 이와 같은 상황들이 시와 군의 통합, 즉 도농통합을 본격적으로 추진하는 계기로 작용했다. 단순히 도시와 농촌을 하나의 행정 체제로 통합하는 것은 아니었다. 공간적으로 정치, 경제, 사회, 문화 등 전반적인 생활권의 통합을 추진했다.

1994~1995년에 걸쳐 대대적인 도농통합 방식으로 행정구역 개편을 단행했다. 1995년 본격적인 지방자치 실행을 앞두고 진행된 개편이었다. 도농통합시의 출범과 관련된 시기와 지역은 관련 법률명에 잘 나타나 있다. 정리해 보면 아래와 같다.

- 1994년 8월, 「경기도 남양주시 등 33개 도농복합 형태의 시 설
  치 등에 관한 법률」(1차 통합)
- 1994년 12월, 「전라남도 광양시 등 2개 도농복합 형태의 시 설
  치 등에 관한 법률」(2차 통합)
- 1995년 5월 법률 「경기도 평택시 등 5개 도농복합형태의 시 설
  치 등에 관한 법률」(3차 통합)

이렇게 3차에 걸친 법률제정과 통합 과정을 거치면서 모두 41개 시
와 39개 군이 통합돼 40개의 새로운 도농복합시가 탄생했다. 기초 지자
체 80개가 40개로 개편되면서 40이라는 숫자가 사라졌다. 이와 함께
군지역의 인구 증가와 도시화의 진전으로 인근 시와의 통합방식과는
다르게 시로 개편되었다. 즉 군이 시로 바뀌면서 군의 숫자는 감소하고
시의 숫자가 증가해 기초지자체의 숫자에는 변화를 주지 않았다. 도농
통합시로 개편된 지역과 그 시기는 아래와 같다.

- 1996년 3월 1일, 파주군·이천군·용인군·논산군·양산군 폐지,
  파주시·이천시·용인시·논산시·양산시 설치
- 1997년 12월 17일, 경기도 안성군, 김포군 등 2개 군 폐지, 안성
  시, 김포시 설치
- 2000년 12월 20일, 경기도 화성군, 광주군 등 2개 군 폐지, 화
  성시, 광주시 설치
- 2003년 7월 18일, 경기도 양주군, 포천군 등 2개 군 폐지, 양주
  시, 포천시 설치

흥미로운 사실은 대한민국 탈농과 도시화의 과정이 60~70년대까지
만 해도 지역 거점도시를 중심으로 인구가 몰려들면서 읍 지역을 시로

개편하는 방식으로 진행되었다. 그리고 80년대 중반 이후부터는 지역 도시의 인구 증가는 정체되거나 감소하면서 서울과 경기 등 수도권의 인구가 급증했다.

1990년대부터는 줄어드는 군의 숫자는 곧바로 기초 시의 숫자로 옮겨가는데, 이 도시들은 논산시와 양산시를 제외하고는 모두 경기도에 있는 도시였다. 수도권 집중 현상을 행정 체제의 변화를 통해 확연하게 확인할 수 있는 숫자다. 이런 현상 전체를 자세하게 소개하기는 어렵지만, 이 당시 도농복합시로 재편된 대표적인 도시를 도별로 열거하면 그 흐름을 파악할 수 있을 것이다. 그 도시들은 다음과 같다. 60년대 초반까지만 해도 군이라는 행정 체제에 있다가 이후 군지역과 분리되어 시로 개편되었던 도시들이다. 예를 들면 다음과 같다.

- 강원도의 춘천시(춘천군과 통합), 원주시(원주군), 강릉시(명주군)
- 충남의 천안시(천안군), 서산시(서산군), 온양시(1986년 아산군 온양읍이 온양시로 승격했고 1995년 통합하면서는 아산시로 시명을 결정함)
- 전북의 군산시(옥구군), 남원시(남원군), 정주시(정읍군)
- 전남의 순천시(승주군), 나주시(나주군)
- 경북의 경주시(경주군), 안동시(안동군)
- 경남의 김해시(김해군), 충무시(1955년 통영군 통영읍이 충무시로 출범, 1995년 1월 충무시와 통영군이 통합해 도농통합시인 통영시로 출범)

도농통합시 설치라는 지방행정 체제의 개편으로 지방의회 2기 지방선거(1995년) 실시를 전후로 해 137개의 군이 98개로 급감한 것이다. 41개의 군이 인근 시와 통합하면서 군의회는 사라지고 시의회는 인원이 증가했다. 지역 변화에 관심이 있는 시민이라면 민선 1기 출범을 앞두고 전국 곳곳에서 통합되어 사라진 지방자치단체를 기억할 수 있을 것이다.

4절 지방자치가 바꾼 행정 체제의 변화

1995년 6월 27일 지방의원과 지방자치단체장을 동시에 선출해 비로소 온전한 지방자치가 시작되었던 95년 이후의 지방자치 단체의 변화를 살펴보자. 그런데 이 글을 꼼꼼하게 읽은 독자라면 어딘가 이상하다고 생각할 것이다.

앞서 1991년 통계를 제시하면서 지방행정 체제를 설명하는 앞부분에서는 전체 지방행정단체를 광역 15개, 기초 274개, 총 289로 소개하면서 바로 다음 문장에서는 지방자치단체가 275개로 소개했다. 숫자만 다른 것이 아니라 소개하는 표현도 지방행정단체와 지방자치단체라는 단어를 구분해 사용하고 있다.

숫자의 차이는 두 단어의 차이에서 나온 것이다. 필자도 지방자치가 본격화되는 시기 지방행정 관련 통계를 보며 이 차이를 구분하지 못해 어려움을 당한 적이 몇 차례 있었다. 지방자치 체제가 실시되기 이전에는 이 구분이 필요가 없었다. 지방자치단체가 있을 수 없었으니 모두가 행정단체였기 때문이다.

또 1988년 5월에 바뀐 지방자치법에 따라 인구 50만이 넘는 기초 시에도 구를 설치할 수 있도록 했다. 제3조 3항으로 추가된 법 조항은 다음과 같다.

③ 특별시 또는 직할시가 아닌 인구 50만 이상의 시에는 자치구가 아닌 구를 둘 수 있고, 군에는 읍·면을 두며, 시와 구(自治區를 포함한다)에는 동을, 읍·면에는 리를 둔다.

인구가 증가하면서 늘어나는 행정서비스를 제공하기 위해서는 시청의 행정력만으로는 감당하기 힘든 상황이 온 것이다. 이후 인구가 50만을 초과하는 도시에는 구가 신설되었다. 위 법률의 규정에 '자치구가 아닌 구'라고 표현하고 있다.

1994년 12월에 개정된 지방자치법은 도농복합 형태의 통합시만을 규정한 것은 아니었다. 1995년 6월부터 온전하게 출범하는 지방자치 시대를 대비해 여러 방식으로 자치행정 체제도 개편했다. 자치 시대와는 맞지 않는 (정부)직할시라는 명칭을 광역시로 바꾸고, 광역시에 속해 있는 구를 자치구로 규정해 시와 군과 같은 기초자치단체로 인정했다.

그리고 광역시가 아니지만, 인구 50만이 넘는 기초 시에 설치된 구는 행정구로 규정했다. 자치구의 구청장은 주민이 선출해 자치행정을 수행하는 기초자치단체이지만 행정구의 구청장은 시장이 임명하는 행정 체제다. 1991년 지방의회는 특별시와 광역시(당시에는 직할시)에 속한 자치구에서는 구성되었지만, 기초 시의 행정구에는 구의회가 설치되지 않았다. 지방행정 체제로 구라는 명칭을 함께 사용하지만, 자치의 단위에서는 서로 다른 역할을 수행한다는 사실을 이해해야 한다. 1991년 70개의 구 중에서 56개 구는 특별시와 광역시에 속한 자치구였으며, 14개 구는 기초 시에 속한 행정구였다.

1994년 지방자치법은 여러 차례 바뀌어 오며 많은 변화를 겪어왔다. 하지만 그 많은 변화의 과정에서도 바꾸지 않고 지속적으로 지방자치 활동에 영향을 준 조항이 하나 있다. 바로 지방자치단체장의 3연임 초과를 제한하는 조항이다. 도지사나 시장, 군수, 구청장은 3회 연속 단체장에 선출되었으면 다음에는 출마 자체가 제한된다. 지방의원은 9선이 있고 국회의원도 내리 4~5선이 있지만 내리 4연속 지방자치단체장은 할 수가 없다. 이런 연임제한 규정에 대한 이견을 가끔 제기하지만, 아직도 큰 변화 없이 이어지고 있다. 대통령이 5년 단임제의 나라에서 장기 집권에 대한 거부감이 시민의식 깊이 자리 잡고 있음을 알 수 있다.

5절 243으로 가는 길

이제 사전 학습을 마쳤으니 275라는 숫자가 243으로 변화하는 과정을 설명한다. 상세한 설명보다는 큰 흐름만 언급해 보자. 지방자치 시대가 열리면서 진행해 온 지방행정 체제의 개편과 지방자치단체 수의 변화는 다양한 지역 주민의 요구를 반영하며 진화해 왔다.

물론 지방자치가 삭제된 암흑기에도 앞서 살펴보았듯이 행정 체제의 개편 과정은 꾸준히 진행되었다. 그러나 그 과정은 지역 주민의 의사를 반영하지 않고 통치를 위한 효율성만을 추구하며 진행되었다. 산업화를 위한 경제발전에만 몰입된 행정으로 주민의 자유로운 의사 표출은 권위주의 통제로 억압당했다. 경제발전과 민주주의라는 두 개의 목표를 조화롭게 발전시킬 수 없다고 판단한 박정희 정부는 민주주의를 억압하고 한쪽의 목표에 집중했다. 정부와 지방행정은 이러한 국가 목표 달성을 위해 달려갔다.

앞서 여러 법률에 근거해 진행된 지방행정 체제의 개편 과정에서, 각종 문서와 통계에서 도시와 군의 이름들이 사라져 없어졌지만, 공간은 남아 있었듯이 지역 주민의 삶은 사라지지 않고 꾸준히 이어져 왔다.

지방자치 부활 이후 지방자치단체의 변화는 항상 주민투표를 통해 결정했고, 투표 과정에서 통합을 추진했던 여러 도시의 시도들은 주민투표에서 과반수 주민의 동의를 얻지 못하면 통합에 실패하거나 연기되었다.

1995년 지방자치제의 본격 실행을 앞두고 지방자치단체의 정비가 필요하다고 생각해 시와 군으로 나뉜 지역의 통합을 적극적으로 추진했다. 이런 정부의 정책 추진 과정에서 평택시와 천안시의 통합이 1차(1994년 8월) 추진 과정에서는 주민의 반대로 실패했지만 3차(1995년 6

월) 통합 과정에서 주민 동의를 얻어 통합시로 개편되었다.

청주시와 청원군의 통합은 1990년대에는 실패했지만 2013년에 다시 추진되어 청주시가 청원군과 통합된 도농통합시로 출범했다. 지방자치란 주권자인 주민 의견을 우선해 지역의 중요 의제를 결정하는 것이다. 누구든 자신이 참여하지 않은 결정에 흔쾌히 협력하지 않는다. '대표 없이 세금이 없다'는 미국 독립 과정까지 언급하지 않아도 민주주의를 상식으로 받아들이는 시민이라면 지방자치가 민주주의의 시작이라는 인식에 동의할 것이다.

김대중 전 대통령은 지방자치는 민주주의 학교라고 하면서 지방자치 부활을 위해 단식도 마다하지 않았다. 노벨평화상을 수상한 그가 '미스터 지방자치'라는 별명을 더 좋아했다는 일화는 지방자치를 위해 노력하는 사람들에게는 널리 알려진 이야기다.

6절 주민을 위한 지방자치 행정의 변화 : 특별자치도, 특별자치시, 특례시의 등장

이 절에서는 그동안 설명한 내용을 정리해 보고 2000년 이후 지방자치제의 변화를 소개한다. 다시 한번 지방자치제도가 부활하는 1991년 지방행정 체제와 자치단체를 정리해 보자. 지방행정 체제는 광역 15개, 기초 시 67개, 군 137개, 자치구 56개, 행정구 14개로 총 289개였다. 2025년 10월 현재 지방자치단체는 광역 17개, 기초 시 75개, 군 82개, 자치구 69개로 총 243개다. 광역자치단체가 2개 증가하고 기초 시가 8개, 자치구가 13개 증가했으나 군은 55개가 축소했다. 군이 대폭 축소된 사정에 대해서는 앞서 설명했으니 광역과 자치 시, 구의 변화를 설명한다. 먼저 현재 지방자치법에서 이 부분을 규정하고 있는 조항은 아래와 같다.

제2조(지방자치단체의 종류) ① 지방자치단체는 다음의 두 가
지 종류로 구분한다.
1. 특별시, 광역시, 특별자치시, 도, 특별자치도
2. 시·군·구
② 지방자치단체인 구(이하 "자치구"라 한다)는 특별시와 광역
시의 관할 구역의 구만을 말하며, 자치구의 자치권의 범위는
법령으로 정하는 바에 따라 시·군과 다르게 할 수 있다.

앞서 살펴본 내용과 비교하면 2항인 시·군·구라는 규정은 그대로고
1항에 특별자치도와 특별자치시라는 표현이 추가되었음을 알 수 있다.
광역자치단체의 변화는 추가된 특별자치도와 특별자치시에 대한 설명
이 될 것이다. 기초 지방자치단체의 변화의 폭이 크지만, 앞에서 살펴본
대로 인구 증가에 따른 자치구의 증설과 기초 시의 확대와 군의 축소,
그리고 자치단체의 통합(도농복합시 설치)에 따른 변동이다. 먼저 광역
자치단체 2개 증가 중 하나는 1997년 울산시가 울산광역시로 개편되
면서 생긴 변화다. 1996년 12월 31일에 제정된 [울산광역시 설치 등에
관한 법률]에 의해 1997년 7월 15일 자로 울산시가 폐지되고 도농복합
형태의 울산광역시가 설치되었다. 울산시를 인근 울주군과 통합해 인
구 1백만이 넘게 되면서 광역시로 재편한 것이다. 당시만 해도 인구 1백
만이 넘는 기초 시는 광역자치단체로 재편해야 한다는 인식이 공유된
듯하다.
하지만 인구 1백만 이상 도시는 광역시로 재편한다는 인식은 수도권,
엄밀하게는 경기도 내 도시들에는 적용되지 않았다. 수원시가 2002년
에 1백만이 넘는 거대도시가 되었지만, 광역시로의 재편은 이루어지지
않았다.
수도권 인구 집중 현상이 좀처럼 누그러들지 않으면서 경기도 내 고

양시, 용인시, 화성시 등이 1백만 인구를 가진 광역시로 재편된다면 대대적으로 대한민국의 행정체계 재편이 불가피하다는 불안감이 이들 도시를 광역시로 재편하려는 흐름을 억눌렀을 것으로 생각된다. 이들 도시는 2020년 12월에 개정된 지방자치법에 따라 '특례시'라는 명칭으로 불리게 되었다.

특례시는 광역시와는 다른 기초 시의 지위를 유지하면서 정부와 협의한 범위에서 특례를 부여받는 제도다. 해당 도시에 사는 시민들이 과밀한 인구로 인한 취약한 행정서비스를 개선하기 위한 임시방편의 해소 방안으로 보이지만. 특례시에 대한 권한 이양이 더디게 이루어지면서 특례 시민들의 불편을 계속되고 있는 형편이다.

울산시의 광역시로의 재편으로 광역자치단체 증가 1은 설명이 되었지만, 여전히 특별자치도와 특별자치시에 대한 궁금증은 남아 있을 것이다. 특별이라는 이름이 붙으면 그 이름을 얻은 당사자는 좋겠지만 다른 사람들은 기분이 별로 좋지 않을 듯싶다.

그러나 각각의 지방자치단체에 특별한 지위를 부여하는 것은 시기하거나 반대할 일은 아니다. 오히려 더 많은 지방자치단체가 특별한 자신의 고유한 역할을 찾고, 특별하게 발전해 나가야 한다. 획일적인 행정체제가 아니라 복잡하게 보일지 몰라도 각각의 지방자치단체의 특성을 살리고, 그 지역 주민들의 뜻을 모아 모든 지방자치단체가 제각각의 지역성을 살리면서 독특한 모습으로 발전해 나가야 한다.

지금은 3개의 특별자치도와 1개의 특별자치시, 그리고 5개의 특례시가 있지만, 더 많은 특별한 자치단체가 생겨나길 바라는 마음이다. 가장 먼저 특별자치도로 재편된 곳은 제주도다. 2006년 2월 21일에 제정된 [제주특별자치도 설치 및 국제자유도시 조성을 위한 특별법]에 따른 재편이었다. '미스터 지방자치'라는 별명이 있는 김대중 대통령에 이어 대통령에 당선된 노무현도 지방자치와 지방분권에 큰 관심을 보였으며, 지방자치법을 비롯한 관련 법들을 개정하면서 지방자치 발전에 크게 기여했다.

제주특별자치도의 출범도 지방자치제도의 다양한 실험과 정책의 시도로 이어졌다. 제주도 여행을 가면 가끔 보는 말을 타고 다니던 경찰이 이 당시 발족된 제주특별자치도 자치경찰이다. 주목할 점은 2006년 7월 1일 자로 제주시·서귀포시·북제주군·남제주군이 폐지되고 [제주특별자치도 행정시와 읍·면·동 및 리의 명칭과 구역에 관한 조례]에 의해 도농복합 형태의 제주시·서귀포시가 설치되었다는 점이다. 즉 2개의 자치시(제주시와 서귀포시)와 2개의 자치군(북제주군과 남제주군)이 폐지되고 두 개의 행정시가 탄생한 것이다.

광역자치단체 중의 하나로 표기되고 있는 특별자치시는 바로 세종특별자치시다. 역시 노무현 대통령과 깊이 연관된 도시다. 대통령 후보 시절 약속했던 수도 이전 공약은 헌법재판소의 위헌 판결로 무산되었다. 당시 헌법재판소는 서울이 관습상 수도라는 관습 헌법을 언급하는 이상한 논리를 내세웠다. 위헌 판결로 수도 이전이 중단되자 수도가 아닌 행정복합도시로 세종시를 만들기로 하고, 행정안전부 등 정부 부처를 비롯해 여러 국가 기관들을 세종시로 이전했다.

세종시는 연기군을 중심으로 공주군 의당면, 장기면, 반포면과 청원군 부용면을 관할지역으로 2012년 7월 1일에 출범한 도농통합 형태의 도시다. 면적은 465.23km^2, 인구는 2025년 6월 30일 현재 398,640명이다. 출범 당시(2012년) 115,388명이던 인구가 급속하게 증가해 2015년에는 214,365명, 2018년 319,066명이었다.

이 도시를 위한 법률적 근거로 2010년 12월 27일에 [세종특별자치시 설치 등에 관한 특별법]이 제정되었다. 세종특별자치시가 출범하면서 광역 단위의 지방자치 행정 체제는 현재와 같은 17개 숫자로 마무리되었다.

하지만 숫자에는 나타나지 않은 변화가 계속되고 있다. 자치행정 체제는 더 나은 주민의 삶과 지역발전을 위해 멈춤 없이 변화해 나가야 하기 때문이다. 광역자치단체에서의 변화는 강원도와 전라북도에서 일어났다.

두 개의 도가 특별자치도로 재편된 것이다. 강원도는 2022년 6월 10일 제정된 [강원특별자치도 설치 등에 관한 특별법(약칭: 강원특별법)]에 따라, 전라북도는 2023년 1월 17일에 제정된 [전북특별자치도 설치 등에 관한 특별법(약칭: 전북특별법)]에 따라 특별자치도로 전환되었다. 강원도는 법 제정 1년 후인 2023년 6월 11일부터, 전라북도는 2024년 1월 18일부터 특별자치도가 되었다. 강원특별법은 2023년 6월 7일에, 전북특별법은 2023년 12월 26일에 내용을 대폭 보완해 전부 개정되어 현재에 이르고 있다. 개정된 두 특별법의 법명과 각 법의 제1조(목적)와 제2조(정의)는 이들 특별법의 목적과 특별자치도가 나아가고자 하는 발전 목표를 잘 보여주고 있다. 법률 내용은 아래와 같다.

강원특별자치도 설치 및 미래산업글로벌도시 조성을 위한 특별법

제1조(목적) 이 법은 종전의 강원도의 지역적·역사적·인문적 특성을 살려 시·군의 자율과 책임, 창의성과 다양성을 바탕으로 고도의 자치권이 보장되는 강원특별자치도를 설치하여 실질적인 지방분권을 보장하고, 규제혁신을 통한 자유로운 경제활동과 환경자원의 효율적인 관리를 통하여 미래산업글로벌도시를 조성함으로써 도민의 복리증진과 국가발전에 이바지함을 목적으로 한다.

제2조(정의) 이 법에서 "미래산업글로벌도시"란 과학기술 혁신과 기후변화 등이 가져오는 새로운 산업사회로의 전환에 대응하여 첨단산업 육성, 자유로운 기업활동, 국제적 수준의 인력 양성, 지속가능한 환경관리 및 국제교류의 중심 기능이 활성화되는 지역적 단위를 말한다.

전북특별자치도 설치 및 글로벌생명경제도시 조성을 위한 특별법
(약칭: 전북특별법)

제1조(목적) 이 법은 종전의 전라북도의 지역적·역사적·인문적 특성을 살려 고도의 자치권이 보장되는 전북특별자치도를 설치하여 실질적인 지방분권을 보장하고, 규제혁신을 통한 자유로운 경제활동과 지역자원의 현명한 활용으로 글로벌생명경제도시를 조성함으로써 도민의 복리증진과 국가 발전에 이바지함을 목적으로 한다.

제2조(정의) 이 법에서 사용하는 용어의 뜻은 다음과 같다.
1. "생명경제"란 생명과 친환경 성장을 목표로 지속가능성을 유지하면서 공익적 부가가치를 창출하는 활동을 말한다.
2. "글로벌생명경제도시"(이하 "생명경제도시"라 한다)란 생명경제 활동이 최대한 보장되도록 규제를 완화하고 국제적 기준을 적용하는 지역적 단위를 말한다.

현행 전북특별법은 제1편 총칙으로 시작해 제7편 벌칙까지 전체가 131개 조로 구성되어 특별자치도의 설치와 운영(제2편), 글로벌 생명경제 선도(제3편), 공정한 삶의 질 제고(제4편), 자치권 강화(제5편) 등 도민의 삶의 중요한 부분과 지역발전을 위한 다방면의 분야를 언급하고 있다. 전북특별자치도의 특례를 잘 활용해 지방자치권의 확대를 위한 노력이 촉진되길 바란다. 처음에는 한두 개 지역에 특별하게 제공되는 특례가 차차 전체 자치단체로 확산해 나가야 한다.

마지막으로 기초 지방자치단체의 변화를 살펴보자. 앞에서 도농통합시 관련 설명을 기초 시 숫자로 정리해 본다. 1994년 당시 기초 시 68개, 군 136개에서 도농통합시 재편으로 1995년에는 기초 시 67개, 군 98개로 38개 군이 통합시로 재편되어 감소했다. 이 당시 통합시 재편 과정에서 미금시는 남양주군과 통합하면서 남양주시로, 동광양시는 광양시와 통합하면서 광양시로, 송탄시는 평택시와 평택군과 통합하면서 평택시로 바뀌었다.

두 개 도시의 이름이 바뀌었고, 1개 시가 통합으로 감소되었다. 이어서 1996년에는 용인시, 파주시, 이천시, 양산시, 논산시가 도농통합시로 재편되어 기초 시는 72개로 증가하고 군은 93개로 감소했다. 1997년에는 울산시가 광역시로 재편되어 기초 시는 1개가 감소해 71이 되고 광역시가 5에서 6으로 증가했다. 1998년 안성시, 김포시가 도농통합시로 재편되었고, 여수시는 여천시와 여천군과 통합해 결과적으로 하나의 기초 시와 군이 감소했다.

2001년 화성시와 광주시가, 2003년에는 양주시와 포천시가 군에서 도농복합시로 재편되어 기초 시 4개가 증가하고 4개 군이 감소했다. 한편 국가균형발전과 지역 주민의 여론을 중요한 국정과제로 설정한 노무현 정부에서 주민 편의를 위한 지역 주민의 요구를 반영해 2003년 8월과 9월에 증평군과 계룡시가 출범했다. 진천군 증평출장소와 논산시 계룡출장소가 운영되며 주민에게 제공하는 행정서비스의 한계를 극복하기 위한 정책 판단으로 보인다. 증평군은 81.80km^2 면적에 인구는 37,171

명(2024년 12월 말 현재)이며, 계룡시는 $60.72km^2$ 면적에 인구는 46,032명(2025년 9월 현재)이다. 계룡시는 논산군 두마면을 중심으로 시로 재편되었기 때문에 군의 자치단체 숫자에 영향을 주지 않았다.

[표 4-1] 행정 체제와 자치단체 변화 현황

구분	읍	면	자치구	행정구	군	자치시	행정시	도	광역시	1특시
1949	75	1,448	0	9	134	0	19	9	0	1
1953	75	1,448	0	9	135	19	0	9(2경·강)	0	1
1955	73	1,436	0	15	140	24	0	9	0	1
1957	70	1,426	0	15	140	26	0	9	0	1
1960	80	1,512	0	15	140	26	0	9	0	1
1963	91	1,382	0	20	139	0	30	9	1	1
1975	122	1,346	0	30	138	0	33	9	1	1
1985	200	1,255	0	44	139	0	46	9	3	1
1991	183	1,258	56	14	137	67	0	9	5	1
1993	178	1,257	56	18	136	68	0	9	5	1
1995	193	1,240	65	23	98	67	0	9	5	1
1997	196	1,231	65	25	93	71	0	9	6	1
1999	195	1,230	69	21	91	72	0	9	6	1
2001	200	1,223	69	19	89	74	0	9	6	1
2003	208	1,214	69	21	89	74	0	9	6	1
2005	211	1,209	69	22	88	77	0	9	6	1
2007	212	1,206	69	26	86	75	2	9(제주특)	6	1
2009	211	1,205	69	28	86	75	2	9(제주특)	6	1
2011	215	1,201	69	33	86	73	2	9(제주특)	6	1
2013	216	1,198	69	33	84	74	2	9(제주특)	7(세)	1
2015	218	2,295	69	35	82	75	2	9(제주특)	7(세)	1
2023	234	1,177	69	32	82	75	2	9(제·강)	7(세)	1
2024	235	1,176	69	35	82	75	2	9(제·강·전)	7(세)	1

*행정안전부 자료 재구성, 밑줄 친 숫자가 자치단체의 수
*1963년~1991년까지는 지방자치 암흑시기
*1952년 첫 지방의회 선거에서 수원시, 전주시, 진주시 등 17개 시의회 선거, 1956년 2회 선거에서는 25개 시의회가 선거로 구성되었으나, 행정안전부 자료에 당시 기초시 개수는 19와 24, 26으로 표기되어 그대로 사용함
*1953년 도 중에서 경기도와 강원도의회 선거는 실시되지 않았음으로 실제 도의회 구성은 7개임
*1제주특별자시도, 세종특별자치시, 강원특별자치도, 전북특별자치도가 시작되는 년도에 표기함

계속해서 기초자치단체의 변화를 살펴보자. 2007년 제주특별자치도가 출범하면서 기초 시 2개와 군 2개가 감소했다는 내용은 앞서 언급했다. 위의 [표 4-1]에서 그 변화를 확인할 수 있다. 이후 2010년 7월 1일에 창원시와 마산시, 진해시가 통합해 자치 시 2개가 감소했다. 2011년에 당진군이 당진시로 재편되고, 2013년 청주시가 청원군과 통합해 기초 시 1개가 증가하고 2개 군이 감소했다. 2014년에 여주군이 여주시로 재편되고, 연기군이 세종특별자치시로 재편되면서 2개 군이 감소했다. 이후 2023년 강원특별자치도, 2024년 전북특별자치도의 출범으로 광역자치단체의 숫자는 변화가 없었으나 지방자치 행정에서 중요한 변화가 있게 했음은 앞서 언급한 내용을 참고하면 된다.

7절 1563·1491·1407의 의미: 생활 자치 현장의 복원을 기대하며

앞서 제시했던 243에서 275까지 지방자치단체 숫자의 변화를 이해했다면 다음으로 갑자기 천 단위로 단위가 달라진 1563, 1491, 그리고 1407에 대해 설명해야 할 차례다. [표 4-1]을 잘 살펴본 독자라면 이미 이 숫자의 비밀을 눈치챘을 것이다.

[표 4-1]에서 1953년, 1955년, 1957년, 1960년 등 4개년 시·읍·면과 도의 통계만 밑줄을 그어 표시했는데 1952년부터 1960년까지는 전체 년도 통계를 제시했다면 당연히 전체 년도 시·읍·면과 도의 통계를 같은 글씨로 표기했을 것이다. 한 가지 덧붙여야 할 사항은 행정안전부 통계와 선거 관련 자료와의 차이가 있다는 사실이다. [표 4-1]은 행정안전부 통계 자료를 참고하여 구성했고 이 책에서 필자는 주로 선거 관련 자료를 기본으로 사용했다. 수치가 일치하지 않음을 이해하기 바란다.

잘 모르겠다 싶은 독자는 앞서 지방의회 기수를 설명하는 부분을 상기한다면 이해가 될 것이다. 1563, 1491, 1407은 바로 1950년대 지방자치단체의 숫자다. 지방행정 체제가 아니라 지방자치단체임을 구분해야 한다. 맨 앞의 1563은 1960년 12월에 실시된 제3기 지방의회 선거와 단체장 선거가 진행되었던 지방자치단체 수다. 그리고 1491은 제1회 지방의회 선거, 1407은 지방의회 선거가 실시된 당시의 지방자치단체 숫자다. 재차 언급하지만 [표4-1]은 전쟁과 이후 복구 과정에서 선거가 실시된 자치단체의 숫자와 실시되지 못한 숫자를 합한 숫자이기에 선거 관련 통계와는 좀 차이가 있다. 아무튼 앞서 살펴보았듯이 제2회 지방의회 선거는 시·읍·면의회와 시·읍·면장 선거를 실시하고 도지사와 서울특별시장은 선출하지 않았다.

제1회 지방의회 선거에서는 지방의원만 선출하고 시·읍·면장은 지방의회에서 선출했다. 시도지사의 선출이 유보되었지만 1950년대 지방자치를 시작했던 시기의 지방자치 단위는 시·읍·면이었음을 알 수 있다. 4·19혁명 이후 개헌과 지방자치법의 개정을 통해 실시된 지방자치 선거에서는 시도지사와 시·읍·면장은 물론 하부 행정단위인 동장과 이장도 주민이 직접 선출했음도 밝힌다. 다만 동장과 이장 선거와 관련된 자료는 행정안전부 등 1950년대 지방선거를 언급한 자료를 찾지 못해 소개하지 못했다.

자치는 생활 현장으로 가까이 갈수록 자치에 참여하는 주민의 관심과 참여가 높아진다. 관심과 참여가 높아지면 그만큼 역할과 책임이 커지며 자치가 발전한다. 회원이 많은 동호회나 직능 단체에서는 주로 대의원이나 소모임 임원만이 최종 의사결정에 참여하는 간접방식을 사용한다. 직접 참여 방식을 도입하더라도 회원들의 관심과 열의는 점차 감소하기 마련이다. 1991년 지방자치 부활과 함께 읍·면 단위의 지방자치 단위가 군으로 바뀐 지점은 향후 지방자치 발전을 위해 다시 생각해야 한다. 갈수록 어려워지는 농촌 현실을 극복해 나갈 가장 좋은 방법은 읍·면에 자치권을 부여해 주민 스스로가 자신들의 문제를 진단하고 해결해 나갈 수 있는 권한과 책임을 갖도록 하는 것이다. 1961년 5·16 군사 반란 이후 지방자치 단위로 굳어진 군 단위 행정 체제가 정착하면서 사라진 읍·면 자치가 하루빨리 복원되길 기대한다.

5장
75, 82, 69 그리고 17
_자치 현장의 구조를 읽다

1절 기초자치단체를 이해하는 첫 출발: 「지방자치법」 제2조

이 장의 제목인 75, 82, 69 그리고 17이라는 숫자가 현재 대한민국 지방자치단체 총수임은 앞 절에서 설명했다. 이제 이들 숫자에 대해 좀 더 구체적으로 알아보자. 이들 숫자를 정확하게 이해하려면 먼저 대한민국 지방자치 체계를 알아야 한다. 우리나라 지방자치단체는 두 가지 종류로 구분한다. 하나는 특별시, 광역시, 특별자치시, 도, 특별자치도이고 다른 하나는 '시·군·구'다. 지방자치법 제2조에서 규정하고 있다.

제2조(지방자치단체의 종류) ① 지방자치단체는 다음의 두 가지 종류로 구분한다.

1. 특별시, 광역시, 특별자치시, 도, 특별자치도

2. 시·군·구

② 지방자치단체인 구(이하 "자치구"라 한다)는 특별시와 광역시의 관할 구역의 구만을 말하며, 자치구의 자치권의 범위는 법령으로 정하는 바에 따라 시·군과 다르게 할 수 있다.

제1조에서 법의 목적을 규정한 후 가장 먼저 자치단체의 두 종류를

규정한다. 대한민국 지방자치제도는 이 두 종류의 자치단체를 기본으로 운영된다. 흔히 앞의 자치단체를 광역자치단체라고 하고, 뒤의 자치단체를 기초자치단체라 한다. 17이라는 숫자가 광역자치단체 숫자이고 75, 82, 69의 합인 226이 기초자치단체 숫자다.

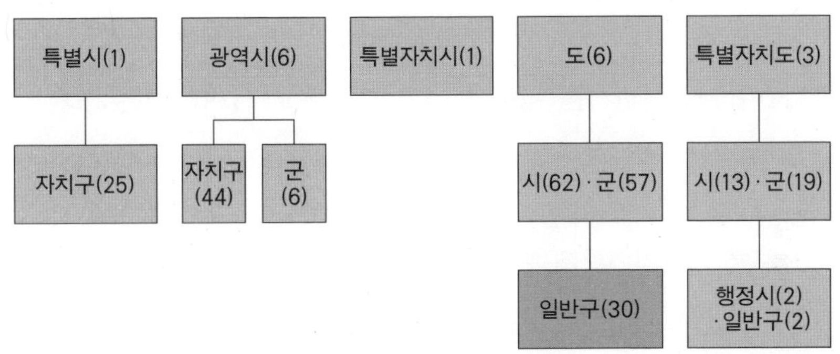

[그림 5-1] **대한민국 지방행정 체계도**

　광역자치단체는 지역이 넓다는 의미보다는 그 안에 기초자치단체가 있어 광역적 관점에서 이들 자치단체를 지원하고 각각의 활동을 조정, 통합하는 기능을 한다는 의미다. 중앙정부로부터 예산과 행정 권한을 전달받아 기초자치단체에 분배하고, 일부는 직접 집행한다. 지방자치제가 실행되면서 광역자치단체의 자율적 권한이 강화되었지만 독립된 지방정부는 아니다. 여전히 정부의 예산이나 행정 권한을 위임받은 범위에서 자율적으로 재정을 마련하고 정책을 집행한다.

　최근 지방자치가 발전하면서 자율적 권한과 재정이 확대되고 있다고는 하지만, 광역과 기초, 특히 기초자치단체의 자치권은 여전히 취약한 실정이다. 기초자치단체는 광역자치단체에 속해 있으면서 주민에게 직접 행정서비스를 제공하는 기관이다. 생활 현장에서 주민과 소통하며 정책을 수립하고 실행하는 기관이기 때문에 주민의 삶과 밀접하게 연결되어 있다. 역사를 더듬어 올라가서 좀 더 상세하게 살펴보자.

1949년에 만들어진 첫 번째 지방자치법에는 1. 도와 서울특별시, 2.
시·읍·면으로 규정되어 있다. 당시 법 규정은 아래와 같다.

제2조 본법에서 지방자치단체라 함은 대별하여 좌의 2종을
말한다.
1. 도와 서울특별시
2. 시·읍·면
도와 서울특별시는 정부의 직할하에 두고 시·읍·면은 도의
관할구역 내에 둔다.

제3조 지방자치단체는 법인으로 한다.
지방자치단체는 그 지방의 공공사무와 법령에 의하여 그 단체
에 소속된 사무를 처리한다.

당시 광역자치단체는 경기도를 포함하는 9개 도와 서울특별시가 있
었고, 시·읍·면이 기초자치단체였다. 자치단체 구성을 두 종류로 정한
다음 조항에는 '도와 서울특별시는 정부의 직할하에 두고 시·읍·면은
도의 관할 구역 내에 둔다'라는 규정으로 2단계 지방행정 체계를 확정
했다. 즉 정부와 직접 연결되는 광역자치단체와 그 광역자치단체의 관
할 구역에 있는 기초자치단체로 구성된 2단계였다. 이 구조는 지금까지
계속 이어져 정부와 광역, 그리고 기초자치단체로 이어지는 지방자치
행정체계가 제도상으로는 3단계로 보인다.

그러나 시민이 행정서비스를 직접 받는 기관은 시청이나 군청 등이
아니라 동 행정복지센터나 읍·면 행정복지센터에서 복지서비스를 비롯
한 다양한 도움을 받고 있다. 읍·면·동이 최종 행정서비스 기관이다.
조금은 복잡할지 모르지만, 대한민국 행정체계는 4단계로 작동한다.

김대중 정부에서 이 단계를 축소하려는 개혁을 추진했으나 성공하지 못했다. 행정체계 개편 과정이 성공하지는 못했지만, 그 개편 과정은 주민자치 흐름에서는 중요한 전환점이 되었다. 읍·면·동에 주민자치센터가 설치되고, 센터를 운영하며 마을 자치를 추진하는 주체로 주민자치위원회가 만들어졌다. 현재 전국의 읍·면·동에서 활동하는 주민자치회의 출발이 이 시기라고 할 수 있다.

그런데 앞의 지방자치법 규정을 보면 기초자치단체로 '시·군·구'가 아니라 '시·읍·면'이라는 규정이 낯설게 보인다. 그러니까 처음 지방자치제도가 실행되었던 1950년대에는 도와 서울특별시, 그리고 시·읍·면이 기초자치단체로 있었다. 앞서 첫 지방의회 선거가 시·읍·면의원 선거였음을 기억할 것이다. 시·읍·면에서 시·군·구로 바뀐 시점은 1988년이었다는 사실도 앞서 언급했다. 지방자치가 임시조치법과 헌법 부칙에 막혀 현실에서 사라진 30년 암흑기를 지나 서서히 기지개를 켜던 시점에 시·읍·면의 기초자치단체가 시·군·구로 바뀐 것이다. 인구가 늘고 행정서비스는 더욱 복잡화되는 시대 흐름과는 반대로 지방자치제도는 더 주민 생활과 멀어진 것이다.

특히 민주주의가 시대의 화두로 떠올랐던 시기였음에도 지방자치는 주민의 삶과도 멀어지고 시대 흐름에도 역행했다. 민주화의 시대적 과제와도 맞지 않는 시·군·구 자치단체가 고정되기 시작한 것이다.

광역자치단체는 도와 서울특별시로 구성되었다가, 1973년 임시조치법에 도와 서울특별시, 부산시로 바뀌었다. 서울시뿐만이 아니라 부산시도 워낙 큰 도시이다 보니 국가에서 직접 통제하려 했다.

임시조치법에는 1973년도에 표기되었지만, 부산시는 1961년에 이미 직할시로 운영되고 있었다. 이후 대구와 인천도 인구가 증가하고 규모가 커지자 1981년부터 직할시가 되었다. 법에는 늘어나는 직할시를 다 표기하기 어려우니 '도와 서울특별시, 직할시'라고 표기했다. 직할시라는 이름이 광역시로 바뀐 시점은 1994년이다. 광역시에도 기초자치단체로 군을 둘 수 있도록 지방자치법을 개정할 때 이름도 바꾼 것이다. 지방자치를 한다고 하면서 직할시라는 표현은 적절하지 않다고 판단했다.

1986년에 광주시가, 1989년에는 대전시가 직할시로 되어 1994년 당시에는 부산, 대구, 인천, 광주, 대전 등 5개의 직할시가 광역시로 이름을 바꾸었다. 과거 도시가 팽창하면서 인구 100만이 넘는 시점에 도에서 독립해 직할시로 변경했었다. 즉 지금의 광역시 역사를 거슬러 올라가면 부산은 경남, 대구는 경북, 인천은 경기도, 광주는 전남, 대전은 충남에 속해 있었던 것을 알 수 있다.

지금은 많이 잊혔지만, 90년대까지도 경남과 경기도를 제외한 각 도의 도청이 이들 도시에 있었다. 경남도청은 부산시가 일찍 직할시로 개편되면서 1980년도에 창원으로 이전했고, 경기도청은 1963년에 서울에서 수원으로 이전이 확정되어 1967년부터 수원에 자리를 잡았다. 울산시는 지방자치가 본격적으로 실행된 후인 1997년에 광역시가 되었다. 이후 100만이 넘는 거대도시가 수원시를 필두로 해 계속 생겼지만 광역시로 하지 않고 특례시라는 어정쩡한 행정 명칭을 부여해 광역시는 아니지만 다른 기초자치단체가 갖지 못한 특례를 인정할 수 있도록 규정하고 있다. 수원, 창원, 용인, 고양, 화성시 등이 특례시의 지위를 부여받았지만, 여전히 특별한 권한 이양이 없어 100만이 넘는 시민들이 불편함과 역차별을 감수하며 생활하고 있다.

첫 지방자치법에는 도와 서울특별시라는 표기 순서가 1988년 지방자치법부터는 '특별시와 직할시 및 도'라는 표현으로 바뀌었다. 도가 다른 자치단체보다 뒤에 표기되었고, 현재는 '특별자치시' 다음에 도가 표기되어 있다. 광역자치단체의 마지막에는 특별자치도가 표기되어 있다. 이렇게 역사적 맥락을 따라가서 광역시를 이해하면 도와 광역시가 어떻게 다르고, 어떤 부분이 같은지를 쉽게 알 수 있다. 지방자치 시대를 열어가며 직할시를 광역시로 개칭하면서, 광역시에 자치구를 두어 행정체계를 세분화했다. 이때 인근에 있는 군도 광역시에서 관할할 수 있도록 법을 개정해 자치구만이 아니라 군도 광역시 체계에서 생겨났다. 이렇게 자치구는 광역시나 특별시에 속한 자치단체이며, 시와 군은 도에 속한 자치단체임을 알 수 있다. 군은 처음에는 도에 속한 농촌 지역이었으나 지금은 광역시에도 군이 있음도 확인했다. 군과 비교되는 시는 인구가 도시화된 지역에 밀집된 자치단체라고 생각하면 된다.

2절 인구 규모에서 본 시·군·구의 모습

이제부터 75와 82, 69. 즉 시·군·구에 대한 세부적 현황을 알아보자. 시·군·구의 인구와 면적, 재정 현황을 살펴보면서 개략적인 수준에서 이들 세 단위 자치단체의 실체에 다가가 보자. 광역에 속해 있는 기초자치단체라고 이 세 단위에 소홀해서는 안 된다. 이들 기초자치단체의 인구와 면적은 대한민국 인구와 면적과 거의 같다.

2025년 10월 현재 대한민국 인구는 51,143,421명이다. 75개 시의 인구는 24,761,953명이고 82개 군의 인구가 4,188,911명, 69개 자치구의 인구가 21,134,875명이다. 이들 세 단위 인구 총합이 50,085,739명이다. 226개 기초자치단체 인구와 대한민국 전체 인구와의 차이는 약 1백만 명, 정확히는 1,057,682명이다. 기초자치단체 총인구에 제주특별자치도(665,276명)와 세종특별자치시(392,406명) 인구만 더하면 대한민국 총인구와 같다. 1백만 명의 제주와 세종에 사는 시민을 잠시 제외하면 대한민국 모든 시민은 226개 기초자치단체 어딘가에 살고 있다.

면적도 마찬가지다. 인구와 다른 점은 총면적 100,460km^2 중에서 가장 적은 인구인 8.10%를 차지하고 있는 82개 군이 면적은 54.66%인 54,917km^2를 차지하고 있다는 점이다. 반면 인구의 41.32%를 차지하고 있는 자치구의 면적은 3,446㎢로 3.4%에 불과하다. 서울특별시를 비롯한 대도시인 광역시에 인구가 몰려 있음을 쉽게 확인할 수 있다.

75개 시는 인구에서는 48.42%를 차지하면서 면적은 39.60%로 39,783㎢이다. 이러한 차이는 지방의원 정수를 결정할 때 여러 가지 생각할 점들을 만들어 낸다. 민주주의 대표성을 인구로만 따진다면 간단하겠지만, 어느 나라든지 인구와 함께 지역 대표성을 중요한 기준으로 고려하기 때문이다. 조례 내용을 분석하는 과정에서도 시와 군, 그리고 구의 이런 차이는 중요하게 고려하며 접근해야 한다. 거구로 조례 내용을 분석하다 보면 이런 세 단위의 특성을 발견하게 된다.

인구와 면적 관련 226개 자치단체의 모든 통계를 하나씩 살펴볼 여력은 없으니 인구와 면적의 중간값과 상하위 5개 자치단체의 평균값을 비교하면서 대한민국 기초자치단체의 실체를 좀 더 상세하게 알아보자.

인구가 가장 적은 자치단체는 울릉군(8757명)이며 가장 많은 인구를 가진 자치단체는 수원시(1,187,977명)다. 군 단위에서는 달성군(254,935명)이며, 자치구에서는 인천 서구(651,023명)가 인구 규모로는 가장 큰 자치단체다.

시 단위에서 가장 적은 인구를 가진 도시는 태백시(37,305명)이고 자치구에서는 부산 중구(36,645명)다. 세 단위별 편차를 보면 시 단위는 약 32배, 자치구 단위는 약 18개, 군 단위는 약 29배로 나타난다. 기초자치단체 전체로 보면 만 명이 채 안 되는 울릉군에서 1백만이 훌쩍 넘는 수원시가 광역자치단체에 속한 기초자치단체라는 틀 속에서의 행정 서비스를 제공하고 있다.

인구비례로 공무원 정원이나 재정 규모가 늘거나 줄지 않은 실정에서 인구가 적은 자치단체와 인구가 과밀한 자치단체는 각각 다른 이유로 불편함을 겪고 있는 실정이다. 개별 자치단체의 비교가 특수한 상황으로 볼 수 없는 것은 상위 5개 자치단체와 하위 5개 자치단체와의 평균을 비교해도 차이는 약간 줄어들 뿐, 시 단위는 약 19배, 자치구는 약 8배, 군 단위는 약 9배로 자치단체별 편차가 매우 큰 것으로 확인된다.

그나마 자치구의 편차가 상대적으로 시와 군보다 적은 것은 광역시라는 도시 안에 속해 있기 때문이다. 자세한 내용은 다음 [그림 5-2]와 [그림 5-3], 그리고 [참고자료 3], [참고자료 4]를 찾아보면 된다. 시·군·구 세 단위 인구의 중윗값은 시는 경주시(244,345명), 군은 청도군(40,156명), 자치구는 서울 도봉구(300,627명)로 확인된다.

[그림 5-2] **시·군·구 인구 현황**

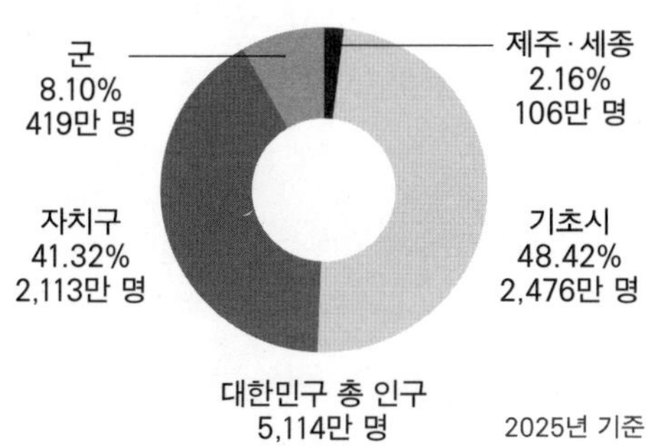

[그림 5-3] **인구 상·하위 5개**

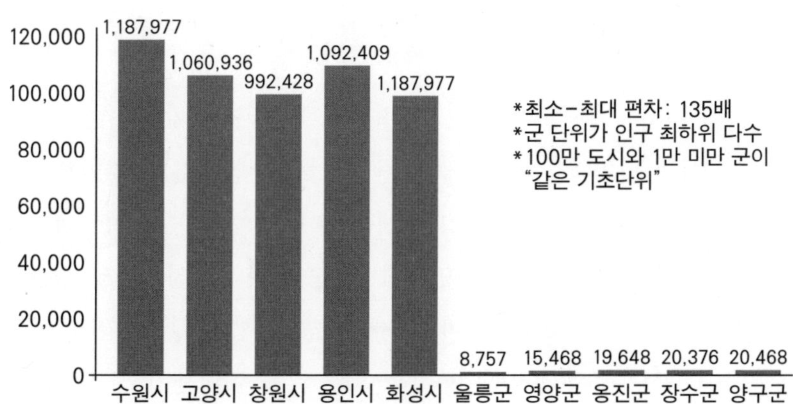

여러분이 사는 자치단체가 이들보다 인구가 많다면 평균보다는 큰 도시에 사는 편이고, 이들 도시보다 적다면 인구 규모가 작은 도시에 산다고 생각하면 틀리지 않을 것이다. 전국 226개 기초자치단체의 중윗값은 서울 종로구로 137,449명이다. 군 단위에서는 부산 기장군(174,962명), 울산 울주군(219,171명), 대구 달성군(254,935명)만이 이보다 많고, 시 단위에서는 24개 시만이 이보다 적은 인구를 가지고 있다.

3절 면적의 세계: 군 단위의 압도적 비중

다음으로 시·군·구의 면적을 살펴보자. 대한민국 정부가 관할할 수 있는 면적은 100,460km^2이고 시·군·구 총면적은 98,145km^2이다. 97.70%로 인구와 마찬가지로 대한민국 대부분 면적을 차지하고 있다. 남은 부분이 제주특별자치도(1,850km^2)와 세종특별자치시(465km^2)다. 이 두 도시의 면적을 더하면 대한민국 총면적이 된다.

인구는 시 지역(39,782.64km^2)이 가장 많았지만, 면적은 군 지역(54,916.77km^2)이 가장 넓다. 자치구 면적 총합은 3,445.89km^2로 아주 좁다. 가장 큰 땅을 가진 자치단체는 홍천군으로 1,820km^2이고 가장 좁은 공간을 차지하고 있는 자치단체는 부산광역시 중구로 3km^2가 조금 넘는다. 농촌 지역인 군 지역과 도시 밀집 지역인 자치구의 차이를 극명하게 보여주는 숫자 대비일 것이다.

홍천군 인구는 66,209명이고 부산 중구의 인구는 36,645명으로 그리 큰 차이는 나지 않는다. 두 자치단체의 km^2당 인구밀도는 홍천군 36명 정도이고 부산 중구는 12,215명이다. 면적과 인구수를 연결해 살펴보면 도시들의 차이를 더욱 분명하게 볼 수 있다. 시 지역에서 중간 정도의 면적은 이천시(461.59km^2)이고, 자치구는 인천 부평구(32km^2), 군 지역은 경북 성주군(616.88km^2)이다. 이 글을 읽은 여러분이 사는 동네는 어디쯤 속해 있는지 비교해 보길, 또 이 책을 읽은 계기로 여러분이 사는 자치단체의 조례도 한번 찾아보라고 제안한다. 전국 226개 기초자치단체 중위 면적은 경기도 김포시(276.6km^2)로 확인된다. 면적 기준으로 상하위 5개 자치단체 통계를 아래 [그림 5-5], [참고자료 4]에서 소개한다.

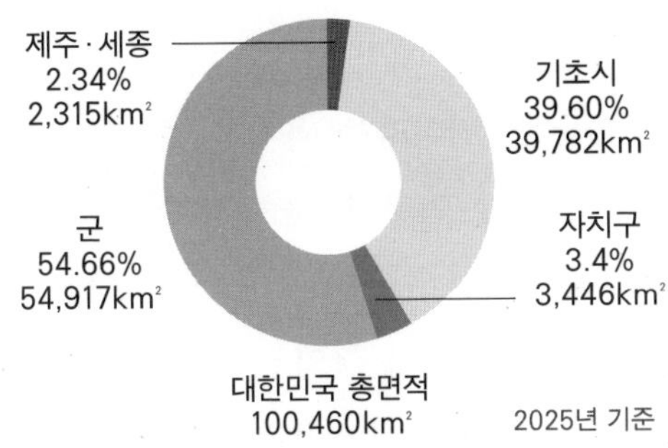

[그림 5-4] **시·군·구 면적 현황**

[그림 5-5] **면적 상·하위 비중**

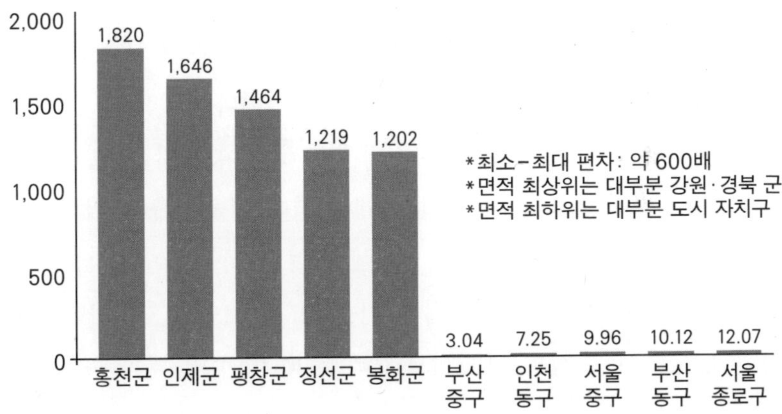

4절 인구밀도: 1,300배의 차이가 존재하는 나라

앞서 홍천군과 부산광역시 중구의 인구밀도 비교를 통해 인구와 면적에서 보이는 두 도시의 차이를 분명하게 확인할 수 있었다. 인구밀도라는 숫자를 시·군·구 단위로 확장해 살펴보자. 인구나 면적 통계에서 상하위 5개 자치단체의 차이와는 다른 숫자를 보여준다. 군 지역에서 상하위 차이는 21배, 구 지역은 이보다는 좀 작은 17배, 시 지역은 122 배나 큰 차이를 보여준다.

대한민국 기초 지방자치단체가 시 지역과 군 지역, 그리고 구 지역이 확연하게 다른 모습을 보여주고 있으며, 같은 시 지역에서도 122배의 차이가 나고 있다. 시·군·구 지역 차이를 걷어내고 자치단체를 비교해 보면 대한민국에서 균형발전이라는 과제가 얼마나 절실한지 알게 된다. 하위 5개 자치단체의 평균 인구밀도는 23명이고 최상위 5개 자치단체의 인구밀도는 22,440명이다. 약 976배의 차이가 난다.

개별 자치단체를 비교하면 이 차이는 더욱 커진다. 강원도 인제군과 경북 영양군의 19라는 숫자와 서울 양천구의 24,483은 거의 1300배의 차이를 보이고 있다. 세계적으로 땅이 넓은 나라와 비교하며 대한민국은 작은 나라라고 생각해 왔지만 이런 숫자를 보면 참으로 큰 나라가 아닌가 하는 생각이 든다. $1km^2$에 열아홉 명이 사는 자치단체와 2만 4천 명이 넘게 사는 자치단체가 공존하는 현실이다.

$1km^2$에 1백 명도 살지 않는 자치단체가 64개이고 같은 크기의 땅에 1만 명이 넘게 사는 자치단체가 31개나 있다. 부천시를 제외하고는 서울특별시와 부산, 인천, 대구광역시에 있는 자치구들이다. 서울특별시의 자치구 22개가 1만 명이 넘는 인구밀도를 보인다. 시 지역 중에서 삼척시, 상주시, 문경시, 남원시가 $1km^2$에 1백 명이 안 되는 주민이 살고 있다.

지방자치제도가 각 자치단체의 실정에 맞게 운영되기 위해서는 이렇게 다른 환경을 어떻게 인식하고 정책에 반영하는가가 중요하다. 국가 차원에서 기준을 세우되 자치단체의 자율성이 보장되는 유연한 정책이 추진되어야 할 것이다.

우리가 꼭 명심해야 할 점은 자치단체는 개별의 주체가 공동의 번영을 추구하는 대한민국의 자치단체라는 사실이다. 지방자치 부활 35년을 지나면서 이제부터는 경쟁을 통한 발전보다는 경쟁하면서 연대와 협력에 더 큰 관심과 힘을 쏟아야 한다. 자치는 고립이 아니라 주변과의 조화와 균형을 통해 더 크게 발전하기 때문이다. 균형발전이라는 시대적 과제를 생각하지 않을 수 없다. 인구밀도 관련 상하위 자치단체의 현황은 [그림 5-6]과 [그림 5-7], 그리고 [참고자료 5]를 참고하면 된다.

[그림 5-6] **인구밀도 구간별 기초단체**

[그림 5-7] **인구밀도 극단 비교**

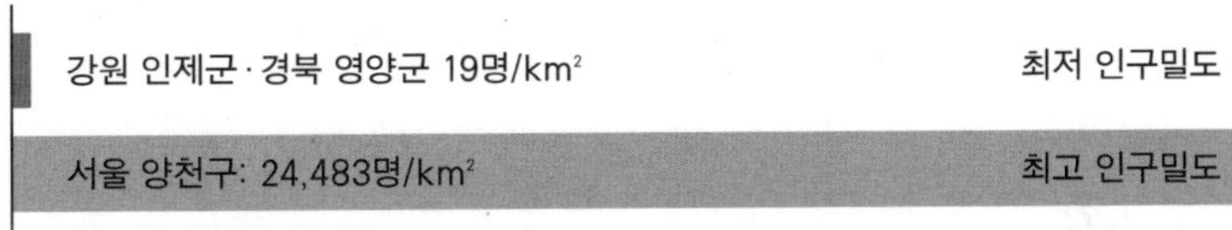

▷ 약 1,288배 차이

* 행정환경은 '같은 기초단위'라고 보기 어려울 만큼 극단적이다.

5절 재정 규모: 인구와 면적의 관계와는 전혀 다르게 움직인다.

자치단체 재정은 시·군·구가 어떻게 다른지 살펴보자. 재정 현황은 인구와 면적과는 다르게 기초자치단체의 총합계가 대한민국 재정 규모와는 차이가 크다. 2024년 세입 기준으로 정부 세입액은 612조 정도이나 광역과 기초자치단체 합해 지방자치단체 세입 총액은 약 395조 7천억 원인데 이중 기초자치단체 세입 총액은 약 204조 2천억 원이다.

정부 예산의 1/3 정도이고, 17개 광역자치단체보다 약간 높다. 395조 원에서 204조 원을 뺀 금액이 광역자치단체가 사용하는 예산이다. 191조 원 정도다. 인구와 면적과는 다르게 재정은 정부와 광역자치단체가 사용하는 금액이 상당한 규모를 차지하고 있음을 알 수 있다.

정부와 광역자치단체가 별도로 존재하는 기관이 아니라 기초자치단체에서 생활하는 대한민국 국민을 위해 활동하는 기관임은 분명하다. 하지만 자치의 관점에서, 시민주권의 관점에서 재정문제를 비판적으로 바라볼 필요가 있음도 명확하다.

지방재정에 대해 시민의 눈으로 바라볼 수 있는 연구가 많이 진행되길 바란다. 자치구별 평균 재정 규모는 7천7백만 원, 군은 5천8백만 원, 시는 1조 3천7천6백만 원이다. 재정 규모로만 보면 시 지역이 조금 큰 편이고 군 지역과 자치구는 약간 차이가 나고 있을 뿐이다. 인구와 면적의 역전 현상과 편차가 재정 규모에서는 크게 나타나지 않는다.

시 지역 상위 5개 자치단체의 재정 규모가 월등히 높은 것은 성남시를 제외하고 모두 1백만 명이 넘는 대도시임을 고려하면 크게 높은 수준은 아니다. 성남시도 1백만 명에 근접하는 대도시다. 재정 분야는 미래 발전 방향과 목표를 수립하고 구체적인 정책을 수립하는 과정에서 자치단체들의 이해가 첨예하게 충돌되는 지점이다. 세금을 내고 수익을 창출하는 만큼 되돌려 받으려는 재정이 풍부한 자치단체와 인구가 줄고 수익 창출에 어려운 자치단체 간의 갈등, 농촌과 도시와의 갈등, 수도권과 비수도권 사이의 갈등도 끊임없이 발생한다.

돈주머니를 쥐고 있는 정부에서는 이런 갈등을 해소하며 상생의 정책을 추진해야 한다. 그러나 종종 정부는 이런 갈등을 통해 중앙집권체계를 온존해 가려고 한다. 자치능력에 대한 의심의 눈초리를 거두지 않고, 자치와 지방분권을 미루어 왔다.

이제부터라도 지방자치 세력은 지방자치의 성장을 위해서, 자치단체

사이의 갈등이 아니라 자치단체와 예산과 권한을 움켜쥐고 있는 중앙정부와의 싸움이 더 시급하고 중요함을 강조하고 싶다. 자치단체 재정 현황과 관련해서는 [그림 5-8]과 [참고자료 6], [참고자료 7]을 살펴보면 된다.

시·군·구 세 단위로 구분되는 226개 기초자치단체의 인구와 면적, 재정 규모를 통해 자치단체의 실상을 간략하게나마 알아보았다. 다음 장에서 살펴보려는 조례는 이러한 현실에서 나오는 결과물이다. 조례를 바르게 이해하려면 자치단체의 여러 측면을 고려해야 한다. 조례는 닫혀 있는 지방의회에서 의원들이 만드는 법규가 아니라 생생한 현실에서 주민의 안전을 지켜주고, 생활에 도움이 되는 삶의 활력소이자 안내서가 되어야 하기 때문이다.

[그림 5-8] **시·군·구 재정 현황**

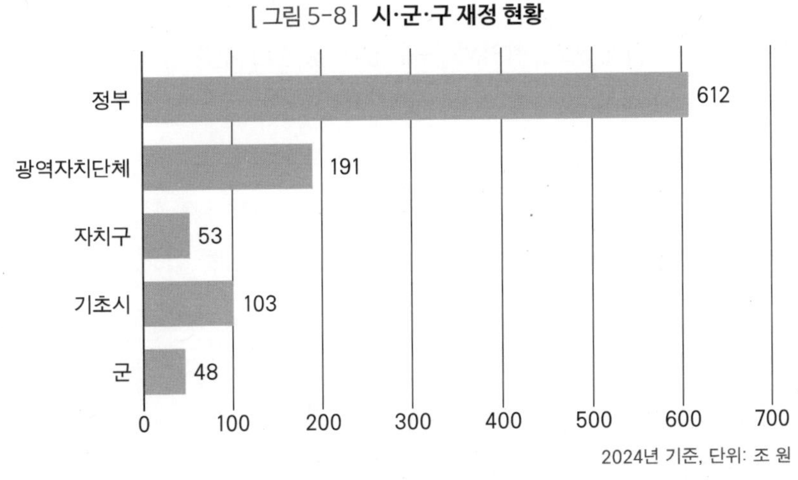

제2부를 정리하며: 다양한 지방자치의 현장, 다양성의 토대

제2부에서 만난 숫자들은 하나의 불편한 사실을 가리킨다. 지방자치는 단일한 제도이지만, 단일한 현실로 존재하지 않는다는 점이다. 17개의 광역자치단체와 226개의 기초자치단체는 법적으로는 같은 지위를

갖지만, 실제로는 전혀 다른 조건에서 운영되고 있다.

어떤 자치단체는 1km^2에 스무 명이 살고, 어떤 곳은 같은 면적에 이만 명이 넘게 산다. 어떤 군은 전국 면적의 몇 퍼센트를 차지하면서도 인구는 몇만 명에 불과하고, 어떤 자치구는 손바닥만 한 공간에 수십만 명이 밀집해 있다. 재정 규모는 인구나 면적과 반드시 비례하지 않는다. 이 모든 차이가 하나의 '기초자치단체'라는 이름 아래 존재한다.

이 구조적 차이는 단순한 통계의 문제가 아니다. 행정 수요의 차이이고, 정책의 우선순위를 뒤바꿔 놓는 차이다. 결국 시민이 체감하는 지방자치의 차이다. 지방자치가 현장에서 다르게 작동할 수밖에 없는 이유는, 바로 이 숫자들이 보여주는 조건의 차이 때문이다.

그럼에도 불구하고 한국의 지방자치는 오랫동안 획일적인 기준으로 설계되고 작동되어 왔다. 중앙정부의 시각에서 본 효율성과 통제의 논리가 구조를 지배했고, 지역의 특수성과 생활 조건은 부차적인 요소로 밀려났다. 제2부의 숫자들은 이 접근 방식이 얼마나 현실과 어긋나 있는지를 조용히 증언한다.

이제 독자는 다음 질문 앞에 서게 된다. 이렇게 다른 현실 속에서, 지방자치는 무엇으로 자신을 표현해 왔는가? 이 구조 위에서 시민의 삶을 실제로 바꾸는 도구는 무엇이었는가? 그 답이 바로 조례다. 조례는 헌법처럼 추상적인 선언도 아니고, 행정조직처럼 경직된 구조도 아니다. 인구와 면적, 재정과 생활환경이라는 구체적인 조건 속에서 만들어진 지역 민주주의의 언어다. 같은 법체계 안에서도 서로 다른 조례가 탄생하는 이유는, 제2부에서 살펴본 이 구조적 차이 위에서 조례가 만들어지기 때문이다.

이제 다음 장, 제3부에서는 이 다양한 구조 위에서 실제로 만들어진 조례들을 살펴본다. 숫자로 드러난 구조가 어떻게 문장과 규범으로 바뀌어 시민의 삶을 규율해 왔는지를 추적할 것이다. 제2부의 숫자들이 구조를 보여주었다면, 제3부의 조례는 그 구조 위에서 살아온 사람들의 선택을 보여준다.

3부

시민의 삶을 바꾼
조례의 숫자들

제1부에서 우리는 지방자치가 헌법에 남아 있으면서도 현실에서 봉인되었던 시간을 살펴보았다. 제2부에서는 지방자치가 다시 작동한 이후, 그 제도가 어떤 구조와 조건 위에 놓여 있었는지를 숫자로 확인했다. 이제 시선은 한 걸음 더 앞으로 나아간다. 제3부는 지방자치가 제도와 구조를 넘어 삶의 규칙으로 작동하기 시작한 순간을 다룬다.

그 전환의 중심에는 조례가 있다. 조례는 지방자치가 가장 구체적인 형태로 드러나는 장치다. 헌법이나 법률이 국가의 원칙이나 기준을 선언한다면, 조례는 지역의 일상을 규정한다. 보행로의 폭, 급식의 기준, 안전의 범위, 돌봄의 책임, 문화와 환경의 우선순위까지—조례는 시민의 일상과 가장 가까운 민주주의의 언어다.

제6장은 이 언어의 출발점을 '0'이라는 숫자에서 찾는다. 지방자치가 다시 시작되었을 때, 많은 지역에는 조례가 거의 존재하지 않았다. 행정은 있었지만, 지역이 스스로 만든 규칙은 없었다. 조례를 상징하는 '0'이라는 숫자는 공백이고, 동시에 가능성이다. 조례는 어느 날 갑자기 주어진 제도가 아니라, 필요와 요구, 갈등과 토론이 쌓이며 하나씩 만들어진 결과다.

제7장은 조례의 양적 변화를 따라간다. 30,358에서 117,370으로 늘

어난 현행조례의 숫자는 단순한 증가가 아니다. 그것은 지방자치가 행정사무의 범위를 넘어, 시민의 삶 전반으로 확장되었음을 보여준다. 조례의 증가는 곧 지방정부가 다루는 삶의 영역이 넓어졌다는 뜻이며, 민주주의가 추상적인 이상에서 구체적인 정책으로 내려왔다는 증거다.

제8장은 확장의 방향을 묻는다. 조례가 늘어났다는 사실만으로 민주주의가 성숙했다고 말할 수 있을까? 조례는 11개의 분야로 분화되며 복지, 안전, 환경, 문화, 교육, 인권 등 삶의 거의 모든 영역을 포괄하게 되었다. 이 숫자 지도는 지역마다 다른 우선순위와 문제의식이 어떻게 조례로 번역되었는지를 보여준다. 같은 지방자치라도, 조례의 구성은 지역의 얼굴을 닮는다.

제9장은 조례의 시간을 확장한다. 577,384라는 연혁 조례의 숫자는 지방자치 30년의 누적된 역사를 기록한다. 조례는 제정되고, 개정되고, 폐지되며 변화해 왔다. 이 숫자는 조례가 완성된 규범이 아니라, 계속 수정되고 조정되는 살아 있는 민주주의의 과정임을 보여준다. 지방자치는 제도를 만들고 끝나는 것이 아니라, 삶의 변화에 맞추어 규칙을 다시 쓰는 능력에 의해 유지된다.

제3부에서는 우리는 다시 한번 묻는다. 지방자치는 과연 어디에서 그 역사가 시작되었는가? 민주주의는 어떤 순간에 시민의 일상으로 전환되는가? 그 답은 거창한 선언이 아니라, 조례라는 문장 속에 남아 있다.

6장
'0'이라는 조례의 숫자
_내 친구, '조례'를 소개합니다

1절 불편함을 대하는 태도

어떤 마을에서 생활하든지 살다 보면 불편한 일은 생긴다. 인구가 몰려 팍팍한 생활공간인 도시에 있는 마을이든, 인구가 적어 여유 있는 삶의 터전인 농촌 마을이든, 골목길이 살아 있는 마을이나, 혹은 새로 이사 오고 가는 사람들이 많은 아파트 마을에도 크고 작은 불편함은 떨쳐 버릴 수 없다.

주변을 살펴보면 이런 불편함을 대하는 사람들의 방식은 제각각이다. 어떤 사람은 꾹 참고 생활하는 반면, 어떤 사람은 그 상황을 마주할 때마다 어딘가로 전화해 그 문제를 해결하려고 한다. 가끔은 그 불편함을 슬쩍 옆으로 밀어버리고 벗어나는 사람도 있다. 집 앞에 있는 쓰레기를 옆집으로 두리번거리며 옮기는 사람처럼 말이다.

시민이 겪는 이런 불편함을 해결하는 과정에서 공공의 역할과 함께 자치의 힘이 필요하다. 여기서 공공이란 정부나 정부가 주도적인 역할을 하는 공공기관이나 사업소, 연구소, 시설 등을 포함한다. 당연히 지방정부, 또는 지방자치단체도 공공의 중요한 부분이다.

지방정부 또한 국가를 이루는 한 축이면서 시민의 생활에 중앙정부보다 더 중요한 역할을 하고 있기 때문이다. 중앙정부와 그 기관들은 멀리 있지만, 지방정부는 생활 가까이에서 시민의 삶을 온전하게 지키고 있음을 많은 시민은 놓치고 있다.

지방정부, 지방자치의 의미와 중요성에 대한 이야기는 잠시 뒤로 미룬다. 여기서는 시민이 겪는 문제를 해결하는 과정을 좀 더 설명해야 하기 때문이다. 지역의 문제를 해결하기 위해서는 공공과 자치의 힘이 필요하다. 이때 공공의 역할과 자치의 영역은 뒤섞여 있는 듯하지만 양자는 구분된다. 종종 이 둘의 역할이 혼란스럽게, 얽혀 있거나 뒤바뀔 때 불편함은 잠시 사라진 듯 보이지만 나중에 더 큰 문제로 되살아나기 마련이다.

2절 자치와 공공기관의 다른 해결 방식

마을회관이나 마을 작은 도서관 등 주민이 스스로 운영하면 더 많은 주민에게 도움을 줄 수 있음에도 간혹 공공의 간섭으로 마을회관이 한 달에 서너 번 있는 주민 회의 공간으로 머물 경우가 있다. 또, 잘 운영되던 작은 도서관이 행정의 기준으로 운영되기 시작하는 순간부터 이용하는 아이들이 줄고, 다른 선택이 없어 이용할 수밖에 없는 이용자들에게도 불편한 공간으로 전락하는 사례도 있다.

좀 더 시야를 넓혀 마을 공간을 둘러보면 안타까울 때가 많다. 마을마다 있는 주민자치센터를 포함한 행정복지센터 건물을 비롯해 공공이 관리하거나 공공이 관련된 기관이나 단체에서 운영하는 문화공간, 체육시설, 도서관 복지시설, 공원 텃밭 등을 그곳에서 생활하면서 그 시설을 이용하는 주민에게 맡기면 어떨까?

주민 스스로가 운영하는 자치활동 과정에서 몇 번의 실패 사례가 있었다. 공공이 운영하면 체계가 잘 잡힌 듯 반듯하고 깨끗하다는 평가를 받고, 주민이 운영하면 어딘가 지저분하고, 성과를 내기까지 시간도 오래 걸리고, 기준도 모호해 여러 민원이 나온다.

아직 주민 자치력이 미치지 못한다는 평가가 여전히 큰 흐름인 듯하다. 하지만 그동안 여러 자치 사례들을 찬찬히 살펴보면 실패의 경험보다는 성공의 경험이 더 많다. 자치활동을 통해 얻은 자치력의 성장과 기존의 경제 논리로는 담을 수 없는 이익을 행정의 지표로 산출하지 못할 뿐이다.

공공의 일사불란한 체계와 질서, 그리고 명확한 지표가 처음에는 큰 성공처럼 보이겠지만 시간이 지나면서 계속 증가하는 유지 비용이나, 변화하는 주민정서와 시대 흐름에 뒤처져 도태되는 사례를 종종 본다. 많은 지방정부가 선뜻 시도하지 못하고 주저하는 동안에 실패의 경험이 더 강하게 확산하고 있다. 혹은 자치력의 성장과 앞선 성공의 사례가 확산하는 것을 두려워하는 집단이 있는지도 모를 일이다. 이 책에서 보여주는 여러 조례 이야기가 이런 안타까움을 조금이라도 해소하는 데 도움이 되길 바란다.

반대로 공공의 역할이 자치라는 포장을 쓰고 방치되는 사례도 있다. 어두운 골목길에 오가는 시민의 안전을 지키기 위해 마을 자율방범대의 순찰을 늘려달라는 공공기관 책임자의 이야기다. 가로등을 설치해 골목길을 환하게 비추어야 할 때 주민자치를 핑계로 공공은 뒤로 숨는 사례다. 학교 앞에 횡단보도나 가로등을 설치하지 않고 학부모 교통봉사단에 학생들의 안전을 떠맡기는 경우도 본다.

한편, 학교 앞 안전사고의 많은 부분은 불법주차 때문에 발생한다. 불법주차의 문제는 봉사자가 해결할 수는 없다. 아이들을 위해 아침마다 봉사하는 학부모의 마음과 그 활동은 더 확대되고 오래 지속되어야 하지만, 공공이 해야 할 일을 방치해서는 안 된다. 그런데 자치와 공공의 영역은 이렇게 분명하게 구분되어 있기도 하지만 많은 영역에서는 그 경계가 모호하거나 어느 쪽이 하든 틀리지 않은 경우도 종종 있다.

앞서 이야기한 마을회관이나 작은 도서관에서 일어나는 일들이다.

에어컨이 고장 나거나 출입문이 통째로 망가져 사용할 수 없음에도 공공이 외면하고 이용하는 주민에게 교체를 떠넘기는 경우가 있다. 이럴 때, 어디까지 공공이 지원하고 어디서부터 주민이 스스로 감당할 수 있는지는 마을 사정에 따라 달라진다.

특정한 금액으로 규정하기도 어렵고, 구체적 물품으로 정리하기도 곤란하다. 다만 주민이 감당하기 어려운 금액이나 물품이라면 공공이 도움을 주어야 한다. 그러나 에어컨이나 출입문 고장이 아니라 마을회관이나 작은 도서관에서 사용하는 수건이나 휴지 등 작은 소모품의 부족이라면 어떨까? 골목길이나 학교 앞 보행길에 떨어져 있는 쓰레기가 있다면 누가 처리해야 할까? 바로 이 지점에서 공공과 주민이 함께 협의하고, 해결 방안을 찾아 나가야 한다.

3절 조례를 발견하다: 생활의 문제를 제도와 연결하기

마을에서 생활하면서 일어나는 여러 문제를 해결하기 위해서 지방정부와 주민과의 약속, 나아가 마을 주민끼리의 약속이 필요하고, 그 약속은 '조례'라는 이름으로 지방의회가 결정한다. 지방의회는 주민이 4년마다 선출한다. 선출한 후 주민의 뜻을 따르지 않거나, 주민에게 손해를 끼치는 행동을 하면 주민이 그들을 소환해 선출을 취소할 수 있다.

그런데 주민이 선출하고 선출을 취소할 수 있는 지방의원이 만드는 조례는 비단 불편함을 없애는 내용만 있는 것은 아니다. 주민의 더 나은 삶을 위한 조례들이 훨씬 많다. 다음과 같은 조례들이다.

- 안전하고 쾌적한 통학로와 보행환경을 만들기 위한 보행권 조례
- 학생들의 건강한 급식을 제공하기 위한 급식조례
- 주민의 참여를 촉진하고, 참여가 효과적으로 추진될 수 있도록 안내하는 주민 제안과 주민참여조례

- 예산 편성에 주민이 참여할 수 있도록 규정한 주민참여예산조례
- 주민이 원하는 마을을 만드는 활동을 안내하는 마을만들기 조례
- 청년의 권리와 생활을 지원하는 청년 기본조례 등등

조례는 주민 생활 전체를 아우르는 범위에서 다양한 내용으로 만들어진다. 조례는 마을 사람들의 생활을 안내하는 안내서이자 설명서다. 불편함을 해결하는 방식과 절차에서부터 더 좋은 삶을 위한 주민 활동과 관련된 규정이 담겨 있다.

힘이 없는 약자라고 소외되지 않도록 배려하고, 소수자들의 권리를 지켜준다. 멀리 있는 정부나 법이 나서기 전에 지방정부가 먼저 이들이 겪는 문제를 살피고 반응하면서 도움을 준다. 이것이 지방정부의 역할이면서 조례라는 친구의 역할이다.

4절 조례와 법률의 차이

흔히 조례를 법률과 비교해 설명한다. 법률은 국가라는 조직을 운영하기 위해 국회 의결을 거쳐 만든 규정이다. 법률이 국가 차원에서 시민의 삶을 규정하는 큰 틀의 약속이나 명령이라면 조례는 생활 속에서 일어나는 구체적 사항을 조목조목 적어 놓은 약속이나 규칙이다.

조례 또한 주민의 생활을 강제할 수 있는 명령을 포함한다. 조례와 관련된 헌법이나 지방자치법 등을 보면 '법률'과 함께 '법령'이라는 용어를 자주 본다. 여기에서 '령'은 법률을 시행하기 위한 세부 규정으로 대통령이나 정부 각 부처에서 만든 규칙이다. 법률과 령을 묶어서 법령이라고 한다.

물론 법률에서 규정한 범위를 령이 벗어나서는 안 된다. 2021년 12월에 국회에서 개정되어 2022년 1월 13일부터 시행되는 지방자치법에는 '지방자치단체는 법령의 범위에서 그 사무에 관해 (지방의회의 의결

을) 거쳐 조례를 제정할 수 있다'고 규정하고 있다. 그동안 사용해 왔던 '법령 안에서', 혹은 '법령 내에서'라는 표현 대신 '법령의 범위에서'라는 표현을 쓰고 있지만. 여전히 법령과 대등한 관계는 아니다.

헌법 제117조 1항의 규정에는, '지방자치단체는 주민의 복리에 관한 사무를 처리하고 재산을 관리하며, 법령의 범위 안에서 자치에 관한 규정을 제정할 수 있다'라고 되어 있다. 여전히 조례는 법령의 범위에 갇혀 있다. 이런 현실을 이해하면서 앞으로 지방분권의 정신을 담은 헌법으로 새로 고쳐지기까지 법률과 조례의 관계를 자치와 주민의 삶을 기준으로 바라보는 적극적인 태도가 필요하다.

정부와 지방정부를 대등한 관계로 보고, 조례가 법의 범위에 제한받지 않고, 법률을 위반하지 않는다면 수용하는 헌법재판소나 법원의 판단도 필요하다. 헌법을 바꾸기 전이라도 변화된 시대 흐름에 맞게 헌법을 해석해 법률과 조례를 대등한 관계로 만들어 가야 한다. 비록 제한적인 의미를 갖고 있지만 2021년에 전면 개정된 지방자치법은 이러한 시대 흐름을 반영해 조례에 '법령의 범위에서'라는 표현을 사용했음을 기억해야 한다.

조례가 법령의 범위에서 제정된다고 해 법령보다 덜 중요하거나 사소하다고 생각하면 안 된다. 오히려 법령보다는 더 자주, 더 넓고 깊게 시민의 삶에 영향을 주기 때문이다. 잠시 시민의 일상생활을 살펴보면 정부보다는 지방정부가 훨씬 시민 생활과 밀접하게 연관되어 있음을 알 수 있다.

아침에 집을 나서며 걷는 출근길이나 등굣길에서부터 시작해 이용하는 대중교통, 학교나 회사 주변의 건물과 상가, 퇴근하고 운동하는 공원이나 하천 길, 여가 시간에 이용하는 도서관이나 복지관, 문화시설, 보건소 등등을 떠올려보면 정부가 관리하거나 운영하는 공간이나 시설보다는 지방정부가 관리하고 운영하는 곳이 훨씬 많다는 것을 쉽게 알 수 있다. 국토교통부에서 관리하는 국도보다는 지방도로, 지방도로로 가는 작은 길들이 월등히 많다. 국도 중 도시 구간을 지나는 국도는 지방정부가 관리한다는 사실도 고려하면 출퇴근길의 안전을 누가 주로 책임지고 있는지를 알 수 있다. 국도 바로 옆에 집이 있거나 회사가 있지 않다면 국도로 가기 위해서는 반드시 지방도로나 골목길을 거쳐야만 한다.

하천 또한 도로와 비슷하다. 하천관리는 정부와 지방정부가 분담하고 있는데, 정부가 관리하는 하천을 국가하천이라 하고 광역단체장이 관리하는 하천을 지방하천, 그리고 시장이나 군수, 구청장이 관리하면 소하천이라고 한다. 동네에서 자주 만나는 하천은 소하천이거나 지방하천일 경우가 많을 것이며 이들 하천이 모여 규모가 커지는 구간부터는 국가하천으로 분류되어 정부에서 관리한다.

여러분이 생활하는 지역에 따라 차이는 나겠지만 소하천과 지방하천, 그리고 국가하천 중에서 어느 하천을 자주, 유용하게 이용하는지 생각해 보면 지방정부의 역할, 그것을 규정하고 있는 조례의 의미와 중요성을 새삼 느낄 수 있을 것이다. 공원이나 산림의 이용도 마찬가지일 것이다. 국립공원이나 국가 공원이 있지만, 대다수 시민은 국립이 아닌 시립이나 도립 공원이나 숲을 많이 이용할 것이다. 국립, 도립, 시립이나 군립, 구립이라는 특별한 명칭이 없으면 모두 지방정부, 그것도 기초 지방정부인 시청이나 군청, 구청에서 관리하는 시설일 것이다.

요즘 시민이 많이 이용하는 도서관은 어떨까? 정부에서 운영하는 국립도서관은 서울시와 세종시, 두 곳에 있고 전국 곳곳에 있는 도서관은 대부분이 기초 지방정부가 운영하는 도서관이다. 광역 지방정부, 혹은 교육청이 운영하는 도서관이 몇 곳에 있지만 시민이 이용하는 대부분의 도서관은 시립이나 군립, 혹은 구립 도서관이다. 즉 시·군·구 등 기초 지방정부가 만들어 운영하는 도서관들이다.

광역 17개 시도와 기초 226개 시·군·구로 운영되고 있는 지방정부에서 운용하고 있는 조례가 117,370건(2025년 6월 30일 현재)인 반면에 정부의 법률이 1,683건(2025년 9월 22일 현재)인 것은 위와 같은 사정을 고려하면 당연한 일이다. 우리가 생활 현장 곳곳에서 시민의 삶을 보살피고 도움을 주고 있는 조례에 왜 관심을 가지고, 더 좋은 조례를 만들어 나가야 하는지 알 수 있다.

균형을 잡기 위해 박물관이나 미술관 이야기를 꼭 하고 싶다. 필자가 사는 수원에는 시립 박물관이 세 개나 있고 하나 있는 미술관도 꽤 크고 괜찮다. 필자는 수원시 박물관이나 미술관을 1년에 두세 번은 가지만, 국립중앙박물관이나 과천 국립현대미술관도 2~3년에 한두 번은 꼭 간다. 관람 횟수로 보면 월등히 수원시립박물관이나 미술관이 많겠지만, 여전히 국립박물관이나 미술관을 가게 된다.

수원을 떠나 지방 도시에 갈 기회가 있으면 그곳의 국립박물관을 자주 방문한다. 그곳에 가면 수원시립박물관에서는 볼 수 없는 유물이나, 세련되게 차려진 전시를 본다. 시민들은 생활하면서 가끔은 특별한 전시를 보고 색다른 경험을 하고 싶어 한다. 비용을 더 지불하더라도 평소에 보지 못했던 전시를 보면서 예술과 문화에 대한 경험을 넓혀 간다. 이런 특별한 전시는 집중된 재원 투자와 축적된 역량을 갖춘 국립박물관이나 미술관에 가야 만날 수 있다.

시립 박물관이나 미술관이 시민에게 제공하는 문화 향유의 영역과 국립 시설만이 전해줄 수 있는 문화의 영역은 구분된다. 국립박물관과 시립 박물관이 상하관계나 수준의 높낮이를 구분하자는 이야기는 아니다. 국도와 지방도로, 국가하천과 소하천을 규모와 관리 주체에 따라 상하를 구분할 수 없는 이치와 같다. 당연히 서로 대등하고 협력적 관계를 유지하면서 상호 발전의 길을 찾아야 한다.

출근길이나 주말 나들잇길의 안전을 위해, 혹은 한강이나 낙동강 등 큰 물줄기를 깨끗하게 유지하려면 어떻게 해야 하는지는 누구라도 잘 알 수 있을 것이다. 시립 박물관이나 미술관이 지역성을 고민해야 할 지점이 바로 여기에 있다. 국립 기관과 경쟁하기보다는 공존, 상생발전의 길을 찾기 위해 국립 기관들과 협력을 강화하면서 그 지역의 고유하고 독창적인 전시와 기획이 필요한 것이다. 때로는 전시에 필요한 유물이나 작품을 국립 기관으로부터 임대해 지역 기관의 한계와 고립을 극복하고 한 단계 높은 전시를 시민에게 제공할 수 있다. 정부와 지방정부가 상하 종속 관계가 아닌 상호 대등한 협력 관계로 발전해 나가야 함은 분명하다.

5절 법률은 기준과 원칙, 조례는 현장의 지침과 안내서

조례와 법률 또한 단순히 양의 문제나 생활 현장과의 밀착 정도로만 따져볼 일이 아니다. 국도와 국가하천의 역할과 생활 속에서 쓰임을 지방도로나 지방하천이 대신할 수 없다. 다만 그동안 국가는 정부만이 있고, 시민의 생활은 모든 것이 국회에서 정한 법률 속에서만 영위된다는 잘못된 생각은 빨리 버려야 한다.

법률이 가지고 있는 크고 강력한 힘은 쉽게 느낄 수 있다. 한번 제정되면 빠르게 생활환경을 바꿔 갈 수 있다. 우리나라 전체를 하나의 기준으로 강제할 수 있다. 법률의 역할이고 힘이다. 하지만 크고 넓은 만큼 세밀하고, 촘촘하지 못하다. 합의하고 결정하기까지 많은 시간이 필요하다.

변화에 빠르게 반응하지 못하고, 사회적 약자나 소수 시민의 문제에는 더디게 반응할 수밖에 없다. 아픔이 쌓이고 고통이 누적되어야만 법률은 반응한다. 예방적 차원에서 법이 제정되는 사례는 극히 드물다. 반면에 조례는 빠르게 대응하며, 촘촘하게 시민의 생활을 지켜줄 수 있다.

최근 노동의 형태가 빠르게 변화하면서 법률이 따라가기 전에 지방정부가 변화하는 노동 환경에 맞게 이들 노동자를 지원하는 조례를 만들고 있다. 경비노동자, 이동노동자, 이주노동자들을 지원하는 조례를 보면 조례의 쓰임을 잘 알 수 있다. 지방정부에서는 이미 다음과 같이 다양한 조례를 만들어 시행하고 있다.

- 공동주택 경비노동자 인권보호 및 증진에 관한 조례(서울특별시 구로구 외 7곳)
- 이동노동자 지원센터 설치 및 운영에 관한 조례(경기도 수원시 외 59곳)
- 이주노동자 인권 보호 및 증진을 위한 조례(부산광역시 외 5곳)
- 플랫폼 노동자 지원 조례(전라남도 무안군 외 27곳)

변화하는 시대에 먼저 대응하며 조례가 만들어지고, 이 조례가 전국으로 확산되어 법률이 만들어진 사례는 이미 언론이나 책에서 많이 소개했다. 이 책에서는 다양한 조례가 꽃필 수 있도록 길을 만든 청주시의회의 [행정정보공개조례]와 부천시의회의 [담배자동판매기설치금조조례], 두 개의 사례만 다음 7절에서 소개한다.

조례를 공부하면서 가끔 김수영 시인의 「풀」이라는 시를 떠올린다. 시민의 삶을 노래하는 듯, 자치를 요구하는 시민의 목소리를 대변하는 듯, 시민을 위해 쓰이고 있는 조례인 듯 느껴진다. 앞으로 이 책에서 소개하는 여러 조례들을 읽다 보면 조례라는 친구의 매력에 빠지게 될 것이다. 법보다 먼저 손을 내밀어 약자들을 지켜주고, 환경이 바뀌면 또 법보다 빨리 적용해 시민을 지켜준다.

조례는 일정한 지역에서 생활하는 시민과 지방정부가 시민의 행복한 삶과 안전하고 편리한 생활을 위해 지방정부와 시민의 책무와 권리를 조목조목 정해 놓은 규칙이다. 시민에게는 마을에서 생활을 안내하고 정보를 제공하는 마을 사용설명서이고, 사회 약자를 보호하고 도움을 주는 사회안전망이며 든든한 친구다.

지방정부에게는 자신이 해야 할 일을 알려주는 업무지침서다. 또 조례는 주민이 선출한 지방의회에서 의결한 약속이다. 계절이 바뀌면 옷을 갈아입듯, 시대가 변하고 환경이 바뀌면 조례 또한 시민의 뜻에 따라 지방의회가 나서서 새로운 조례를 제정하고 낡은 조례는 폐기하거나 개정해야 한다.

물론 지방의회가 더디게 움직이면 시민이 직접 나서서 조례를 만들 수 있다. 조례가 잘 마련된 지역에서 사는 시민은 그렇지 않은 지역에 사는 시민보다 더 안전하고 행복하다. 그런 지역에 사는 아이들은 더 큰 꿈을 꾸고, 더 많은 기회를 가질 수 있다. 고령화가 더욱 빨라지고 있는 시대에 조례가 잘 갖춰진 지역에서 생활하는 노인은 좀 더 존엄하게 안락한 노후를 보낼 수 있다.

이 책을 좀 더 쉽게 읽기 위해 조례에 대한 법률 규정을 소개한다. 딱딱한 법률 규정을 소개하기 전 사전에서 조례를 어떻게 설명하는지를 알아보자. 국어사전에는 '조목조목 적어 놓은 규칙이나 명령, 혹은 낱낱의 항목별로 적어 놓은 규칙이나 법령으로' 설명한 후 지방 자치단체가 법령의 범위 안에서 지방의회의 의결을 거쳐 그 지방의 사무에 관해 제정하는 법이라고 보충 설명을 하고 있다.

조목조목, 혹은 낱낱이 항목별로 적어 놓은 지방 사무에 관한 규정인데 지방의회의 의결을 거쳐야 함을 알 수 있다. 지방자치법에는 조례에 대해 여러 규정이 있다. 부칙을 제외하고 총 12장 211개 조항으로 이루어진 법률에서 조례는 제3장에 들어있다. 조례와 규칙이라는 제목으로 되어 있는 제3장 중에서 처음 시작하는 제28조는 다음과 같다.

제28조(조례) ① 지방자치단체는 법령의 범위에서 그 사무에 관하여 조례를 제정할 수 있다. 다만, 주민의 권리 제한 또는 의무 부과에 관한 사항이나 벌칙을 정할 때에는 법률의 위임이 있어야 한다.
② 법령에서 조례로 정하도록 위임한 사항은 그 법령의 하위 법령에서 그 위임의 내용과 범위를 제한하거나 직접 규정할 수 없다.

조례에 대한 우리 사회의 인식이나 법률의 한계를 볼 수 있는 조항이 하나 있다. 바로 제34조인데 조례 위반에 대한 과태료는 1천만 원을 넘지 않도록 규정하고 있다. 1천만 원이 넘어가는 잘못은 정부가 벌을 줄 터이니 지방정부는 사소한 벌만 내리라는 조항이다. 지방자치가 실행된 지 30년이 넘어가지만, 여전히 지방정부의 권한은 법률의 틀에서 벗어나지 못하고 있는 것이 현실이다.

부연하면 지방자치법 제1장은 총칙이고 제2장은 주민에 대한 자격(제16조)에서부터 시작해 주민의 권리(제17조), 주민투표(제18조), 조례의 제정과 개정·폐지 청구(제19조), 주민의 감사 청구와 주민소송(제21조와 22조), 손해배상금 등의 지급 청구 등(제23조) 주민 변상(제24조), 주민소환(제25조), 주민에 대한 정보공개(제26조) 등 지방정부 운영에 주민이 참여할 권리를 규정하고 있다.

제2장의 마지막 조항인 제27조는 주민의 의무에 관한 사항이다. 자치를 실천하기 위해서는 권리는 따르는 의무를 실행해야 한다. 주민은 법령으로 정하는 바에 따라 소속 지방자치단체의 비용을 분담하여야 하는 의무를 진다는 조항이다. 위 내용 중에서 제19조는 조례를 이야기하는 이 책에서 핵심적인 의미를 담고 있다.

6절 주민이 만드는 조례: 주민 조례 발안 제도

앞서 지방의회가 더디게 일하고 있을 때는 주민이 직접 나서서 조례를 만들 수 있다고 했음을 기억할 것이다. 조례 발안 권리를 규정한 법률 조항이다. 내용은 아래와 같다.

> 제19조(조례의 제정과 개정·폐지 청구) ① 주민은 지방자치단체의 조례를 제정하거나 개정하거나 폐지할 것을 청구할 수 있다.
> ② 조례의 제정·개정 또는 폐지 청구의 청구권자·청구대상·청구요건 및 절차 등에 관한 사항은 따로 법률로 정한다.

주민이 조례의 제정과 개정, 폐지에 참여할 수 있음을 밝히고 별도의 법률 제정을 규정하고 있다. 이 조항에 따라 주민 조례 발안에 관한 법률이 2021년 10월 19일에 제정되어 2022년 1월 13일부터 시행되고 있다. 이 법률에 따라 모든 지방정부는 주민 조례 발안에 관한 조례를 제정해 운영하고 있다. 조례 발안을 위한 주민청구권자의 수는 지방정부의 인구 규모에 따라 다르다.

아래 내용을 보면 여러분이 조례 발안을 위해 나선다면 몇 명에게 동의를 받아야 하는지를 짐작할 수 있을 것이다. 인구가 많은 서울시와 경기도는 청구권자 총수의 200분의 1이고 인구가 5만 미만의 시, 군 및 자치구는 20분의 1 이상의 주민 동의를 받아야 한다.

우리나라 기초 지방정부 중에서 인구가 가장 작은 울릉도(2025년 9월 현재 약 8,600명)는 18세 이상 인구의 20분의 1, 대략 350명 정도의 주민에게 동의받으면 조례를 새로 만들거나 고칠 수 있다.

물론 주민이 요구한다고 그대로 만들어지는 것은 아니고 반드시 지방의회에서 의결을 거쳐야만 한다. 주민이 원할 때 좋은 조례를 만들려면 주민 의견을 존중하는 지방의원을 선출해야 함을 명심해야 한다.

자치단체 규모별 조례 발안을 위한 청구 주민 수
1. 특별시 및 인구 800만 이상의 광역시·도: 청구권자 총수의 200분의 1
2. 인구 800만 미만의 광역시·도, 특별자치시, 특별자치도 및 인구 100만 이상의 시: 청구권자 총수의 150분의 1
3. 인구 50만 이상 100만 미만의 시·군 및 자치구: 청구권자 총수의 100분의 1
4. 인구 10만 이상 50만 미만의 시·군 및 자치구: 청구권자 총수의 70분의 1
5. 인구 5만 이상 10만 미만의 시·군 및 자치구: 청구권자 총수의 50분의 1
6. 인구 5만 미만의 시·군 및 자치구: 청구권자 총수의 20분의 1

마지막으로 법 중에서 가장 상위법인 헌법에도 조례에 관한 규정이 있을까? 물론 헌법에도 조례 관련 조항이 있다. 총 10장으로 구성된 헌법에서 제8장이 가장 간략한 2개 조항을 담고 있는데 바로 이 제8장이 지방자치 관련 조항이다. 헌법재판소(제6장), 선거관리(제7장), 헌법개정(제10장)에 관련된 장도 간략한 규정이지만 제8장보다는 1개 조항이 많은 3개 조항으로 구성되어 있다.

아래 조항을 보면 헌법에서 조례는 법령의 범위 안에서 자치에 관한 규정을 제정할 수 있다고 명시하고 있다. 앞으로 헌법을 개정한다면 자치분권과 관련된 내용을 헌법 전문에 넣고, 관련 내용도 헌법에 반영해야 한다.

또 헌법 개정 전이라도 현행 헌법에 규정하고 있는 지방의회의 조직과 권한 등에 관한 '지방의회법'은 조속히 제정해야 한다. '대한민국은 민주공화국이다'라는 거리에서의 외침이 헌법과 지방자치 관련 법률을 살펴보다 보면 참으로 부끄러운 일을 한두 번 마주하는 게 아니다. 흘러간 과거는 어쩔 수 없지만 현재와 미래는 언제든 마음먹고 노력하면 바꿀 수 있다. 현행 헌법 제117조와 제118조는 아래와 같다.

제8장 지방자치
제117조 ① 지방자치단체는 주민의 복리에 관한 사무를 처리하고 재산을 관리하며, 법령의 범위 안에서 자치에 관한 규정을 제정할 수 있다.
② 지방자치단체의 종류는 법률로 정한다.

제118조 ① 지방자치단체에 의회를 둔다.
② 지방의회의 조직·권한·의원선거와 지방자치단체의 장의 선임 방법 기타 지방자치단체의 조직과 운영에 관한 사항은 법률로 정한다.

조례는 지방자치의 현주소를 알려주는 지표이자, 지방자치를 안내하는 길잡이다. 지방자치가 민주주의의 성숙도를 알려주는 지표이면서 앞으로 대한민국 민주주의가 나갈 방향을 제시하는 길잡이가 되듯 말이다. 좋은 조례를 갖춘 지역은 더 안전하고, 더 건강하며, 더 큰 희망을 품을 수 있다. 독자 여러분도 이 책을 통해 조례라는 친구를 새롭게 만날 수 있기를 바란다. 앞서 언급한 김수영 시인의 시를 떠올리며 조례의 시를 읽어보자.

조례는 시민의 가늘고 작은 목소리에 먼저 반응하는 규칙이다.

법률이 도착하기 전, 조례는 언제나 먼저 바람을 맞고 눕는다.
그러나 다시 일어나 주민의 삶을 지켜낸다.
법보다 빨리 움직이고
약자를 먼저 보호하고
변화에 가장 먼저 반응하는
조례는 민주 시민의 생활안내서.
우리가 걷는 길, 마을의 공기,
아이들의 점심 밥상, 청년의 미래는
'조례의 손길'을 거쳐 우리를 미래로 인도한다.

7절 대한민국을 바꾼 조례들 - 지방자치의 첫 용기

지방의회가 부활해 문을 연 1991년만 하더라도 많은 주민은 조례에 대해 궁금해했다. 동네에서 일어나는 작은 일이 어떻게 대한민국을 바꾸어 나갈 수 있는지 쉽게 생각하지 못했다. 조례를 소개하는 이 장에서 조례가 어떤 힘을 가지고 있는지를 보여주는 상징 조례 두 개와 조례의 상징 숫자를 '0'으로 규정하게 된 필자의 생각을 소개한다. 먼저 이번 7절에 청주시의회와 부천시의회 활약상을 소개한다.

1) 청주시의회, 권력에 갇힌 정보의 문을 열다

대한민국 지방자치의 역사에서 청주시의회가 1991년 7월에 제정한 '청주시 행정정보공개조례'와 1년 후 부천시의회가 1992년 7월에 제정한 '부천시 담배자동판매기 설치 금지 조례'는 오래오래 기억될 것이다. 지방자치와 조례를 소개하는 여러 글이나 책에서 많이 소개한 사례이지만 다시 기억을 떠올리는 의미에서 간략하게 그 과정과 필자가 생각하는 의미를 전달한다.

1991년 지방의회가 30년 만에 부활했을 때, 많은 시민은 반신반의했다. "지방의회가 과연 무슨 일을 할 수 있을까?" 지방의회 의원들 또한 스스로에게 같은 질문을 던졌다. 국가의 법과 예산 틀 안에서 지방정부가 직접 바꿀 수 있는 것은 많지 않아 보였다.

그러나 제4대 청주시의회가 4월 15일 개원하고 백일 만에 지방자치의 새 역사를 쓰는 사건이 조용히 시작되었다. 단단하게 빗장을 걸어둔 행정의 문을 열어젖히는 조례 하나가 시의회에서 가결되었다. 재적 시의원 42명 중 찬성 39명, 반대 3명으로 찬성표가 압도적으로 많았다. 당시의 분위기를 전한 2019년 5월 2일 자 경향신문 이상호 선임기자의 기사가 전하는 회의장 분위기는 침울했다. 다수의 찬성으로 통과됐지만 자축하는 박수도 없었다. 오히려 불안해하는 의원이 많았다. 오랜 군사정권 시절을 거치면서 [정보]는 두려움 그 자체였다. '국가정보를 다루는 기관은 권력층의 최상층에 군림하고 있다'는 표현 속에서 1990년대 초반 당시 사회에서 정보가 가지고 있는 힘과 이를 잘 알고 있을 시의원들의 심정을 전해준다.

이어서 기사는 이 조례를 대표 발의한 박종구 전 청주시의회 의장의 말도 다음과 같이 전한다. "당시 많은 의원이 조례안이 통과된 이후 행여 보복이 따르지 않을까 두려워했다. 민주주의 국가에서 당연한 권리를 찾자는 조례를 만들고도 당시 회의장 분위기는 어두웠다"라고 회상했다.

당시만 해도 '행정정보는 공개하는 것'이 아니라 '보호하는 것'이라는 인식이 강했다. 예산집행 내역, 사업 계획, 공사 계약서 등은 대부분 공개되지 않았고 시민은 행정의 내부를 들여다볼 수 없었다. 감사보고서나 사업 용역 결과를 요청하면 "내부 문건이라 줄 수 없다"라는 답변이 돌아오던 시절이었다.

그러나 청주시의회는 이러한 인식을 정면에서 뒤집었다. 행정이 시민에게 열려 있어야 민주주의가 자란다는 사실을 조례로 선언한 것이다.

그리고 청주시의 행정정보공개조례는 제정 직후부터 큰 파장을 불러일으켰다. 시민단체는 환영했지만, 공무원 조직은 강한 거부감을 드러냈다. 행정의 안정성과 기밀을 해칠 수 있다는 이유였다. 결국 이 조례는 대법원까지 가는 법적 분쟁으로 번졌다.

대법원은 다음과 같이 판시했다.

> 청주시의회에서 의결한 청주시행정정보공개조례안은 행정에 대한 주민의 알 권리의 실현을 그 근본 내용으로 하면서도 이로 인한 개인의 권익침해 가능성을 배제하고 있으므로 이를 들어 주민의 권리를 제한하거나 의무를 부과하는 조례라고는 단정할 수 없고 따라서 그 제정에 있어서 반드시 법률의 개별적 위임이 따로 필요한 것은 아니라고 한 사례다.

이 판결은 이후 1996년 「공공기관의정보공개에관한법률」 제정의 직접적 배경이 되었다. 이 법은 1998년 1월 1일부터 시행되고 있다. 수차례의 개정을 거쳐 현재 시행되고 있는 현행 법률의 목적은 제1조에 다음과 같이 명시하고 있다. 조례 제정 당시의 분위기를 생각하면 격세지감의 느낌이 든다. 그러나 이렇게 세상을 바꾼 힘이 1991년 청주시의회 의원들의 용기에서 출발했다고 생각하면 다시금 조례의 중요성과 그 힘을 확인하게 된다.

> 이 법은 공공기관이 보유·관리하는 정보에 대한 국민의 공개 청구 및 공공기관의 공개 의무에 관하여 필요한 사항을 정함으로써 국민의 알 권리를 보장하고 국정國政에 대한 국민의 참여와 국정 운영의 투명성을 확보함을 목적으로 한다.

이후 전국의 모든 자치단체에서는 이 법에 따라 행정정보공개 조례를 제정해 시행하고 있다.

2) 부천시의회, 엄마들과 함께 청소년을 지키다

다음으로 부천시의회의 담배자동판매기 설치 금지 조례의 사례를 소개한다. 이 조례는 부천YMCA 산하 청소년상담실 자원상담자 모임인 '디딤돌 어머니 모임'에서 시작되었다. 이 모임은 1991년 7월부터 학교와 통학로 근처의 유해시설을 조사하면서 담배자동판매기의 판매 담배 중 24%를 청소년이 구입한다는 사실을 알게 되었다. 이 실태조사 결과를 바탕으로 금지 조례 제정 운동을 시작했다.

작은 모임에서 시작한 이 운동은 부천시 전체로 번지고 전국적인 호응도 있었다. 주민들은 시의원들에게 엽서 보내기, 의원 방문하기 등의 활동을 하고 시민서명운동, 가두캠페인, 언론홍보 등을 통해 시의원을 설득했다. 마침내 1992년 7월 부천시의회는 조례를 제정했다.

조례가 통과되자 큰 사회적 반향이 일었다. 담배업계는 강하게 반발했고 일부 시의원들은 압력과 항의를 감당해야 했다. 이 조례도 앞서 청주시 조례처럼 법적 다툼으로 번져 헌법재판소의 위헌 소송까지 감수해야 했다.

하지만 헌재는 부천시의회의 손을 들어주었다. 헌재는 자판기 설치 금지가 반드시 필요하며, 이를 위해 다소의 자유가 제한되더라도 감수해야 한다고 판결했다. 나아가 이미 설치된 자동판매기를 철거하도록 한 조례의 내용도 소급입법이 아니라고 판단했다. 공익을 이유로 개인의 자유 제한을 인정한 이 판결은, 공동체 유지를 위해 개인의 자유를 어디까지 제한할 수 있는지를 공공의 이익을 기준으로 판단하게 했다.

부천시의 이 조례 역시 전국 자치단체로 확산되었다. 지금은 유해환경으로부터 청소년을 보호하려는 여러 법률이 마련되어 자치단체의 이 조례는 다른 조례들로 대체되었다.

3) 두 개의 조례가 한국 지방자치에 남긴 것: 지방의회의 첫 대답

1991년 청주시의 「행정정보공개조례」는 행정과 행정정보를 '닫힌 방'에서 '열린 공간'으로 전환시킨 결정적 사건이었다. 지방정부가 스스로 투명성을 원칙으로 삼는 것은 당시로서는 파격에 가까웠다. 이 조례를 통해 시민은 비로소 예산과 사업 집행, 행정문서에 접근할 수 있는 권리를 갖게 되었고, 이는 이후 국가가 정보공개법을 제정하는 데 기초가 되는 중요한 선례가 되었다. 청주의 조례는 지방자치가 어떤 가치 위에서 출발해야 하는지를 분명하게 보여준 첫 선언이었다.

그로부터 1년 뒤, 부천시의회는 담배자동판매기를 금지하는 조례를 제정하며 청소년 보호를 위해 국가보다 먼저 움직였다. 당시에도 청소년 흡연 문제의 심각성이 알려져 있었지만, 이를 규제할 법적 장치는 존재하지 않았다. 부천의 조례는 지방정부가 주민의 안전과 복지를 위해 필요하다면 국가보다 앞서 규제를 도입할 수 있음을 증명한 사건이었다. 이후 전국 각지의 지방자치단체가 부천을 따라 유사한 조례를 제정했고, 중앙정부의 청소년 보호 정책도 이 흐름을 반영해 강화되기 시작했다.

이 두 조례는 지방자치가 막 시작되던 시기에 아주 중요한 교훈을 남겼다. 바로 지방의회는 시민의 권리를 확장할 수 있다는 사실과, 지방정부는 주민을 보호하기 위해 누구보다 먼저 행동해야 한다는 지방정부의 중요한 역할을 보여주었다.

오늘날 지방의회가 다루는 복지·안전·환경·교육·청년정책 등 수많은 조례들 속에는 바로 이 두 조례가 처음 보여준 용기, 선도성, 책임, 그리고 주민 참여의 정신이 흐르고 있다. 지방자치의 초창기, 청주와 부천이 남긴 이 작은 발걸음은 지방자치가 나아갈 방향을 누구보다 먼저 밝혀준 이정표가 된 셈이다.

8절 "0"이라는 조례의 숫자

조례를 찾고 공부하면서 조례와 가장 어울리는 숫자는 무엇일까 생각하다 0을 떠올렸다. 비어 있으나 언제든지 주민의 생활로 채워지는 숫자, 늘 새롭게 시작할 수 있는 가능성, 시민이 채워가는 민주주의의 그릇이 '조례'다. 그래서 조례의 숫자는 0이다.

0이라는 숫자는 단순한 기호가 아니다. 0은 비어 있지만 완전하며, 비어 있음 속에서 무한한 확장이 가능하다. 수학자들이 "인류가 만든 가장 혁명적 발명"이라고 부르는 이유는 0이 존재와 부재, 질서와 무질서, 가능성과 현실을 동시에 품고 있기 때문이다.

흥미롭게도 0의 이러한 속성은 민주주의와 지방자치를 설명하는 데 놀라울 만큼 적합하다. 특히 조례라는 제도는 0의 철학적 구조와 가장 가까운 제도적 언어가 아닐까 생각한다. 비어 있음에서 출발하므로 언제든지 시민이 그 내용을 채울 수 있다. 그리고는 시대의 요구에 따라 다시 비워지고 다시 채워지는 순환 구조, 조례는 0의 움직임과 닮아 있다.

좀 더 나아가서 왜 0이라는 숫자가 지방자치를 상징하는 데 가장 적절한 기호가 되는지를 필자의 생각을 다섯 가지로 정리해 소개한다.

1) 0은 '비움'이 아니라 '열림'이다: 민주주의의 조건

0의 가장 큰 특징은 비어 있다는 점이다. 그러나 그 비어 있음은 결핍이 아니라 가능성이다.

무언가가 비어 있어야 새로운 것이 들어올 수 있으며, 0은 "아직 채워지지 않은 미래"를 상징한다. 민주주의도 마찬가지다. 민주주의는 어느 한 사람이나 한 집단의 완성된 구조가 아니다. 특정한 시대와 시기에 완성될 수도 없다. 민주주의는 언제나 멈추지 않고 진화하는 미완성의 제도다. 시민이 참여하고, 토론하고, 수정하고, 확장하며 끝없이 새로이 채워가는 열린 공간이다.

0이 없다면 숫자는 구조를 갖추지 못하고, 시민이 없다면 민주주의는 형식만 남은 제도가 된다. 민주주의는 시민이라는 "0의 공간"이 있어야 작동하고, 그 공간이 비어 있어야 새로운 권리·제도·정책이 생성된다. 민주주의는 완성품이 아니라, 시민이 채워가는 빈 그릇이다. 그 그릇의 상징이 0이다.

2) 0은 자릿값을 만든다: 시민이 민주주의의 가치를 결정한다

0이 가진 또 하나의 혁명적 기여는 자릿값을 만든 것이다. 10과 1은 0의 존재가 둘의 차이를 구별해 준다. 100이 10보다 큰 이유는 0이 늘어났기 때문이다. 즉, 0은 자기 스스로를 결정하지 않지만, 다른 숫자의 의미와 역할을 규정한다. 이 지점은 민주주의와 깊게 닮아 있다. 민주주의는 제도나 법률이 절대적인 가치를 규정하지 않는다. 또 그 가치를 정치인이나 관료가 결정하지 않는다. 의회나 정당이 독점하는 것도 아니다. 민주주의의 크기와 깊이는 시민의 능력이 결정한다. 민주주의를 지키고 가꾸어 나가는 시민의 수준과 역량이 결정한다.

조례 하나가 가지는 무게도 마찬가지다. 조례의 문장 자체가 중요한 것이 아니다. 그 조례가 시민의 삶에서 어떤 의미를 가지는가, 얼마나 많은 시민의 요구를 반영해 시민의 생활을 담고 있는가에 달려 있다. 조례의 "자릿값"은 이렇게 결정된다. 0이 숫자의 지위를 결정하는 것처럼, 시민은 민주주의의 지위를 결정한다. 그리고 그 시민의 삶과 생활은 조례가 지켜준다.

3) 0은 다시 출발점으로 돌아온다: 조례의 개정과 민주주의의 순환

0은 시작점이면서 동시에 종착점이다. 원으로 표현되는 0은 끝나도 다시 처음으로 돌아오는 순환성을 담고 있다. 조례 역시 이렇게 움직인다. 시대가 변하면 조례는 다시 0의 자리로 돌아가 재해석된다. 불필요하거나 시대와 맞지 않는 조례는 폐지되고, 새로운 환경이 던져주는 문제들은 조례라는 틀 안에서 처음부터 다시 설계된다.

조례는 고정된 규칙이 아니다. 계속해서 백지로 돌아가 재구성되는 제도적 순환 체계다. 그래서 0의 순환 구조는 조례와 지방자치, 나아가 민주주의의 본질을 보여준다. 민주주의는 한 번 만들어지면 끝나는 제도가 아니다. 항상 수정되고, 비워지고, 다시 채워져야 한다. 조례 역시 시민의 삶이 변하는 만큼 계속해서 비워지고, 다시 채워지는 순환의 언어다.

4) 0은 누구의 것도 아니다: 권력의 독점을 허락하지 않는 민주주의

0은 어느 숫자에 붙어도 그 숫자를 독점하지 않는다. 0은 강요하지 않고, 차지하지 않고, 스스로 의미를 드러내지 않으면서 다른 숫자에 자리를 내어준다. 이 점 또한 민주주의와 닮았다. 민주주의는 특정 정치세력이나 정당의 전유물이 될 수 없다. 민주주의는 언제나 시민 모두에게 열려 있으며, 시민이 만들어 나가는 열린 제도이며 생활 문화다.

조례도 누구의 전유물이 아니다. 조례는 시장이나 공무원들만의 문서가 아니다. 조례는 시민의 요구와 경험이 제도적 언어로 번역된 공동 자산이다. 그래서 0은 누구의 숫자도 아니듯이 조례도 민주주의도 특정인이나 한정된 집단의 것이 아니라 시민 모두의 것이다.

5) 0의 공백은 시민이 채운다: 참여가 민주주의를 완성한다

0의 비어 있음은 채워지기 위한 공간이다. 그 공백을 채우는 존재는 시민이다. 조례 제정 과정에서 가장 중요한 순간은 초안이 만들어지기 전, 즉 아직 아무것도 쓰여 있지 않은 0의 단계다. 이때 시민의 문제 제기, 제안, 경험, 문제의식이 조례의 기초가 된다. 실제로 많은 조례들이 '엄마들의 불안에서, 청년들의 좌절에서, 지역 공동체의 갈등에서' 시작되었다.

조례는 "없음(0)"을 "있음(1)"으로 바꿔주는 시민 참여의 공간이다. 시민의 참여가 많을수록 조례는 더 두꺼운 의미를 갖고, 지역 민주주의는 더 깊어진다. 조례는 시민이 '0의 공백'을 채워 만든 민주주의의 기록이다.

그래서 0은 조례의 숫자이며 상징이다. 0은 비어 있지만, 비어 있기에 무한하다. 0은 작지만, 작기에 시민 모두에게 열려 있다. 시민 누구라도 쉽게 다가가서 말을 걸고, 자기 삶을 내려놓고 해결 방안을 찾을 수 있다. 이 '0'(Zero)의 공간에서 시민은 민주주의를 쓰기 시작하고, 그 0의 공간에서 지방자치는 미래의 길을 연다.

7장
30,358에서 122,740으로
_지방자치의 세월을 기록하는 숫자들

앞에서 소개했던 숫자와는 다른 차원의 단위로 넘어왔다. 3만에서 10만도 훌쩍 넘어 11만 7천까지 숫자가 증가했다. 무엇을 나타내는 숫자인지는 보기만 하면 모르겠지만 증가 속도도 가파르다. 처음 숫자에서 네 배나 가까이 증가했다. 대한민국 지방자치의 역사가 길어야 75년도 안 되는 사이에 이렇게 빠르게 증가한 숫자에는 어떤 내용이 담겨 있을까?

30년이라는 긴 암흑기를 겪고 나서 부활한 지 이제 35년이 지나가고 있는 시점이다. 1991년 지방의회만 존재하는 '외발'로 출발한 지방자치는, 1995년 지방의회와 자치단체장을 동시에 선출하면서 비로소 형태를 갖추었고, 그로부터 30년이 지났다.

위 숫자는 대한민국 지방자치단체가 보유하고 있는 조례 건수를 표시한 숫자다. 이번 장에서는 바로 이 조례의 변천사, 정확하게는 지방자치단체가 보유해 왔던 조례 건수의 변화를 통한 지방자치 역사를 살펴본다. 단순한 숫자의 증가만이 아니라 증가의 이유와 그 결과에 대해서도 언급하게 될 것이다. 왜냐하면 조례가 바로 지방자치의 역사이며 지방의회가 주민에게 건네는 자치의 언어이기 때문이다.

1절 조례는 지방자치의 언어다

지방자치를 구성하는 여러 요소들 가운데 시민의 삶과 가장 가까운 것은 조례다. 국회가 법률을 만든다면, 지방의회는 조례를 만든다. 4년마다 주민이 선출하는 지방의원은 조례라는 언어로 지역의 규범과 일상을 설계한다. 그런데 지방자치의 언어인 조례를 찾아가는 길이 평탄한 것만은 아니다.

1950년대 초창기 지방의회에서 다루었던 조례는 불행히도 기록을 찾을 수가 없다. 지방자치 업무를 담당하는 행정안전부를 비롯해 관련 사이트를 찾아봐도 1950년대 조례 관련 자료는 찾을 수가 없었다.

다행이라 할 수는 없지만 아쉬운 대로 행정안전부가 발행하는 관련 통계연보와 부처 홈페이지에 조례정보를 제공하는 연례공시 자료를 통해 2006년 이후부터 연간 자료를 확인할 수 있었다. 95년까지 거슬러 올라가는 자료는 지방자치 관련 보고서 속에서 조례 총수만을 확인했다. 그리고 행정안전부가 매년 제공하는 통계연보 또한 2013년 이전에는 조례 관련 정보를 확인할 수 없다.

홈페이지에 공시하는 연례 공시도 2007년부터 게시되어 있어 그 이전 자료 또한 확인할 수 없다. 게시하는 제목도 '2007년도 자치법규 운영 현황'으로 게시되다가 2013년부터는 '2013년도 조례·규칙 운영 현황'으로 바뀌었고, 다음에는 '2017년 지방자치단체 조례·규칙 현황'으로 2024년까지 게시되어 있다.

조례 관련 숫자를 추적하다 보면 제일 먼 곳의 숫자는 행정안전부에서 발간하는 『지방의회 백서』에서 만나게 된다. 이 백서는 지방의원의 임기가 완료되는 4년마다 발간된다. 지방의회 4년 임기가 마무리되면 다음 해에 발간한다. 『제8기 지방의회 백서』는 지난 2023년에 발간되었다.

지방의회 1기가 1995년에 완료되고 1996년에 발간된 『제1기 지방의회 백서』에서는 91년부터 95년까지 지방의회에서 처리한 조례 현황 자료를 볼 수 있다. 광역과 기초의회별로 처리한 조례 건수와 처리된 조례가 어느 분야인지를 의회, 세무회계, 사회환경복지, 지역경제농림수산, 도시건설주택, 행정, 교육, 기타 등 8개 분야로 분류해 보여주고 있다.

중간중간에 통계 방식의 변화는 있었지만, 아래 내용을 참고하면 부활된 지방의회 1기부터 최근까지 지방의회에서 다루었던 조례 현황을 확인할 수 있다.

▶ 우리 지역 조례를 확인하는 가장 쉬운 방법

① 자치법규정보시스템(ELIS)
https://www.elis.go.kr/allalr/allAlrList
지역별 조례 검색, 폐지·개정 연혁 확인, 조례 원문 다운로드 가능

② 지방의회 누리집
각 시·군·구 의회 홈페이지 → '조례/규칙' 메뉴
최근 제정·개정 동향 파악 가능, 의원 발의 현황도 확인할 수 있음

③ 활용 팁
생활과 관련된 키워드로 직접 검색해 볼 것(예: '보행', '급식', '미세먼지', '공원', '안전')
타 지자체와 비교하면 지역 정체성을 읽을 수 있음

2절 완만한 증가의 시기(1995-2006), 30,358에서 43,444건

지방의회 2기가 시작한 1995년 전국 지방자치단체가 보유하고 있던 조례는 30,358건, 규칙은 16,193건이었다. 이 자료에서는 자치법규를 조례와 규칙을 포괄해 사용했다. 필자는 책을 쓰면서 시민 누구라도 자유롭게 살펴보고, 활용할 수 있는 자료만을 활용하려고 했다. 다행히 이 책에서 사용하는 자료는 언제라도 관련 사이트에 가서 찾아볼 수 있는 공공자료들이다. 이 자료에 따르면 95년 조례가 30,358건, 규칙이 16,193건으로 53대 47 정도로 조례 건수가 약간 많았다. 이런 기준으로 본다면 1995년 당시 광역자치단체 평균 조례는 약 169건, 기초자치단체는 96건 정도였다. 오늘날의 기준으로 보면 놀라울 정도로 작은 숫

자다.

그러나 이 숫자는 꾸준히 증가해 2006년, 지방의회 8기(부활 이후 5기, 민선4기)가 시작되는 시점에는 43,444건으로 증가했다. 95년부터 2006년까지 11년 동안 13,086건, 대략 43%가 증가한 것이다. 조례 건수로만 보자면 지금의 폭발적 증가와 비교하면 상대적으로 '조용한 성장기'였다.

지방자치 관련 글들을 보면 95년과 97년 98년, 99년에는 직제 개편과 행정규제 정비계획에 따라 조례 건수가 감소했다는 지적도 있다. 지방자치 초기 단계에 제도를 정비하는 과정에서 나타나는 현상이라 생각한다. 도약을 준비하는 준비 시기라고 보인다.

이런 제도 정비와 함께 이 시기 증가율이 완만했던 이유는 지방자치단체 자치권의 취약성도 영향을 주었다. 중앙정부 위임 사무가 제한적이다 보니 활발하게 조례를 만들려는 노력이 강력해질 수 없었다. 지방분권과 균형발전 관련 정책을 활발하게 펼쳤던 노무현 정부 이후 조례가 급속하게 증가했던 사실과 대비되는 지점이다.

자치권의 취약은 지방의회 자율권의 제약, 주민 참여 제도의 미비 등으로도 나타나 더딘 조례 증가 현상에 영향을 주었다. 다만 이 시기에도 조례라는 제도는 점진적으로 지방행정의 기준언어가 되어 도약의 시대로 나아가고 있었다.

이런 정비 과정을 거쳐 2006년도부터는 자료를 통해 정확하게 확인할 수 있듯이 지방자치단체가 보유한 조례 건수는 빠르게 증가했다. 이제부터 30,358이라는 숫자가 117,370까지 도달하는 과정과 이들 숫자는 어떻게 구성되어 있는지 해부해 보자. 본격적으로 그 숫자를 해부하기 전에 잠시 이 작업 과정을 소개한다. 지방자치와 조례에 관심을 가진 독자라면 흥미를 보일 것이다.

이 작업을 위해 숫자가 빼곡하게 적힌 커다란 엑셀 파일 한 장을 만들어 출력했다. 맨 위 칸에는 2006년부터 2025년까지 연도가 표시되어 있고 밑으로는 서울을 시작으로 부산, 대구, 경기, 강원 등 광역 시·도와 함께 서울기초, 경기기초라는 항목이 이어진다.

자치단체가 보유하고 있는 조례 건수를 표시한 작업표다. 왼쪽 위 줄 첫 칸에는 251이라는 숫자가 있고 오른쪽 맨 아래 칸에는 474라는 숫자가 적혀 있다.

251은 2006년도에 서울특별시가 보유하고 있는 조례 수이고, 474는 기초자치단체가 보유하고 있는 평균 조례 숫자다. 세종특별시 칸은 2006년부터 2011년까지 비어 있다. 2012년에 207이라는 숫자가 비로소 등장한다. 세종특별자치시가 2012년에 출범하면서 작업표에도 표시되기 시작한다.

광역자치단체는 17개로 분류하지만, 기초자치단체가 있는 광역시도는 제주특별자치도와 세종특별자치시를 뺀 15개 광역자치단체다. 세종특별시와 제주특별자치도에는 기초자치단체가 없기 때문이다.

조례의 숫자를 따라가면서 다시 한번 대한민국 지방자치 역사의 고단한 과정을 확인했다. 많은 시민이 알고 있듯이 1991년 지방의회만 출범하며 지방자치는 부활했다. 4년이 지난 후에서야 지방자치단체장 선거가 지방의원 선거와 동시에 실시되었다. 네 바퀴 중 뒷바퀴 없이 앞의 두 바퀴만. 혹은 양쪽 중 한쪽이 없는 상태로 개문발차한 지방자치였다.

이렇게 외발로 부활한 대한민국 지방자치의 역사는 고난의 역사였다. 자치와 분권을 허용하지 않으려는 중앙집권 세력과의 힘겨운 줄다리기를 통해 한 걸음씩 전진해 왔다. 손이 없으면 발로 더듬어가며 어둠을 헤쳐 왔다. 어둠에 적응하면서도 안주하지 않았다. 밤이 깊어지면 새벽이 온다는 믿음으로 지혜를 모았다. 지방자치 관련 제도와 환경은 더디지만, 꾸준히 개선되어 왔다. 힘든 시대를 이겨온 지방자치 선구자들의 헌신을 생각하며 작업 과정에서 부딪혔던 어려움을 이겨낼 수 있었다.

왜 조례 통계는 이렇게 불완전한가?

한국의 조례 통계는 아직 완전하지 않다. 그 이유는 다음과 같다.
- 행정안전부 통계연보의 범주·형식 변화
- 2007년 이전 온라인 자료 공백
- 조례·규칙 혼합 표기 문제
- 연도별 오류 존재(예: 인천광역시 2010년 조례 수가 전후 연도와 맞지 않는 오류 발견)
- 공개자료 간 불일치(지방의회 백서와 통계연보의 차이 등)

*이 책은 가능한 공신력 있는 자료(통계연보, 연례공시, 자치법규정보시스템)를 우선 활용하고, 오류가 있는 부분은
(1) 추세 기반 교정,
(2) 완전 제외,
(3) 오류를 인지한 상태에서 제한적 활용
중 하나의 방식으로 처리했다. 왜냐하면 조례 숫자 자체보다 '증가 추세와 구조적 변화'를 중심으로 내용을 파악하고, 원인이나 결과에 초점을 맞추었기 때문이다.

3절 조례 성장기: 2006~2022년 사이의 변화

지방의회 초기 단계인 1995년부터 2006년, 11년 동안 13,086건 증가한 조례는 2006년부터는 빠르게 증가해 8년 후인 2014년에는 63,476건으로 20,032건이 증가했다. 다시 8년이 지나면 조례는 10만 건을 넘어 104,122건으로 급속하게 증가한다. 그리고 이 글을 쓰고 있는 2025년 8월에는 다시 117,370건으로 나타난다. 급속하다는 표현보다는 '폭발'적이라는 표현이 어울린다.

왜 이런 변화가 생겼을까? 하는 궁금증이 생길 것이다. 그 궁금증에 대한 답을 잠시 뒤로 미루고 다시 시간 속으로 들어가 43,444를 해부

해 보자. 필자가 생각하기에 조례는 지방자치의 DNA와 같다. 누적될수록 지역의 규범과 정책이 정교해진다. 누적된 숫자는 어느 순간 도약을 하게 마련이다. 그런 흐름을 정확하게 이해하려면 이전의 상태에 대한 이해가 꼭 필요하다. 2006년으로 되돌아가 43,444를 설명하는 이유다.

2006년도 각 시도별, 광역별 기초자치단체의 보유 조례 건수는 2007년도 행정안전부 누리집 '자치법규 운영 현황'에서 볼 수 있다. 2007년도에 지방의회에서 처리한 조례 관련 활동을 제정과 개정, 폐기로 구분하고, 각 각의 조례를 단체장과 지방의원 중에서 누가 발의했는지를 알려주고 있다.

한 페이지로 정리된 이 자료에는 전년도 현황과 비교하기 위해 자치단체별로 2006년도 조례의 총 건수만 보여주고 있다. 따라서 2007년 자료를 통해 전년도 조례 보유 현황도 파악할 수 있다. 2006년도 광역시·도의 평균 조례보유 건수는 242건이었고, 광역시에 속한 기초자치단체인 자치구와 군은 평균 132건, 광역 도에 속한 시와 군은 평균 186건의 조례를 보유하고 있었다.

광역자치단체 중에서는 곧 특별자치도 출범을 앞둔 제주도가 가장 많은 315건을 보유하고 있었고 인천광역시(309건)와 부산광역시(272건)가 다음으로 많았다. 충북(205건)과 울산광역시(205건), 경남(210건) 등이 적은 조례를 보유하고 있었다. 최대와 최소 보유 차이는 110건으로 이 차이는 지방자치가 성장할수록 점점 확대된다. 2025년 현재 가장 많은 조례를 보유하고 있는 경기도는 2006년도에는 중간 정도인 251건의 조례를 보유하고 있었다.

기초자치단체를 살펴보자. 광역시·도의 편차보다 훨씬 적은 차이를 보이는 점이 확연하다. 부산광역시에 속한 자치구·군이 124건으로 가장 적고 광주광역시 자치구가 148건으로 가장 많은 조례를 보유하고 있었다. 두 자치단체의 편차는 24건이다.

광역 도의 기초자치단체는 경기도 기초자치단체가 210건, 경북 기초자치단체가 179건으로 편차는 31건이다. 광역시·도와는 다르게, 많은 기초자치단체의 평균이다 보니 편차가 적게 나는 것으로 생각된다.

그러나 이 차이는 점차 확대되어 2025년 현재 조례 보유 건수를 보면 150여 건 이상 차이가 난다. 조례를 통해 주민의 생활 안전망을 촘촘하게 만들어 가는 자치단체가 있는 반면에 안전망이 엉성하게 만들어지는 자치단체도 생기게 된다.

여러분이 사는 자치단체는 어떤지 한 번쯤 살펴보시길 바란다. 여러분이 사는 자치단체 의회를 검색하면 쉽게 찾아볼 수 있다. 다른 자치단체와 비교하고 싶다면 앞에서 소개한 자치법규시스템으로 가면 보유 조례뿐만이 아니라 조례 내용과 함께 이전 조례들의 내용도 확인해 볼 수 있다.

앞서 미루어두었던 궁금증에 대한 필자의 답을 이야기해 보겠다. 2006년부터 빠르게 증가하기 시작한 조례가 2015년을 지나면서 급속하게 증가한 이유는 다음 세 가지로 생각한다.

먼저 자치권의 확대다. '미스터 지방자치'로 불리기를 원했던 김대중 대통령은 내무부라는 부처 이름을 지방자치를 지원하는 행정자치부로 바꿨다. 지방을 통치하는 부서가 아니라 지방자치를 중시하는 그의 의지를 잘 보여준다. 이후 지방자치는 시대의 흐름으로 자리 잡게 되어 다음 정부로 이어졌다. 수도 이전을 고민했을 만큼 지방분권과 균형발전에 진심이었던 노무현 정부는 다양한 정책을 추진했다. [국가균형발전위원회]와 [정부혁신지방분권위원회]를 출범시켜 지방자치 발전을 이끌어가도록 지원했다. 2005년 개정된 지방자치법의 개정 사유를 보면 중앙 정부의 권한을 지방으로 이양하려는 정책 의지를 읽을 수 있다. 이 법 개정 이유 및 주요 내용을 소개한다.

지방자치법

[시행 2005. 6. 25.] [법률 제7410호, 2005. 3. 24., 일부개정]

• 개정이유 및 주요내용

권한의 지방이양을 통한 선진 지방자치를 실현하기 위하여, 자치구가 아닌 구 및 읍·면·동의 명칭 및 구역 변경에 관한 행정자치부장관 및 시·도지사의 승인 사무를 폐지하되, 명칭 및 구역 변경의 결과를 시·도지사에게 보고하도록 하고, 지방자치단체 사무소 소재지의 설치·변경에 관한 행정자치부장관 또는 시·도지사와의 협의관련 사무를 폐지하며, 시·군·구의 행정기구 설치 시 시·도지사의 승인사무를 폐지하려는 것임.

자치권의 확대는 주민의 관심과 참여와 맞물려 있다. 주민참여예산제, 마을만들기 등 다양한 참여 제도의 정착과 확장은 더 많은 자치권을 요구하고, 확장된 자치권은 다시 활발한 참여를 촉진했다. 지방의회와 집행부는 이러한 주민의 요구에 반응하지 않을 수 없었다.

두 번째. 지방자치가 자리를 잡으면서 복지·보건·환경 중심의 생활정책이 대폭 확대되었다. 2010년 이후 증가한 조례 대부분이 이들 분야의 조례가 차지하고 있음은 쉽게 확인할 수 있다.

세 번째. 반복되는 지방선거로 주민에 대한 행정서비스가 다양한 분야로 분화되고 확대되었다. 복지서비스의 분화, 인권 조례의 전문화, 다양한 방식으로 청년의 삶을 지원하는 청년 조례들이 이런 변화를 확연하게 보여준다.

4절 2025년: 117,370, 122,740건의 조례가 말해주는 것

다시 10년을 달려오면 2025년 현재를 살펴볼 수 있다. 43,444건이 117,370건으로 증가했음은 이미 밝혔다. 그리고 지난 8월 처음 조례 건수를 파악할 당시에 117,370건의 조례는 이 책의 원고를 최종 마무리하는 11월에는 다시 122,740건으로 늘었다. 지금부터 소개하는 조례통계는 2025년 11월의 통계를 사용한다. 작업을 진행한 11월의 인구통계 시기에 맞추기 위해 통계 산출 시점을 달리했다.

그렇다면 현재 시점에서 가장 많은 조례를 보유하고 있는 자치단체는 어디일까? 왜 많은 조례를 보유하게 되었을까? 혹시 조례를 최종 의결하는 지방의회 의원 규모와는 어떤 상관관계가 있을까? 이 질문들에 대한 답이 궁금해 자치단체별 지방의회 규모도 함께 소개한다.

경기도가 1,395건으로 가장 많은 조례를 가지고 있으며 다음으로는 제주특별자치도(1,145건), 부산광역시(1,037건), 전남(1,027건) 순이다. 모두 1천 건 이상의 조례를 보유하고 있다. 경기도와 전남의 증가가 확연하게 눈에 들어온다.

2006년에는 251건과 213건으로 중간 수준이나 그보다 아래에 있었지만 20년간 급속하게 성장했다. 현재 경기도의회는 156명의 의원으로 구성되어 있다. 17개 광역자치단체 중에서도 단연 제일 많은 지방의원이 활동하고 있다. 2025년 10월 현재 31개 시군에 13,724,652명이 사는 대한민국 최대 자치단체이니 지방의회 규모도, 보유 조례도 많을 수밖에 없다고 생각할 수 있다. 제주특별자치도는 도의원이 40명이고 인구는 665,276명이다. 인구도, 지방의원도 많지 않지만, 특별지방자치단체라는 특수한 상황을 감안하면 조례가 많은 이유가 될 수 있다.

그러나 지방의원 규모와 보유조례 숫자를 비교해 보면 그리 큰 상관관계는 발견할 수 없다. 비슷한 규모의 전남(61명, 1027건)과 경북(61명, 931건), 경남(64명, 844건)의 보유조례 수 차이나 광역시 중에서 규모가 가장 큰 서울특별시(112명, 906건)보다 시의회 규모는 절반도 안 되는 부산광역시(47명, 1037건)가 더 많은 조례를 보유하고 있으며, 광주광역시(23명, 872건), 대전광역시(22명, 773건), 울산광역시(22명, 779건)의 지방의원은 비슷하지만, 조례 수는 큰 차이를 보인다.

　광역자치단체에 있는 기초자치단체의 총 조례 보유 현황의 큰 흐름을 보면 보유 조례 수가 계속 증가해 개별 자치단체나 평균 보유 조례나 조례 총합산 숫자가 크게 증가한 점을 빼고는 각 자치단체별 순위는 크게 바뀌지는 않았다. 한두 자치단체가 분발한다고 총합을 자치단체 수로 나눈 평균값이 쉽게 바뀌지 않기 때문이다. 광역시 기초단체의 평균 조례 보유 건수는 여전히 광주광역시(523건)와 대전광역시(447건)의 자치구가 많은 조례를 가지고 있으며, 광역도의 경우도 경기도(563건), 충남(542건), 전북(525건)의 기초단체들이 많은 조례를 보유하고 있다. 경기도는 다른 광역시·도와 비교해도 월등히 많은 31개 시군이 속해 있어 기초자치단체 조례 총합산 건수도 다른 지역과 비교하는 것은 특별한 의미가 없지만, 기록을 위해 소개한다.

　경기도 기초자치단체 보유 조례 총 건수는 17,440건이다. 기초자치단체 총 건수인 107,036건의 16%가 넘는다. 총 건수만으로 보면 전남이 11,393건으로 두 번째로 많지만, 자치단체가 22개나 있어 평균 보유 조례 수로는 518건으로 전북 다음 순서에 자리하고 있다.

　전국 기초자치단체 평균 조례 보유 건수는 474건으로 강원도와 경북, 경남의 기초단체들이 이보다 적은 조례를 보유하고 있다. 20년 전 기초자치단체의 평균 조례 보유 건수는 169건이었다. 지금은 474건을 보유하고 있으니 거의 세 배나 많은 조례를 보유하고 있다.

　그렇다면 다시 이런 질문이 생길 것이다. 왜 지역별로 조례는 다르게 증가할까? 보유 조례 숫자는 어떤 이유로 달라질까? 필자는 간략하게 다음 다섯 가지로 그 이유를 들어 보려 한다. 이 부분에 대한 전문적 연구와 분석 작업이 이어지길 기대한다.

　먼저 행정 수요의 규모에 따른 편차다. 인구·산업·도시 규모가 큰 지역일수록 조례 요구도 증가한다.

두 번째로 자치권 범위다. 제주특별자치도처럼 특례가 많을수록 조례가 급격히 증가한다.

세 번째는 지역사회 활동성과 정책 성향이다. 주민참여·시민단체 활동이 활발한 지역은 조례 생산 비율도 높게 나타난다.

네 번째는 정책 환경 변화의 속도일 것이다. 도시 개발·환경 규제·안전관리 수요가 빠른 곳일수록 조례 변화가 많다는 것을 알 수 있다.

마지막으로 지리, 환경적 영향에 따른 주민 산업구조의 다양성을 들 수 있다. 농업과 함께 수산업, 나아가 첨단산업까지 필요로 하는 지역에서는 여러 분야의 조례 수요에 대응해야 할 것이다.

조례 관련 이번 장을 정리하면서 한 가지 일화를 소개한다. 필자도 예상하지 못한 조례의 급증을 절실히 깨달은 경험이다.

2000년 초, 필자가 지방정부와 협업하는 지속가능발전협의회에서 활동할 때 매년 수원시에서 발간하는 자치법규 책자를 살펴보며 조례를 공부했다. 수원시뿐만이 아니라 경기도에서도 이 자치법규집을 발간했다. 어느 해부터는 1, 2권으로 분책해 발간했던 기억이 있다.

이번 책을 구상하고 작업을 시작하면서 수원시의회와 경기도의회 의원 몇 분에게 자치법규집을 요청했다. 활자를 보며 공부했던 습관이 남아 컴퓨터 화면보다는 책자가 익숙했기에 전달받으면 편안하게 작업을 할 수 있으리라 기대했다.

하지만 필자가 받은 책자는 지방의회 자치법규집뿐이었다. 수원시의원이나 경기도의원에게 같은 부탁을 했는데 두 분 모두 의회 자치법규집을 전달해 주었다. 혹 자치단체와 의회를 혼동해 잘못 전달했다고 생각해 의회 사무국에서 근무하는 분에게 자세히 여쭈어보니 지금은 조례 관련 내용을 인터넷으로만 시민에게 제공하고 책자로는 발간하지 않는다는 답을 들었다.

그 후 조례 관련 자료를 정리하면서 1천3백 건이 넘는 조례와 그보다는 적겠지만 규칙을 책자로 발간하는 일이 불가능한 일이라는 사실을 깨닫게 되었다. 조례 책자를 찾아보던 2000년대 전후 조례 숫자와 지금의 조례 숫자를 생각하니 필자의 생각이 한참 옛날에 머물러 있었음을 알게 되었다.

앞서 언급했듯이 1995년 조례 수가 광역 약 169건, 기초 약 96건이었고 2000년대 전후 또한 그 규모 정도였으니 책자로 발간해 편리하게 보곤 했을 것이다. 하지만 지금은 그런 낭비는 없어졌다고 하니 시대의 변화, 지방자치와 조례의 성장을 경험으로 확실히 확인해 보았다. 25년 동안 지방자치는 이렇게 성장했다.

[그림 7-1] 자치단체 조례 보유 건수 증가 추이

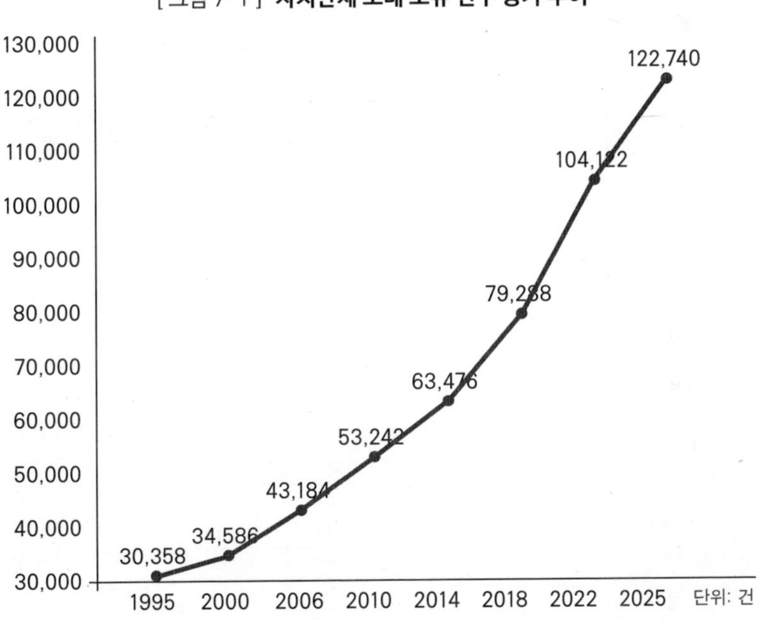

[표 7-1] 광역 및 기초자치단체 보유 조례 건수 현황(2006년-2025년 11월)

구분	2006	2010	2014	2018	2022	2025
서울	251	314	429	604	809	906
부산	272	306	421	611	852	1,037
대구	260	317	370	489	622	739
인천	309	475	468	562	777	885
광주	267	355	479	603	799	872
대전	257	298	393	537	684	773
울산	205	236	310	401	649	779
세종			371	480	646	823
경기	251	339	480	776	1,113	1,395
강원	215	276	359	492	671	856
충북	205	254	307	397	564	742
충남	216	293	352	461	841	978
전북	218	285	351	545	744	972
전남	213	277	393	546	825	1,027
경북	207	266	380	534	726	931
경남	210	312	380	495	742	844
제주	319	417	544	731	963	1145
광역 합계	3,875	5,020	6,787	9,264	13,027	15,704
광역 평균	242	314	399	545	766	924

구분	2006	2010	2014	2018	2022	2025
서울기초	3,243	4,222	5,080	6,498	8,882	10,762
부산기초	1,989	2,408	2,891	3,611	5,004	5,978
대구기초	1,011	1,273	1,526	1,935	2,678	3,487
인천기초	1,410	1,798	2,081	2,466	3,275	4,006
광주기초	741	999	1,252	1,596	2,142	2,617
대전기초	719	873	1,032	1,320	1,823	2,237
울산기초	634	798	1,029	1,286	1,680	1,973
광역기초단체	9,747	12,371	14,891	18,712	25,484	31,060
광역기초 평균	132	167	201	253	344	420

구분	2006	2010	2014	2018	2022	2025
경기기초	6,511	7,679	9,227	11,496	14,779	17,440
강원기초	3,284	4,090	4,846	5,726	7,299	8,391
충북기초	2,177	2,720	3,115	3,814	4,815	5,422
충남기초	3,030	3,734	4,267	5,445	7,110	8,134
전북기초	2,750	3,403	3,940	4,815	6,189	7,351
전남기초	4,201	5,120	5,980	7,378	9,539	11,393
경북기초	4,107	4,944	5,602	6,773	8,370	9,181
경남기초	3,762	4,161	4,821	5,865	7,510	8,664
도기초단체	29,822	35,851	41,798	51,312	65,611	75,976
도기초 평균	186	230	275	338	432	500

기초단체합	39,569	48,222	56,689	70,024	91,095	107,036
기초단체평균	169	210	251	310	403	474
광역단체합	3,875	5,020	6,787	9,264	13,027	15,704
광역기초단체합	9,747	12,371	14,891	18,712	25,484	31,060
도기초단체합	29,822	35,851	41,798	51,312	65,611	75,976
	43,444	53,242	63,476	79,288	104,122	122,740

[표 7-2] **조례 증가 30년 연표**

연도	내용
1991-1994 지방자치 부활 준비기	지방의회 부활 논의 본격화 기초 제도 재정비, 조례 체계도 정비 단계 조례 데이터 축적 거의 없음(공식 통계 부재)
1995 온전한 지방자치 출발	전국 조례 총수: 30,358건 광역 평균 169건/기초 평균 96건 조례는 행정 기본규범 중심
1996-2005 조용한 증가기 (완만 성장기)	규제정비(1997-1999)로 일부 조례 축소 지방의회 역량 축적 시작 10년 증가: 30,358 → 43,444건(+43%)
2006 정규 통계가 시작된 첫 해	행정안전부 연례공시 시작 조례 총수: 43,444건 광역 평균 242건/기초 평균 132~186건 지역 간 격차 처음으로 뚜렷해짐(제주 315건 vs 충북·울산 205건)
2007-2011 체계 정비 +자치권 확대기	제주특별자치도 출범(2007년 체계 확정) 조례 증가 속도 점진적 확대 조례 체계의 현대화(전자 조례집 등장)
2012 세종특별자치시 출범	세종 조례 첫 등장: 207건(2012)
2014-2016 조례 증가 가속기 시작	2014 조례 총수: 63,476건 지방의회·집행부 정책 역량 강화 생활정책(보행권·급식·환경관리 등) 폭발적 증가
2017-2021 생활 중심 조례 시대	미세먼지·기후위기·아동·노인·안전 조례 대거 제정 주민참여 입법(청원·토론·공론화) 활성화 조례-정책 결합이 본격화
2022 조례 10만 건 시대 돌입	조례 총수: 104,122건 디지털 행정 전환으로 조례 개정 빈도 증가 지역 간 보유량 격차 구조적 확장 (경기도·제주·전남 vs 강원·경북·경남)
2023-2025 성숙기 12만 건 시대	2025년 11월 조례 총수: 122,740건 매년 5천~7천 건 규모 증가 지속 조례는 지역정책·행정·복지 인프라로 완전히 정착

8장
11과 117,370
_조례가 말해주는 지역 민주주의의 지도

1절 조례로 그려보는 한국 지방자치의 지형도

117,370개의 조례는 거대한 데이터이자 동시에 지역 민주주의의 현장 기록이다. 표면적으로는 조문과 항목의 나열처럼 보이지만, 그 속에는 각 지역이 무엇을 우선했고 어떤 문제를 해결하려 했는지, 행정과 의회가 어떻게 권한을 행사해 왔는지가 선명하게 스며 있다. 조례를 분야별로 나누어 읽어보는 일은 단순한 숫자 분석이 아니라, 지역의 삶을 이해하기 위한 하나의 시도이자 지방자치의 구조적 본질을 들여다보는 작업이다.

이 장에서 우리는 조례를 11개 분야로 나누어 살펴본다. 이 구분은 완결된 학문적 분류도, 절대적인 기준도 아니다. 오히려 조례가 어떤 방식으로 시민의 삶을 둘러싼 복잡한 문제를 제도 언어로 번역해 왔는지를 이해하기 위한 '해석의 틀'에 가깝다.

조례가 많다는 것은 곧 그 도시의 지방의회, 지방자치단체가 활발하게 문제 해결에 나서고 있다는 증거다. 주민의 관심과 참여가 활발하다는 표현이기도 하다. 특정 분야가 두드러지게 나타나는 곳에서는 그 지역이 무엇을 중요하게 다루어 왔는지가 자연스럽게 드러난다.

시 지역과 군, 자치구의 지역적 특성은 조례 통계에 그대로 나타난다.

도시계획권을 가진 시 지역에서는 도시건설분야 조례가, 농산어촌 지역인 군에서는 농림수산 분야의 조례가, 대도시 생활권인 자치구에서는 복지 분야와 보건 분야 관련 조례가 집중되는 것은 우연이 아니다. 권한 구조, 산업 기반, 인구 구성, 생활패턴 같은 지역의 조건들이 조례에 차곡차곡 축적되어 있기 때문이다. 조례의 분포를 읽는다는 것은 결국 지역의 민낯을 읽는 일이며, 지방자치가 어떤 방식으로 작동해 왔는지를 해독하는 과정이다.

이 장은 바로 그 해독의 여정이다. 숫자와 표, 분포와 비율 뒤에 숨겨진 지역의 특성과 권한 구조의 차이를 '제도적 풍경'으로 그려내는 것이다. 이를 통해 우리는 조례가 단순한 법률 문서가 아니라, 지역 민주주의의 현재와 미래를 비추는 거울이라는 사실을 다시 확인하게 된다.

2절 숫자 너머의 조례 이해: 11개 분야와 117,370개의 의미

조례 분야별 분석을 시작하기 전에 한 가지 명확히 하고 싶은 요청이 있다. 이 장에서 다루는 '11'이라는 분야 수와 '117,370'이라는 현행조례 건수는 암기할 필요가 없다. 11개의 분류체계는 필자의 경험과 이 책의 분석 목적에 따라 설정된 것이며, 117,370건 역시 2025년 8월 시점에서 자치법규정보시스템이 제공한 현행조례 수다. 조례는 끊임없이 변한다. 오늘 현행조례였던 것이 내일은 폐지될 수도 있고, 새로운 정책 필요에 따라 새로운 조례가 제정되기도 한다.

조례 분류 방식 역시 절대적이지 않다. 학자·기관·프로젝트 목적에 따라 7~8개로 나누기도, 13~15개로 세분화하기도 한다. 중요한 것은 조례를 어떻게 바라보고, 어떤 기준으로 이해하려 하느냐이지 숫자 자체가 아니다.

이 책이 모든 조례의 조문 내용을 일일이 분석하지 않는 이유도 여기에 있다. 10만 건이 넘는 조례를 완전하게 분석하는 것은 한 개인의 능력을 넘어서는 작업이기에, 이 책에서는 조례 제목, 소관부서, 목적조항을 중심으로 분류했고 필요할 때는 일부 내용을 열람해 최종 판단했다. 조례는 제1조에 목적을 규정하기에, 목적을 명시한 조항은 분류의 가장 중요한 기준이 되었다.

분류는 단순한 기술적 작업이 아니었다. 필자는 지난 30여 년간 지방자치의 현장에서 활동한 경험을 떠올리며, "주민이 생활 속에서 실제로 이해할 수 있는 기준"을 만들고자 했다. 처음에는 8~15개 분야로 분류해 보기도 하고, 여러 부서를 오가며 재검토하기도 했다. 그 결과 마지막까지 주민 관점에서 공감할 수 있는 기준으로 11개 분야가 확정되었다.

그러나 분류는 언제나 고민을 동반했다. 청년기본조례는 일자리인가? 복지인가? 문화인가? 주택인가? 최근 대부분의 정책과 조례는 전통적인 행정 구조를 넘어 복합적 접근이 필요하다. 기후 위기, 초고령사회, 도시재생, 지역경제, 청년 문제, 농촌 활성화 등 어느 하나도 한 부서만의 책임으로 해결할 수 없기 때문이다. 자연히 최근 제정되는 조례들은 통합적·중층적 특징을 가지게 되어 단일 분야로 분류하기가 점점 더 어려워지고 있다.

그럼에도 이러한 혼란은 조례가 사회 변화를 충실히 반영하고 있다는 증거다. 혹여나 이 분류에 대해 독자가 질문하거나 이견이 있다면, 필자로서는 오히려 감사한 일이다. 매우 자연스럽고 바람직한 일이다. 조례를 함께 고민할 동반자가 생겼다는 뜻이기 때문이다. 다양한 시각에서 조례를 바라보고 분석하는 연구가 확산되기를 기대한다. 조례는 공무원과 의원이 참고하는 행정문서에 머물러서는 안 된다. 조례는 시민의 삶을 안내하는 생활지침서가 되어야 한다. 시민이 스스로 찾아보고 이해하고 개선 요구를 제기할 수 있는 민주주의의 실천 도구다.

조례에 작은 관심만 가지면 쉽게 찾아 활용하고 개선해 나갈 수 있다. 핸드폰이나 컴퓨터든 어떤 기기를 사용하든 인터넷으로 자치법규시스템을 검색해 들어가면 언제든지 자신이 사는 자치단체의 조례를 찾아볼 수 있다. 자기 지역뿐만이 아니라 다른 지역 조례, 나아가 대한민국 자치단체의 모든 조례를 쉽게 볼 수 있다. 다른 자치단체에는 있는데 자기 지역에는 없는 조례가 있다면 이웃과 토론하며, 필요한 조례는 언제든지 '주민발안제도'를 통해 주민이 직접 조례를 발의할 수 있다.

직접 나설 수 없는 상황이라면 자기가 사는 동네 시의원에게 요청하는 길도 있다. 한 사람이 요청하면 가볍게 들을 수 있으니 여러 명이 함께 요청하면 쉽게 무시하지는 못할 것이다. 자신이 속한 체육시설이나 문화공간을 개선해달라는 민원을 제기하는 일도 필요하지만, 민주시민으로 성장하려면 자기의 문제를 객관화해 공동으로 해결해 가려는 노력도 중요하다.

생활하면서 부딪히는 불편함이 개인이나 특정 집단의 민원으로 해소되는 일들이 반복되면 갈등이나 대립이 확대될 수 있으나, 불편함을 공동체의 문제로 인식하고 공공의 관점에서 해결해 가면 연대와 통합의 힘을 키워갈 수 있다. 시민의식, 공동체 의식은 이렇게 성장해 민주주의를 지키고 발전시켜 나간다. 조례에 대한 작은 관심이 생활 현장에서 민주주의를 학습하고 훈련하는 시민 활동의 시작이다. 조례를 찾아 공부하면서 지방자치는 민주주의 훈련장이라는 말을 실감한다.

3절 왜 11개 분야인가: 조례 분류 기준의 고민과 완성

조례 분석을 위해 이 책에서는 11개 분야를 설정했다. 각 분야를 대표하는 핵심어는 도시건설, 경제산업, 교육, 농림수산, 문화관광, 보건의료, 복지, 안전, 의회, 행정일반, 환경 등이다. 순서는 '가나다' 순이다. 11개 분야마다 고유한 목적과 가치가 있어 우선순위를 결정할 수가 없다. 조례를 11개 분야로 나눈 것은 단순한 정리 작업이 아니라 지방자치를 구성하는 다양한 정책이 어떻게 체계화되어 있는지를 보여주는 해석의 틀이며, 시민이 조례를 자신의 삶과 연결해 이해하기 위한 민주주의적 언어의 재배열이기도 하다. 각 분야로 분류한 주요 조례 내용들은 다음과 같다.

1) 도시건설

도시의 구조와 미래를 설계하는 분야로 도시계획, 도로, 교통, 주거, 주택, 도시재생 등 도시 기반을 형성하는 핵심 정책을 다룬다.

도시건설 분야는 단순한 건설·개발을 넘어 지역의 공간구조, 이동 방식, 주거 형태, 도시의 지속가능성까지 규정한다. 도시의 품질, 삶의 편의성, 미래 성장 가능성이 이 분야의 조례에 깊게 반영된다.

2) 경제산업

지역경제의 동력과 일자리 구조를 만드는 분야로 일자리, 노동, 기업 지원, 사회적경제, 소상공인 지원, 산업단지 조성 등 지역경제의 기반을 정책적으로 설계하는 분야다. 이 분야 조례는 지역의 산업구조와 고용 구조, 산업 성장, 소상공인의 사업 환경 등 경제 활성화의 방향을 결정하는 제도적 나침반이다. 지역 경제력의 차이는 결국 이 분야의 정책적 역량과 조례 구성에 반영된다.

3) 교육

시민교육 지원 방안과 학습권 보장, 지역의 미래세대를 키우는 분야로 학교 지원, 평생학습, 도서관, 청소년 교육, 장학제도 등 주민의 학습 환경을 다룬다. 교육 정책의 상당 부분은 국가 법령과 교육청 권한이지만, 지방정부는 지역사회와 학교를 연결하고 학습 생태계를 확장하는 역할을 맡는다. 교육 분야 조례는 주민의 성장 환경, 지역의 문화 수준,

미래 인재 기반과 직결된다.

4) 농림수산

지역 산업환경의 특성이 가장 강하게 드러나는 분야로 농업·임업·수산업, 농촌지원, 도시농업, 먹거리 조례 등 농산어촌 지역의 생산 구조와 생활 기반을 형성하는 분야다. 농림수산 조례가 높은 지역은 농촌 인구 비중·농업 생산 규모·먹거리 체계 등이 정책의 중심임을 의미한다.

5) 문화관광

지역의 역사와 문화, 예술 등 지역성과 정체성을 형성하는 분야로 문화예술, 체육, 관광, 지역축제, 문화시설 운영 등 지역의 고유한 문화적 자산과 관광산업을 제도적으로 뒷받침하는 분야다. 이 분야 조례는 도시의 이미지, 주민의 문화적 삶, 문화예술역량의 지역경제로의 새로운 성장동력 형성 등 지역의 매력도를 경제로 연결하는 핵심 정책이기도 하다. 특히 관광도시·문화도시의 경우 이 분야의 조례 비중이 매우 높게 나타난다.

6) 보건의료

생명·건강을 중심으로 보건의료에 관한 정책을 다루는 분야로 건강증진, 감염병 대응, 정신건강, 치매, 의료기관 지원 등 주민의 건강권을 지키기 위한 제도적 기반을 구성한다. 코로나19 이후 보건의료 조례는 급격히 확대되었으며, 지역 의료격차·감염병 대응체계 등 대도시와 농촌의 구조적 차이가 조례로 나타난다. 보건의료는 지방정부가 '삶의 질'을 가장 직접적으로 다루는 분야다.

7) 복지

지방정부의 조례 분야 중에서 행정일반 분야 다음으로 가장 넓고 다양한 계층의 생활을 보살피는 분야로 여성, 아동, 노인, 장애인, 다문화, 보훈, 인권 등 주민의 삶과 직접 연결된 대표적 정책 분야다. 복지 조례가 많다는 것은 지방정부가 주민의 삶을 중심에 두고 있다는 증거이기도 하다.

8) 안전

재난과 위험으로부터 주민을 보호하는 분야로 재난, 재해, 산업안전, 교통안전, 디지털 성범죄 등 생활과 산업 전반에서 발생하는 위험을 예방·관리하는 정책을 포함한다. 특히 제조업·물류가 집중된 지역은 안전 조례 비중이 높게 나타난다. 안전 분야는 현대 지방정부의 필수 책무이자 지역 주민의 신뢰를 확보하는 기반이다.

9) 의회

지방 민주주의의 제도적 엔진이 되는 분야로 의회 운영, 교섭단체 구성, 의원 활동, 사무국 운영, 청소년 지방자치 교육 등 지방의회의 기능과 역할을 규정하는 분야다. 의회 조례는 지방 민주주의가 어떻게 작동하는지, 의회가 얼마나 자율성과 전문성을 확보하고 있는지를 보여주는 제도적 지표다.

10) 행정일반

지방자치단체 운영의 뼈대를 구성하는 분야다. 상징물 제정, 재정 운영, 행정기구 구성, 주민참여제도, 기본계획, 마을공동체 등 자치단체의 전반적 운영 체계를 규정하는 핵심 조례가 모여 있다. 행정일반 분야가 모든 지역에서 가장 많은 조례를 보유하는 이유는 지방정부가 기능을 수행하기 위한 '제도적 기반'이 이 분야에 집중되어 있기 때문이다.

11) 환경

기후 위기 시대의 핵심 정책 분야로 기후 위기 대응, 탄소중립, 생태계 보호, 자원순환, 생활환경 관리 등 지속가능성을 구성하는 필수 정책들이 이 분야에 속한다. 최근 10년간 조례가 빠르게 증가한 분야이며, 환경정책은 지역의 미래 전략·도시계획·경제정책과 긴밀히 연결되어 있다. 환경 분야 조례는 지방정부가 기후 위기 시대에 어떤 선택을 하고 있는지 보여주는 중요한 지표다.

마지막으로, [참고자료 8]에서 소개하는 대표 조례표는 각 분야에서 실제로 어떤 정책이 제도화되고 있는지를 한눈에 보여준다. 독자는 이 표를 살펴보면서 각 분야에서 어떤 문제를 중점적으로 다루고 있으며 그러한 문제들이 조례로 어떻게 구성되어 있는지 쉽게 이해할 수 있다.

4절 117,370개의 조례 지도: 광역과 기초의 현황 정리

117,370건의 조례는 102,690건의 기초자치단체 조례와 14,680건의 광역자치단체 조례로 구성되어 있다. 광역 17개 시도의 평균 조례 보유 건수는 863건이다. 경기도가 1,235건으로 최다 조례를 보유하고 있고, 제주특별자치도(1,080건), 전남(1,008건), 부산광역시(969건) 순이다. 기초자치단체는 시·군·구로 나누어 살펴보자. 먼저 시 지역 조례 보유 건수는 40,496건이고 창원시(755건), 나주시(709건), 여수시(703건), 천안시(691건), 목포시(691건)가 많은 조례를 보유하고 있었다. 이들 자치단체 다음으로는 원주시(644건), 순천시(641건), 서산시(635건), 화성시(631건) 순이다. 창원시는 마산시, 진해시와의 통합을 통해 100만이 넘은 대도시로 변신했다. 세 도시의 통합 과정을 거치면서 조례 보유 수

가 증가했을 것으로 생각된다.

상위 10개 자치단체에 나주시를 비롯해 순천시 등 전라남도 4개 도시가 자리하고 있는 점을 주목할 수 있다. 이들 도시는 인구와 재정 규모, 면적 등에서 특별한 점을 발견할 수는 없다. 기회가 되면 이들 도시의 지방의원과 관련 부서 담당자, 시민들과 만나 그 이유에 대해 토의해 보고 싶다.

[표 8-1] **전라남도 기초자치단체 중 4개 다수 조례 보유 자치단체 현황**

자치단체	재정 규모	재정/인구	재정/면적	인구/면적	인구	면적
전남 나주시	926,384	7.906122	1,522.506	193	117,173	608.46
전남 목포시	913,311	4.4773	17,655.35	3,943	203,987	51.73
전남 순천시	1,285,726	4.667339	1,411.24	302	275,473	911.06
전남 여수시	1,350,926	5.117163	2,636.16	515	263,999	512.46

단위 : 재정-백만원, 인구-명, 면적-km^2

시 지역에서 조례를 적게 보유하고 있는 자치단체는 영천시(398건), 계룡시(398건), 경산시(399건), 태백시(409건), 밀양시(409건)이며, 그 뒤를 상주시(417건), 동해시(430건), 김천시(431건), 의왕시(453건), 동두천시(460건)가 자리하고 있었다.

그러나 여기서 언급하는 조례 보유 수는 계속 바뀌어 가는 숫자임을 기억해야 한다. 이 책을 읽는 시점에서 이들 자치단체의 조례를 찾아본다면 당연히 이와 또 다른 숫자를 보게 될 것이다. 그러므로 여기서는 조례 보유 건수가 아니라 조례의 각 분야별 분석에 집중하려고 한다. 분석을 위한 기초 사항으로 자치단체별 조례 건수를 소개하는 것일 뿐이다. 시 지역 조례 보유 평균은 540건이었다.

군 지역 조례 보유 평균 건수는 425건이었고, 완주군(580건), 무안군(559건), 홍성군(541건), 신안군(541건), 완도군(508건) 순으로 많은 조례를 가지고 있었다. 자치구는 평균 396건의 조례를 보유하고 있어 시

지역이나 군 지역과 비교하면 적은 수의 조례를 보유하고 있었다.

자치구 중에서는 광주광역시 남구(560건), 광주광역시 북구(507건), 광주광역시 서구(503건), 광주광역시 광산구(500건), 서울 노원구(499건)가 많은 조례를 보유하고 있었다. 광주광역시 4개 구가 제일 위에 자리하고 있는 점이 눈에 확 들어온다. 광주광역시 각 구에서 왜 많은 조례를 만들고 운용하고 있는지 역시 탐구해 볼 만하다.

숫자가 곧 조례의 우수성을 보증해 주지는 않지만 많은 조례를 보유하고 있으면 그중에서 좋은 조례도 그만큼 많을 것이라 생각한다. 어떤 조례가 좋은 조례인지에 대한 판단은 각각의 조례 내용에 대한 분석과 함께 조례 운용 과정에 대한 관찰과 연구가 뒤따라야 내릴 수 있다. 이 책은 조례에 대한 내용 분석보다는 보유하고 있는 조례들의 분야별 비중과 그 자료를 분석해 광역과 기초의 특성, 나아가 기초자치단체 중에서 시·군·구별 차이와 특성을 파악하기 위해 작업을 시작했다. 그 작업을 본격적으로 살펴보자.

5절 광역 도(道)와 광역시의 차이: 권한이 만드는 조례 분포 패턴

먼저 지역별 특성을 알아보기 위해 기초자치단체 조례분포를 광역자치단체별로 살펴보자. 기초자치단체는 제주특별자치도와 세종특별자치시에는 없으므로 15개 광역 지역별로 분석한다. 기초자치단체가 도에 속해 있는 시와 군, 특별시와 광역시에 속한 구와 군으로 나뉜다는 사실은 몇 차례 언급했다.

조례 분야별 분석 결과를 보면 도에 속한 시, 군과 광역시에 속한 구, 군의 차이가 분명하게 확인된다. 광역 도에 속한 시, 군에서는 도시건설, 경제산업, 문화관광 분야가 다른 분야보다 높은 비중을 보이고 있는 반면에 광역시의 구, 군은 보건의료, 복지, 의회, 행정일반 분야가 광역 도의 시, 군보다 월등히 높은 비중을 차지하고 있다.

왜 이런 차이가 나는지는 도에 속한 시, 군과 광역시에 속한 구, 군의 권한 차이를 보면 쉽게 이해할 수 있다. 즉 광역 도의 시, 군은 도시계획권 등의 권한을 가지고 있는 반면 광역시의 구, 군은 이런 권한이 없다. 구, 군의 도시계획권은 특별시장과 광역시장에게 있다. 구청장과 군수의 권한이 제한되어 있다 보니 이와 관련한 조례가 있을 수 없고, 도시건설과 경제산업 등의 분야에 조례가 적으니 상대적으로 복지와 행정일반 등의 분야의 비중이 월등히 높게 나타나고 있는 것이다.

도시계획과 관련된 [국토의 계획 및 이용에 관한 법률(약칭 국토계획법) 제2조(정의) 2, 3, 4항은 각각 '도시·군계획', '도시·군기본계획', '도시·군관리계획'에 관한 용어를 설명하고 있다. 그리고 이 법 제18조에서는 계획의 수립권자와 대상 지역을 규정하고 있다. 광역시의 구청장과 군수는 이 권한이 없음을 알 수 있다. 아래 조항을 살펴보자.

제2조(정의) 전략

2. "도시·군계획"이란 특별시·광역시·특별자치시·특별자치도·시 또는 군(광역시의 관할 구역에 있는 군은 제외한다. 이하 같다)의 관할 구역에 대하여 수립하는 공간구조와 발전방향에 대한 계획으로서 도시·군기본계획과 도시·군관리계획으로 구분한다.

제18조(도시·군기본계획의 수립권자와 대상지역) ① 특별시장·광역시장·특별자치시장·특별자치도지사·시장 또는 군수는 관할 구역에 대하여 도시·군기본계획을 수립하여야 한다.(후략)

11개 분야별 현황의 상세한 내용은 [참고자료 10번]과 [참고자료 11번], 그리고 [참고자료 12번]을 찾아보고 여기서는 분야별 비중이 높은 지역과 낮은 지역을 살펴보자.

1) 도시건설 분야: 광역 도(道) 지역의 시·군이 압도적으로 높음

경기도(13.56%), 경남(12.01%), 경북(11.91%) 등의 도 지역은 도시계획권을 가진 시·군이 많기 때문에 도시건설·도시재생·도로·교통 관련 조례가 활발하다. 반면 광역시의 자치구는 도시계획권이 없어 해당 분야 조례가 미미하다. 이는 도시건설 분야의 조례 유무 자체가 권한 구조에 의해 직접 결정된다는 사실을 가장 명확히 보여준다.

2) 경제산업 분야: 지역 간 편차가 가장 적은 분야

충남·경기 등 일부 도 지역이 약간 높고, 대구·부산 등 광역시가 상대적으로 낮지만 전체적으로 차이는 1.5~2% 내외로 매우 작다. 경제·산업 정책은 국가 정책 프레임과 광역·기초 간 조정 구조가 비교적 표준화되어 있어 자치단체별로 큰 격차가 발생하기 어렵다. 즉, 경제산업 조례는 전국적으로 유사하게 분포되어 있는 분야라는 특징이 있다.

3) 교육 분야: 전국에서 가장 낮은 비중

평균 3.01%로, 11개 분야 중 가장 낮다. 교육 대부분이 국가 교육과정과 교육청 권한으로 운영되기 때문에 기초자치단체나 광역단체가 조례로 개입할 수 있는 영역이 제한적이다. 따라서 교육 분야는 지방정부 권한의 한계를 가장 분명하게 드러내는 영역이기도 하다.

4) 농림수산 분야: 지역성이 가장 강하게 반영된 분야

전북(9.60%), 전남(8.68%), 충북(8.05%) 등 농업·임업·수산업 기반이 큰 도 지역은 농림수산 조례 비중이 높고, 서울(0.82%), 부산(1.18%)처럼 도시화가 높은 지역은 극히 낮다. 이 분야는 산업구조·인구구조·

공간구조가 조례에 그대로 반영되는 대표적 예로, 도시와 농촌의 구조적 차이가 가장 뚜렷하게 드러나는 영역이다.

5) 문화관광 분야: 지역의 정체성이 가장 잘 드러나는 분야

전남(9.69%), 강원(9.52%), 경남(9.35%) 등 관광·문화 기반이 큰 지역에서 높은 비중을 보인다. 반면 대전·부산·광주는 상대적으로 낮은 편인데, 이는 산업구조와 정책 우선순위가 관광보다. 산업·복지·행정 기능에 더 집중되어 있기 때문이다. 문화관광 조례는 지역의 강점과 정체성을 가장 직접적으로 반영한다.

6) 보건의료 분야: 대도시 중심의 조례 비중

서울(7.22%), 대전(7.39%) 등 대도시 구 단위에서 비중이 높다. 대도시는 인구밀도와 다양한 생활 문제로 인해 보건·의료·정신건강·감염병 관련 조례가 필연적으로 확대된다. 즉, 보건의료 조례는 도시 규모와 생활밀집도를 반영한 지표다.

7) 복지 분야: 모든 자치단체에서 가장 높은 비중

서울(22.61%), 대전(21.80%), 광주(21.69%) 등 구 지역에서 특히 높으며, 도 지역에서도 전체 조례 중 가장 큰 비중을 차지한다. 아동·노인·장애인·여성·청년·보훈 등 복지 수요는 전국 어디에서나 증가하고 있으며 기초자치단체는 주민 접점 복지를 담당하기 때문에 조례 비중이 자연스럽게 높다. 복지 분야는 현대 지방자치가 무엇을 가장 핵심 기능으로 수행하는지 보여주는 영역이다.

8) 안전 분야: 전국적 차이는 작지만, 산업구조 영향 있음

울산이 8.50%로 가장 높으며, 이는 화학·제조·에너지 산업단지가 밀집한 지역 특성을 반영한다. 그 외 지역은 비교적 균등한 분포를 보인다. 안전 분야는 전국적으로 공통된 정책 목표를 가지면서도 산업 위험이 큰 지역에서 더 높은 비중이 나타나는 특징이 있다.

9) 의회 분야: 구 지역 중심으로 비중이 높음

광역시 자치구에서는 의회와 행정일반 분야와 같이 자치단체가 필수적으로 제정해야 하는 의회 운영·의원 활동·위원회 설치 등 제도 운영을 규정하는 조례가 다른 분야보다 상대적으로 많다. 반면 도 지역 시군은 의회 관련 조례 수가 상대적으로 적다. 또한 지방의회법 제정 이후 이 분야 조례는 증가 가능성이 크다. 이는 지방의회가 자율성과 전문성을 확대하는 과정을 반영한다.

10) 행정일반 분야: 모든 자치단체에서 가장 많은 조례가 모이는 분야

울산·부산·대구 등 광역시 자치구에서는 25% 이상이 행정일반에 속하며, 도 지역에서도 20% 내외로 매우 높은 비중을 차지한다. 이는 기구 설치, 행정운영, 재정, 공무원, 주민 참여, 기본계획 등 모든 행정의 뿌리가 되는 기능이 조례로 규정되기 때문이다. 행정일반 분야는 자치단체가 작동하기 위한 제도적 기반을 가장 두텁게 형성하는 영역이다.

11) 환경 분야: 기후 위기의 시대를 반영하는 성장 분야

광주(7.90%), 경남(7.54%), 경기(7.45%) 등이 높은 비중을 보인다. 특히 기후 위기 대응, 탄소중립, 미세먼지, 생태계 보전 등 최근 10년간 급증한 환경 의제들이 조례로 빠르게 흡수되고 있다. 환경 분야는 과거보다 훨씬 중요성이 높아졌으며 지역의 지속가능성을 제도적으로 구축하는 핵심 분야로 자리 잡고 있다.

이 책에서는 각 분야의 조례에 대한 대략적인 현황을 알 수 있는 수준에서 살펴보고 있다. 조례 제목과 소관부서, 부분적인 내용 확인을 통해 분류한 11개 분야 분류 작업을 통해 각 지역별 보유 조례의 특성을 파악할 수 있고, 자치단체의 특성, 자치단체의 권한이 조례 제정에 미치는 영향 등을 이해할 수 있었다. 향후 조례에 대한 시민의 관심이 높아지고, 관련 전문가와 기관이 지방자치와 지역발전에 기여할 수 있는 연구와 책이 많이 나오길 기대한다.

6절 17개 광역자치단체의 11개 분야 조례 구조

다음으로 광역자치단체, 즉 특별시, 광역시, 특별자치시, 도, 특별자치도의 조례 분포에 대해 살펴보자. 지방자치제가 실시되는 초기에는 광역자치단체로 도와 특별시만 있었으나 지금은 광역시를 비롯해 특별자치시, 특별자치도가 신설되면서 다양해졌다. 특별자치도도 2006년 제주특별자치도 설치 이후 전북과 강원특별자치도가 추가되어 3개로 늘었다.

자치단체별 실정에 맞는 정책을 수립하고 사업을 추진하기 위한 특별자치단체들이 계속 만들어지는 것은 환영할 일이다. 다른 도나 광역시도 자치단체 실정에 맞는 특별한 권한과 역할이 가능하도록 지원하고, 지역 특성과 주민 요구를 반영하여 해결할 수 있도록 특별한 자치단체로 발전해 나가면 좋겠다.

이렇게 개별 특별 자치단체가 증가하면 더 이상 특별한 의미를 지니게 될 수 없을 것이다. 그런데 지방분권을 상향 수준으로 발전시켜 나가려면 개발 자치단체의 특별화도 필요하지만 더 중요하고 시급한 과제는 특별자치단체가 가진 특별 권한이 더 이상 특별하지 않도록 중앙정부 권한을 자치단체에 이양하는 일이다. 제주특별자치도가 20여 년 가까이 운영해 온 특별 자치 권한을 이제는 모든 광역자치단체에게, 나아가 필요한 권한은 기초자치단체에게도 이양해야 한다. 지방자치법에 계속 늘어가는 특별자치단체를 볼 때마다 드는 생각이다. 지금 시대는 자치단체들이 서로 경쟁도 해야 하지만 인근 자치단체와의 협력이 더욱 절실해지고 있다. 복잡한 시민의 삶을 빠르게 파악하고 도움을 주기 위해서는 현장에서 활동하는 자치단체의 자치 권한이 커져야 한다. 시시각각으로 변하는 환경에 대응하며 세밀하게 특화된 정책을 수립하고 추진하기 위한 권한과 예산을 자치단체에 부여하지 않으면 점점 경쟁에서 뒤처질 것이다.

다시 본 이야기로 돌아와 분야별 조례 분석 결과를 소개한다. 광역자치단체가 11개 분야에서 보여주는 지역별 편차는 기초와 비교하면 상대적으로 적다. 각 분야에서 최저값과 최고값의 차이가 기초자치단체의 비중을 비교할 때보다 크게 나지 않는다. 그리고 도시건설과 경제산업 등에서는 도에 속한 기초자치단체가 높고, 복지, 행정일반 분야에서 광역시에 속한 기초자치단체가 높았던 통계치와 비교하면 광역자치단체에서는 이런 특징을 찾을 수 없었다. 오히려 건설도시 분야의 경우에는 서울특별시(14.55%)와 부산광역시(13.73%)가 높고 충청남도(7.55%)와 경상북도(7.99%)가 낮다.

경제산업 분야는 울산광역시(14.21%)와 인천광역시(13.785%)가 높고 경기도(12.31%)가 도 지역 가운데서는 높은 비중을 보인다. 세종특별자치시(7.87%)가 가능 낮은 비중을 보이고 있다. 교육 분야는 광주광역시(3.35%)와 인천광역시(3.18%)가 높았고, 경상남도(1.98%)와 부산광역시(2.27%)에서 비중이 낮았다.

농림수산 분야는 기초자치단체 통계와 같이 도에서는 비중이 높았고 광역시에서는 비중이 현저하게 낮게 나타났다. 경상북도(12.87%)와 전라남도(12.30%), 강원도(11.82%)가 높았고, 서울특별시(1.94%)와 대전광역시(2.13%)에서는 낮았다. 이 분야에서 경기도(6.96%)는 광역시와 도의 중간값을 보이며 다른 도하고는 차이를 보였다.

문화관광 분야에서는 제주특별자치도(114.17%)가 월등히 높은 비중을 보이고 있어 관광도시의 면모를 잘 보여주고 있다. 다음으로 광주광역시(13.42)도 11%에서 9%의 비중을 보이는 다른 자치단체보다 큰 차이를 보이며 높게 나타났다.

보건의료 분야는 제주특별자치도(5.83%)로 가장 낮은 비중을 보이는 울산광역시(4.23%)보다 1.6%정도 작은 차이를 보이며 높게 나타났다.

복지 분야는 평균 15.89%를 보이며 행정일반(16.07%)보다 약간 적은 비중을 보이며 다른 9개 분야보다는 현저히 높은 비중을 보이고 있다. 경기도(17.57%)와 광주광역시(17.51%)가 상대적으로 높은 비중을 보이고 있으나 가장 낮은 비중으로 보이는 부산광역시(15.07%)와 경상북도(15.09%)와 근소한 차이를 나타낸다.

안전 분야는 충청북도(9.08%)가 가장 높고 제주특별자치도(5.56%)가 가장 낮다. 다음으로 의회 분야는 서울특별시(5.33%)가 가장 비중이 높고, 광주광역시(3.23%)가 가장 낮은 비중을 보인다.

11개 분야에서 가장 많은 조례를 포함하고 있는 행정일반 분야는 광주광역시(20.13%)와 세종특별자치시(18.97%)가 높고, 경기도(13.12%)와 경상북도(14.76%)가 낮은 비중을 보이고 있다. 마지막으로 환경 분야는 제주특별자치도(8.70%)와 전라남도(8.63%), 경기도(8.34%)가 높은 비중을 보였고 대구광역시(5.71%)가 가장 낮은 비중을 보였다.

기초자치단체와 비교해 보면 경제산업(11.55%, 기초는 6.67%), 문화관광(10.67%, 기초는 8.50%), 안전(9.23%, 기초는 6.88%) 분야에서 높은 비중을 차지하고 있는 반면에 복지(15.89%, 기초는 17.78%), 행정일반(16.07%, 기초는 22.48%) 분야에서는 낮은 비중을 보인다.

광역자치단체와 기초자치단체와의 권한 차이로 기초자치단체는 경제산업과 문화관광, 안전 등의 분야에서 광역자치단체와 비교하면 낮은 비중을 나타낸다. 기초자치단체에서 복지와 행정일반 분야가 높은 비중을 보이는 것도 다른 분야에 조례 제정이 제한이 있어 이들 분야가 높게 나타난 것으로 판단할 수 있다.

7절 시·군·구 유형별 조례 분포: 생활권 구조가 만든 정책의 언어

이번에는 시·군·구 지역의 분야별 조례 분포를 살펴보자. 시·군·구 유형별 조례 분포는 단순한 비율 차이를 넘어, 각 자치단체가 처한 행정 권한·지역 구조·인구 구성·생활권 패턴이 조례에 어떻게 반영되는지를 보여주는 중요한 지표다.

1) 시 지역

시는 도시 기능과 농업·주거·산업·교육 등이 혼합된 복합 생활권을 형성하고 있어, 도시건설·경제산업·문화관광 분야의 조례 비중이 군·구보다 높게 나타난다. 이는 시가 도시계획권을 보유하고 있고, 도시 기반 시설·교통·산업단지 조성·문화시설 운영 등을 주도적으로 수행하기 때문이다.

또한 농림수산 분야에서도 군보다는 낮지만 구보다는 높은 비중을 보이는데, 이는 도시와 농촌이 공존하는 시의 공간적 특성을 반영한다. 결과적으로 시는 11개 분야가 고르게 분포하며 가장 균형 잡힌 조례 구조를 보여주는 유형이다.

2) 군 지역

군은 농업·임업·수산업 중심의 농촌 지역으로, 조례 구성에서도 이러한 구조가 뚜렷하게 드러난다. 특히 농림수산 분야는 시·구보다 압도적으로 높은 비중을 차지해 지역경제와 생활의 핵심축이 농업이라는 점을 명확히 보여준다.

반면 복지·경제 분야는 상대적으로 낮은 비중을 보이는데, 이는 군 지역의 인구 규모·행정 수요·도시 서비스 수요가 시·구보다 작기 때문이다. 행정일반의 비중은 시는 넘지만 구보다는 낮은 중간 수준을 유지하는데, 이는 군이 광역과 기초 사이에서 일정한 행정 역할을 수행하면서도 도시 기능을 모두 갖추지 않았기 때문이다.

3) 구 지역

구는 대도시 내부의 생활권 단위로, 조례 구성에서 복지 분야가 시·군보다 4~6% 정도 높게 나타나는 가장 두드러진 특성을 보인다. 구 단위 행정은 주민 접점 서비스(아동·노인·장애인·여성·청년 등)를 집중적으로 담당하기 때문에 복지·보건 분야의 수요가 자연스럽게 조례로 연결된다.

반면, 도시건설·문화관광 분야는 도시계획권이 광역시장에 있어 구 차원에서는 조례 제정이 제한되므로 낮은 비중을 유지한다. 행정일반은 전체 분야에서 가장 높은 비중(약 24%)을 보이는데, 이는 구가 도시건설이나 농림수산 등의 분야가 매우 낮기 때문에 시, 군보다 이 분야가

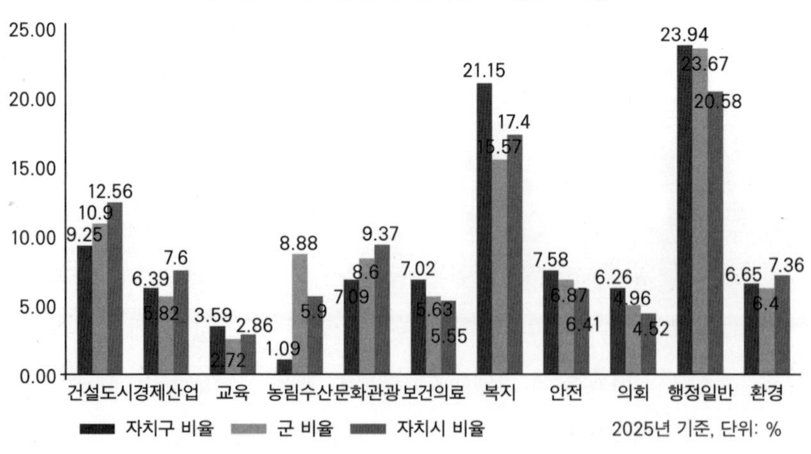

[그림 8-1] **시·군·구 분야별 조례 분포 현황**

상대적으로 높게 나타나는 것으로 보인다.

광역시에 속한 69개의 자치구와 5개의 군을 합한 74개 자치단체의 분야별 조례분포는 구 지역 분포와 거의 유사하지만 5개 군 지역의 영향으로 미세하게 차이를 나타낸다. 마찬가지로 광역시에 속한 군과 구의 분야별 분포 또한 시 지역과 군 지역 분포의 중간 정도 값이 나타남을 아래 [그림 8-2], [참고자료 11]과 [참고자료 12]에서 확인할 수 있다.

시·군·구 지역 조례 통계를 보면 이러한 차이는 우연한 현상이 아니라, 각 자치단체의 법적 권한, 행정 기능, 경제 기반, 인구구조, 도시·농촌 환경이 조례에 그대로 반영된 결과로 생각된다. 즉, 각 지역의 삶의 패턴이 조례의 구조를 형성하며, 조례는 다시 지역의 행정 방향과 정책 우선순위를 반영해 만들어진다. 결론적으로, 시·군·구의 조례 구성은

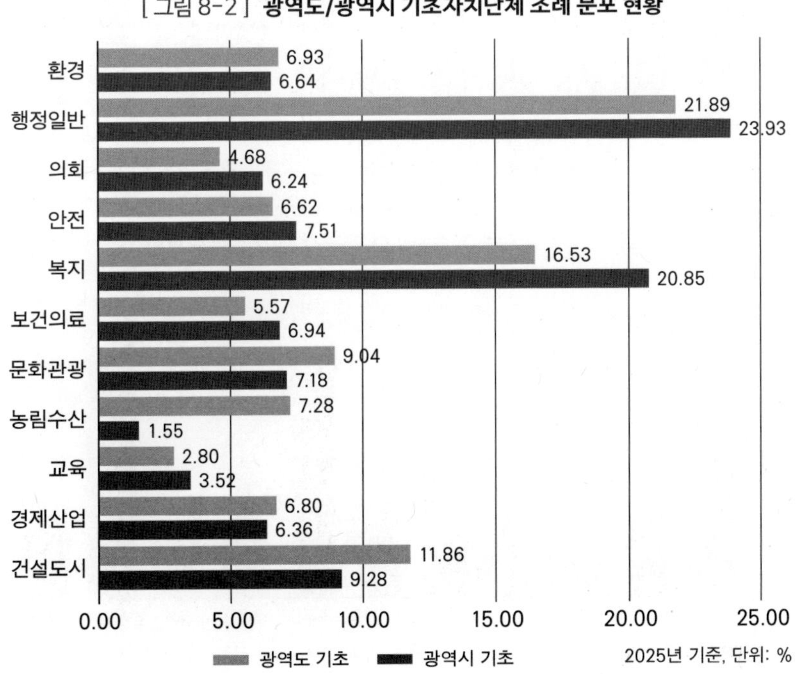

[그림 8-2] **광역도/광역시 기초자치단체 조례 분포 현황**

각 지역이 어떤 문제를 가장 중요하게 인식하고 있으며 어떤 행정 기능을 수행하고 있는지를 보여주는 지역 민주주의의 생활 지표라고 할 수 있다.

광역자치단체의 조례 분포는 기초자치단체와 명확히 다른 흐름을 보인다. 광역은 경제·문화·안전 조례 비중이 높고, 기초는 복지·행정일반 비중이 압도적으로 높다. 그 이유는 단순한 정책 스타일의 차이가 아니라 법적 권한 구조 때문이다.

[그림 8-3] **광역자치단체 조례 분야별 분포 현황**

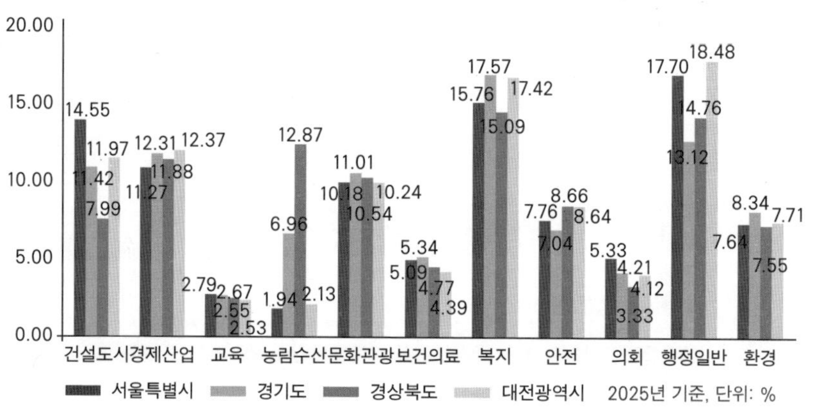

[그림 8-4] **광역별 기초자치단체 조례 분야별 분포 현황**

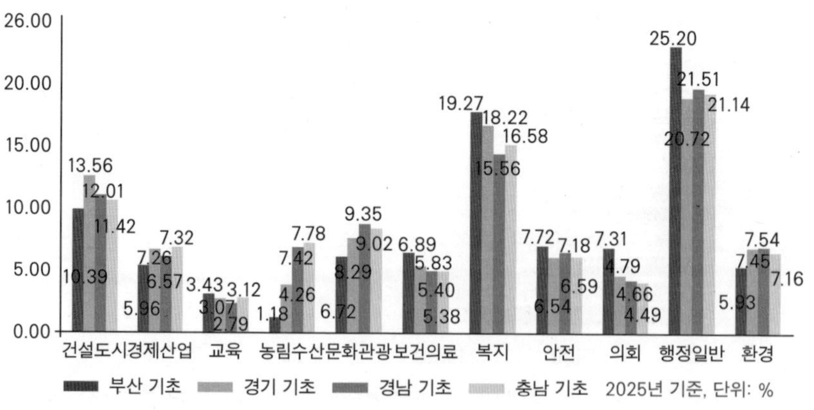

먼저 광역자치단체의 역할은 산업정책·광역교통·환경·안전·관광 등 넓은 범위의 조정 권한을 가진다. 국가 정책과 기초자치단체 간 가교역할을 하며 전략적·매크로 정책을 담당한다. 따라서 조례가 산업·문화·안전 등 '광역 규모 정책의 기획과 집행'을 중심으로 구성된다.

반면에 기초자치단체는 복지서비스·생활민원·도시환경·지역공동체 등 생활 현장에서 일상적 정책 집행기관의 역할을 수행한다. 주민과의 접점이 매우 넓기 때문에 조례가 복지·보건·행정일반 등으로 집중된다. 기초의 조례 수가 광역보다 약 7배 이상 많은 이유는 압도적인 숫자의 차이도 있지만 다른 한편으로는 앞서 언급한 두 기관의 이런 차이도 영향을 준다.

종합적으로 보면 광역자치단체의 조례 분포는 지역경제·관광자원·안전위험·환경문제 등 '지역 전체의 구조적 특성'이 제도적으로 번역된 결과물이다. 기초자치단체의 조례 분포는 주민 생활세계에 대한 대응력·행정 수요·복지 요구 등이 반영된 결과물이다. 결론적으로, 광역의 조례는 지역의 전략을, 기초의 조례는 시민의 삶을 반영한다. 이 둘의 차이는 지방자치가 작동하는 이중 구조를 이해하는 핵심이다.

8절 표와 그래프의 해독법: 숫자가 말해주는 지역의 구조

각종 표와 그래프가 보여주는 조례의 분포는 단순한 수치 비교를 넘어, 자치단체의 권한 구조, 지역 환경, 행정 기능, 생활권 특성이 조례 제정에 어떤 방식으로 반영되어 왔는지 매우 선명하게 드러낸다. 이들을 하나의 시야로 묶어 읽어보면, 어떤 지역이 어떤 분야에 더 많은 조례를 제정해 왔는지 명확하게 드러날 뿐 아니라, 그 배경에 놓인 제도적·사회적 조건들 또한 자연스럽게 이해된다.

첫째, 권한이 없는 곳에는 조례가 없다. 광역시의 자치구는 도시계획권을 보유하지 않기 때문에 도시건설 분야 조례가 거의 존재하지 않는

다. 반대로 도道 지역의 시·군은 도시계획권을 가지고 있어 도시건설·
교통·도로 분야의 조례가 활발하게 제정된다. 이 차이는 조례가 자치
단체의 관심이나 성향만으로 결정되는 것이 아니라, 법적 권한의 유무
가 조례 제정 가능성 자체를 결정한다는 중요한 사실을 보여준다.

둘째, 농촌의 비중이 큰 지역에서는 농림수산 조례가 높은 비중을 차
지한다. 전북·전남·충북처럼 농업·임업·수산업이 지역경제와 생활구
조의 중심에 있는 도 지역은 농림수산 분야의 조례 비중이 8~10%대에
이른다. 이는 농촌의 생활권과 정책 수요가 제도적으로 반영된 결과이
며, 지역의 산업·환경·문화가 조례에 어떻게 축적되는지 잘 보여주는
사례다.

셋째, 대도시는 복지 비중이 가장 높다. 서울·대전·광주 등 대도시
권 자치구 단위의 경우 복지 조례 비중이 20%를 훌쩍 넘는데, 이는 인
구밀도, 다양한 생활 문제, 복지 수요의 급증이 기초자치단체의 조례
제정 방향을 결정하기 때문이다. 대도시는 주민 접점 서비스가 폭넓고
복잡해 아동·노인·장애인·여성·청년·보건 등 복지 관련 조례가 필연
적으로 확대된다. 즉, 도시화 밀도가 높아질수록 복지 조례가 늘어난다
는 일정한 경향이 확인된다.

넷째, 행정일반은 모든 자치단체에서 가장 많은 조례가 모이는 분야
다. 기초자치단체에서는 보통 20~25%, 광역에서도 16~20%를 차지한
다. 행정일반 조례는 자치단체의 조직 구성, 기구 설치, 재정 운영, 공무
원 관련 규정, 주민참여제도 등 자치단체의 기본 행정운영을 규정하는
제도적 기반으로서 어떤 지방정부에서도 필수적으로 제정될 수밖에 없
다. 이 분야 비중이 높다는 사실은 지방자치가 행정 기능 위에서 작동하
며 그 행정 기능이 조례 제정의 핵심 기반을 이룬다는 점을 의미한다.

다섯째, 문화관광 분야는 지역 정체성을 가장 정확하게 반영한다. 제
주의 문화관광 쪽 비중이 압도적으로 높은 것은 관광산업이 지역경제

의 중심축이며, 문화와 자연을 기반으로 한 정책이 지역의 핵심 전략임을 보여준다. 광주는 문화예술·축제·시민문화가 발달한 지역으로 문화관광 분야 조례가 매우 높은 비중을 차지한다. 이를 통해 확인할 수 있는 중요한 사실은 조례는 지역의 산업구조와 문화적 유산을 가장 직접적으로 보여주는 정책 지도라는 점이다.

종합하면, 표와 그래프는 다음을 말해준다. 조례는 단지 "많고 적음"의 문제가 아니라, 각 지역의 권한, 환경, 생활양식, 정책 우선순위가 어떤 방식으로 제도의 언어로 번역되었는지를 보여주는 살아 있는 증거다. 숫자를 바라보는 순간, 우리는 각 지역이 어떤 문제를 중요하게 여겨 왔으며 어떤 미래를 준비해 왔는지를 읽을 수 있다.

결론적으로, 조례의 분포는 지역 민주주의가 작동해 온 방식의 구조적 흔적이며, 그 숫자들은 지역의 삶과 정책이 어떤 방향으로 흘러왔는지를 말해주는 제도적 풍경이다.

9절 조례는 지역의 정체성을 비추는 거울이다

117,370개의 조례를 11개 분야로 나누어 지역별로 살펴본 결과는 한 가지 사실을 분명하게 확인시켜 준다. 조례는 단순한 법률 문서가 아니라, 각 지역이 무엇을 우선해 왔고 무엇을 문제로 인식해 왔는지를 보여주는 '생활 기록이자 정책의 흔적'이라는 점이다.

도시는 도시다운 조례를 만들고, 농촌은 농촌의 조건과 문제를 반영한 조례를 만들며, 대도시는 대도시의 복잡한 생활구조와 인구구조를 반영한 조례를 만든다. 지역의 생활양식과 산업구조, 자연환경, 인구구성, 행정 권한은 결국 조례라는 제도적 언어 속에서 구체적인 형태를 갖추게 된다.

따라서 조례의 분포를 읽는 것은 단지 분야별 비율을 비교하는 작업이 아니라, 각 지역이 어떤 가치와 필요를 중심에 놓고 정책을 설계해 왔는지를 해독하는 과정이라 할 수 있다.

이런 의미에서 조례는 지역의 정체성을 비추는 거울이다. 도시건설 조례가 많은 지역은 도시 확장과 기반시설 관리가 핵심 과제였던 곳이다. 농림수산 분야가 큰 비중을 차지한 지역은 농업·수산업이 일상과 경제의 중심에 있었다는 증거다. 복지 조례 비중이 높은 지역에서는 대도시 특유의 다양한 생활 문제와 높은 복지 수요에 대응해 왔음을 보여준다. 문화관광 분야에서 두드러진 비중을 보이는 지역은 관광·문화가 지역경제의 동력이자 정체성의 핵심이었음을 말해준다.

이렇듯 조례는 행정문서의 형태를 하고 있으나, 그 속에 지역의 삶과 역사적 환경이 고스란히 기록되어 있다. 조례 숫자를 읽는다는 것은 지역의 정체성을 읽는 일이다. 어떤 분야에서 높은 비중이 나타나는가는 그 지역이 어떤 문제를 가장 중요하게 다루어 왔는지, 또 어떤 정책을 중심에 두었는지를 명확히 알려준다. 동시에, 조례를 읽는 일은 중앙과 지방 사이에 존재하는 권한 구조의 현실을 이해하는 일이기도 하다. 도시계획권이 없는 광역시 자치구에서 도시건설 조례가 거의 제정되지 않는 것처럼, 권한의 제한은 조례 제정의 범위와 내용까지 결정한다.

조례의 분포는 지방자치의 법적 구조가 어떻게 작동해 왔는지 보여주는 중요한 제도 분석 자료다. 나아가 조례는 지역 민주주의의 성숙도를 측정하는 지표이기도 하다. 조례 제정이 활발한 지역은 문제 제기, 논의, 정책화 과정이 왕성하게 이루어지는 곳이며, 주민 참여와 의회 활동이 유기적으로 작동하는 지역이다.

반대로 특정 분야의 조례가 지나치게 부족하다면 그 지역이 놓치고 있는 문제나 제도적 취약성이 존재할 가능성을 시사한다. 결국, 조례의 숫자와 구조를 읽는다는 것은 그 지역이 어떤 방식으로 민주주의를 실천해 왔는지, 그리고 앞으로 어떤 방향으로 민주주의를 확장해야 하는지를 탐색하는 일이다. 조례는 지역의 현재를 기록하는 문서일 뿐 아니라, 지역 민주주의가 나아가야 할 미래를 가리키는 나침반이기도 하다.

이렇듯 각 자치단체의 조례는 민주주의가 어느 지역에서나 동일한 형태로 나타나는 것이 아니라, 각 지역이 가진 특성과 문제의식에 따라 다양한 모습으로 실현된다는 사실을 말해준다. 조례에 대한 시민의 관심은 곧 시민의 민주주의 역량을 확장한다. 시민이 자신의 지역 조례를 읽기 시작하는 순간, 행정 과정과 정책 형성 과정에 대한 이해가 깊어지고 의회와 행정을 감시하고 정책을 제안하는 능력 또한 강화된다. 이는 지방자치가 단순히 '행정을 분권하는 제도'가 아니라 시민을 민주주의의 주체로 성장시키는 학습구조임을 증명한다.

이제 우리는 숫자와 표가 보여주는 현상 뒤에 있는 질문을 끌어내야 한다. 왜 어떤 지역은 복지에 더 많은 조례를 제정하고, 왜 어떤 지역은 경제나 안전을 우선하며, 또 어떤 지역은 환경이나 문화 정책을 더 중시하는가?

그 차이는 단순한 정책 취향이 아니라 각 지역이 겪어온 사회·경제적 조건, 산업구조, 인구 구성, 역사적 경험을 반영하며 동시에 그 지역 민주주의가 어떤 방향으로 발전해 왔는지 알려주는 중요한 단서다. 시민이 조례를 읽기 시작할 때, 숫자로만 보이던 분포는 지역의 성격과 권한 구조, 민주주의의 수준을 드러내는 풍부한 이야기로 바뀌게 된다. 그리고 바로 그 지점에서 민주주의는 비로소 더 깊어지고 더 넓어지기 시작한다.

9장
11과 577,384
_조례로 읽는 한국 지방자치 30년-제도에서 삶으로

1절 조례의 일대기: 제정-개정-폐지

지금부터는 이 책에서 소개하는 숫자 중에서 가장 큰 수를 만나게 된다. 11은 8장에서 설명한 대로 필자가 조례를 분석하면서 사용한 분류 기준에 따른 분야다. 도시건설 등 조례를 나누는 11개 분야라는 것이다. 혹 어떤 기준으로 분류했는지 확인하고 싶은 독자는 이 책 8장 3절과 [참고자료 8] '조례 분류 분야와 주요 조례명'을 참고하길 바란다. 577,384건은 현행 '자치법규정보시스템'에서 필자가 확보한 연혁 조례 건수다. 연혁 조례란 현재 지방자치단체에서 시행하고 있는 현행조례의 선배 조례라고 보면 된다. 선배 조례이지만 현역에서는 은퇴한 선배 조례다. 즉 현재는 시행하지 않는 조례, 그러나 은퇴하기 전까지는 시행되었던 조례다. 조례는 누구도 손을 댈 수 없는 고귀한 문서는 아니다. 한 번 제정되면 고치기 어려운 헌법처럼 경직된 법조문이 절대 아니다. 오히려 필요할 때는 언제든지 편리하게 바꿀 수 있는 조문이다. 시대가 변화하면 폐지하고 현실에 맞는 새로운 조례를 만들 수도 있다. 그래서 연력 조례에는 폐지조례도 많다. 전체 577,384건 중에서 26,723건은 폐지조례다. 보통 조례도 태어나서(제정) 성장하고(개정) 역할을 다하면 역사로 돌아간다(폐지). 성장 과정에서 일부 내용만 바꿔는 일부 개정 과정도 있고 어느 시기에는 조례 내용 전체를 개정하는 전면 개정 과정도 겪을 수도 있다. 따라서 연혁 조례에는 새로 제정된 조례도 많다. 시대가 변화하면서 필요한 조례는 만들어진다. 이렇게 만들어진 조례가 개정되지 않고 그 내용이 계속 유지된다면 현행조례로 분류되고, 한 번이라도 개정이 되면 개정되기 이전의 조례는 연혁 조례로 분류된다. 새로 개정된 내용이 현행조례가 되어 자치단체 운영에 적용된다. 이렇게 모든 조례는 제정-개정(일부 혹은 전면)-폐지의 길을 밟는다. 긴 시간 사용되는 조례도 있고, 제정되고 1~2년 만에 폐지되는 조례도 있다. 정리해 보면 연혁 조례는 현재 사용하는 조례를 제외한 모든 조례를 말한다. 제정된 후 한 번이라도 개정되거나 폐지된 조례를 포함해 부르는 용어다.

2절 조례는 시대의 얼굴

　폐지조례 중에는 흥미로운 조례들도 많다. 지금 생각하면 엉뚱하기도 하고 이해하기 힘든 조례들도 있다. 이해하기 힘든 조례 중 대표적인 조례가 [인구 증가 억제 대책 추진협의회(설치) 조례]다. 1982년 11월 전후에 모든 지역에 만들어진 조례이지만 6년 후인 1988년 4월부터 폐지되었다. 1988년 4월에 부산광역시에서 가장 먼저 폐지했고 1993년 5월부터 서울특별시와 서울시의 자치구에서 늦게 조례를 폐지한 것으로 기록에는 나타나 있다. 이 조례의 목적은 제1조에서 밝히고 있다. 서울시 조례의 제1조는 다음과 같다.

> 제1조(목적) 국민 경제 발전과 사회안정을 저해하는 폭발적인 인구 증가 추세에 대비하여 각종 인구 증가 억제 시책을 효율적으로 추진하기 위하여 서울특별시(이하 "시"라 한다)에 인구억제대책추진협의회(이하"협의회"라 한다)를 둔다.

이 조례에 따라 설치된 협의회의 기능은 1) 인구 증가 억제 시책 추진 방향 및 지원방안, 2) 가족 계획사업 추진 및 계도 방안 협의, 3) 기타 인구정책에 관한 사항 협의였다. 대한민국 모든 자치단체에서 한 명의 아이라도 더 낳으려는 지금 이 시대 자치단체의 눈물겨운 수고를 생각하면 헛웃음마저 나온다.

폐지된 조례 중에서 눈에 들어오는 조례를 하나 더 말하자면 [관사 운영 관리 조례]를 들 수 있다. 지방자치제가 부칙과 임시조치법에 가로막혀 사라졌던 시대, 지방통치의 시대에 시장이나 군수는 대통령이 임명한 사람이었다. 당연히 직할시장이나 도지사도 마찬가지로 대통령이 임명했다. 서울에서 근무하던 사람이 1년이나 2년 정도 근무하다 다시 서울로 돌아갔던 시절이 있었다. 고향 사람이 부임한다고 하더라도 임기를 마치면 다시 서울로 돌아갔다. 도청과 시청, 또는 군청 옆에는 이 지역 단체장이 생활하는 관사가 있었다. 지방통치 시대에는 단체장만이 아니라 많은 공무원들이 집을 떠나 근무지인 도청이나 시청, 군청에서 생활했다. 단체장처럼 임기를 마치면 다시 정부 부처가 있는 서울이나 도청이 있는 도시로 이동해야 하는 고위직 공무원이다. 지금처럼 출퇴근이 자유롭던 시절이 아니라 고위직이 아니어도 청사 근처에 숙소를 얻어 생활해야 했다. 관사는 이런 공무원들을 위해 꼭 필요했다. 이 조례는 1976년에 제정되어 1988년부터 폐지되었다. 인천직할시 조례의 제2조와 제3조를 살펴보자.

제2조(정의) 이 조례에서 관사라 함은 시장, 부시장, 실·국장 등 시 소속 공무원의 사용에 공하기 위하여 시가 소유하고 있는 공유주택과 동 목적을 위하여 시가 전세로 차용하고 있는 공용전세주택을 말한다.

제3조(관사의 구분) 관사는 그 사용 대상 공무원의 직급과 직
위에 따라 그 등급을 다음과 같이 구분한다.
1. 1급 관사 : 시장용 관사
2. 2급 관사 : 1급 관사 이외의 관사

이렇게 조례는 시대 모습을 잘 반영하고 있다. 지방통치 시대에는 그
에 맞는 행정문화와 공무원의 생활이 있었고, 조례는 이를 반영해 만
들어졌다. 그리고 지방자치 시대가 시작되면서 자치단체의 장을 비롯한
대부분의 공직은 그 지역 사람이 맡게 되면서 관사는 필요가 없어졌다.
이렇게 관사 운영 관리 조례는 폐지되었다.

새로 제정되는 조례 또한 시대 변화를 그대로 보여준다. 지방자치가
부활한 지방의회 1기와 2기 시기에 지방의회마다 제정한 조례는 지방
의회 운영에 필요한 조례들이었다. 당장 지방의회라는 기관이 구성되었
으니 이를 대표할 공인, 즉 지방의회 도장이 필요했을 것이다. 자치법규
정보시스템에서 가장 먼저 지방의회 공인조례를 제정했다고 알려주는
청주시의회 공인조례 제1조와 제2조를 보면 이 시기에 왜 이 조례를
만들 수밖에 없었는지 이해할 수 있다. 청주시의회는 1991년 3월 29일
에 이 조례를 제정했고 이후 4월부터 각 지방자치단체에서 의회 공인조
례를 제정했다. 내용은 아래와 같다.

제1조(목적) 이 조례는 청주시의회에서 사용하는 공인의 규격
등록, 관리 기타 필요한 사항을 규정함을 목적으로 한다.

제2조(종류) ① 공인은 청주시의회 청인과 직인으로 구분한다.
② 직인의 종류는 다음과 같다.
1. 청주시의회 의장

2. 청주시의회 간사

공인조례와 함께 의회 운영을 위한 '의회 위원회 조례', '의회 행정사무 감사 및 조사에 관한 조례', '의회 의원 상해 등 보상금 지급에 관한 조례', '의회에 출석, 답변할 수 있는 관계 공무원의 범위에 관한 조례' 등이 이 시기에 집중적으로 제정되었다. 이들 조례는 여러 차례 개정을 거듭하면서 지금도 사용되고 있다. 다만 개정되는 순간부터 이전의 내용은 연력 조례로 분류되고, 새로 개정된 조례가 현행조례가 되어 사용된다.

3절 조례라는 렌즈를 통해 본 지방자치의 여정

한국의 지방자치는 1991년 지방의회 부활과 함께 다시 시작되었다. 그 뒤 30년 넘는 시간 동안, 지방정부는 도시를 설계하고, 복지를 확장하고, 환경과 안전을 챙기고, 경제를 만들며 성장해 왔다. 이 모든 변화는 하나의 언어에 기록된다. 바로 조례다.

조례는 단순한 지역 규범이 아니다. 지역이 무엇을 중요하게 여기고, 어떤 가치를 지키며, 어떤 미래를 지향하는지가 고스란히 담긴 정치·사회적 기록이다. 지방자치의 흐름을 따라 조례가 어떻게 변해 왔는지 살펴보면, 한국 지방자치와 민주주의가 어디로 움직여 왔고 어디로 가고 있는지 자연스럽게 드러난다.

이 3절에서는 1991년 이전부터 제9기까지의 조례 통계를 바탕으로 한국 지방자치의 30년을 세 단계—제도 구축기, 생활정책 확장기, 복합정책 성숙기—로 나누어 정리한다. 이 과정을 통해 조례가 '행정의 언어'에서 '삶의 언어'로 이동해 온 변화의 과정을 확인할 수 있을 것이다.

1) 제도 구축기: 행정의 틀을 세우다(1991년 이전~지방의회 제3기)

지방자치가 부활하기 전 조례의 40%에 가까운 비중이 행정일반 분야 조례였다. 지방정부의 조직, 직제, 인사 규정, 위원회 구성, 공무원 규칙 등이 대부분이었다. 주민 삶의 문제를 담아내기보다, 지방정부 자체를 작동 가능한 구조로 만드는 일이 우선이었다. 제도 구축기 기간을 소 시기별로 나누어 구체적으로 당시의 상황을 살펴보자.

(1) 제1기(1991~1995): 지방정부의 틀을 만들어 가는 시기

행정일반 분야(34.68%)와 건설도시 분야(20.95%)가 전체 조례의 반 이상을 차지했고, 복지·안전·경제산업 분야 등은 3~5% 수준으로 낮았다. 지방자치단체는 공무원 규정, 각종 절차의 초석이 놓였고, 지방의회 역시 내부 운영규칙을 정비하느라 분주했다.

(2) 제2기(1995~1998): 민선 단체장 시대 개막

민선 시대가 열렸으나, 조례의 중심축은 여전히 행정이었다. 다만 복지와 문화 분야의 조례가 조심스럽게 증가하기 시작한다. 지역축제 관련 조례, 노인복지, 아동복지 등 작은 변화가 시작된 시기다.

(3) 제3기(1998~2002): 문화와 복지의 첫걸음

문화관광과 복지 분야 비율이 8%를 넘기며 두드러진 상승세를 보였다. IMF 외환위기를 통과한 이후, 주민들의 삶과 생활 안전망에 대한 관심이 지방정부로 확산된 시기다.

2) 생활정책 확장기: 주민의 일상으로 이동하다(제4기~제6기)

제4기부터 조례의 얼굴은 완전히 달라지기 시작한다. 문화·복지·안전·환경이 큰 비중을 차지하기 시작하면서, 지방정부는 주민 생활 중심으로 정책이 확산해 갔다.

(1) 제4기(2002~2006): **안전과 문화의 등장**

복지 8.61%, 문화관광 7.43%, 안전 분야 5.82% 등 조례가 증가한다. 문화관광 분야는 변동이 있지만 이전 시기에 비해 증가하고 있다.

안전 조례가 늘어난 것은 지역의 대형 화재·사고의 경험이 영향을 미쳤다. 문화관광 조례는 전국 곳곳에서 지역축제와 문화도시 전략이 널리 시도되던 시기의 흐름을 그대로 반영한다.

(2) 제5기(2006~2010): **복지의 급부상**

복지 비중이 처음으로 두 자릿수를 돌파했다(11.77%).

무상급식 논쟁, 장애인 권리 강화, 아동·여성 돌봄 확대 등 사회적 요구가 커지면서, 조례 역시 보편복지 시대로 이동했다.

(3) 제6기(2010~2014): **경제·환경·복지의 삼각축**

경제산업 6.47%, 환경 6.75%, 복지 분야 13.25%로 증가했다. 지방정부는 단순한 행정기관이 아니라, 생활 정책 정부로 자리매김하기 시작한다. 환경 조례가 크게 늘어난 것은 기후변화, 미세먼지, 생태보전 이슈가 본격적으로 제기되는 시대 상황에 대한 대응결과였다.

3) 복합정책 성숙기: 복지·환경·안전·경제의 시대(제7기~제9기)

(1) 제7기(2015~2018): **복지의 정착**

복지는 15%를 넘어서며 지방정부의 대표 정책이 되었다. 행정일반은 26%대로 감소해 1990년대 초기와 완전히 다른 조례 구조가 되었다. 이 시기의 지방정부는 주민의 삶 전반을 다루는 종합 행정기관으로 한 단계 성장했다.

(2) 제8기(2018~2022): 코로나 19 극복의 일등 공신, 지방정부

코로나19는 보건의료·재난안전 조례를 크게 늘렸다. 재난지원금, 감염병 대응 체계, 비대면 행정 인프라 등 새로운 유형의 조례가 대거 신설된다.

(3) 제9기(2023~현재): 지방자치 30년의 경험과 성숙

복지 16.54%, 문화관광 11.13%, 경제산업 7.58%, 안전 5.77%, 환경 6.43% 등 여러 분야의 조례가 증가하며 주민의 삶을 지켜주는 지방정부의 역할이 성숙해 가는 시기라고 볼 수 있다. 이들 분야의 증가는 반대로 행정일반 분야가 21.23%로 감소시켰다.

'삶의 지도'를 촘촘하게 만들어 가는 단계로 성숙해 갔다. 지방정부는 도시의 품질, 환경의 지속성, 복지의 폭과 깊이, 안전과 치안의 든든함을 동시에 책임지는 복합적 행정기관이 되었다.

[표 9-1] **조례로 본 지방자치 30년 변화**

구분	내용
1991년 이전	행정(40%) 중심, 복지 4%, 환경 4%–"제도 시대"
제1기	지방정부 조직 구축, 건설·도시 중심
제2기	민선 단체장 출범, 복지·문화 '작은 증가'
제3기	문화·복지 비중 상승 시작
제4기	안전·문화·복지 비중 본격 확대–"생활정책 등장기"
제5기	복지 첫 두 자릿수 돌파–"보편복지의 시대로"
제6기	경제·환경·복지의 동시 성장
제7기	복지 15%대, 행정 비중 첫 26%대–"정책 정부 시대로"
제8기	코로나19 이후 보건·안전 체계 강화
제9기	복지·환경·문화·경제 모두 최고치–"삶 중심 지방자치 성숙기"

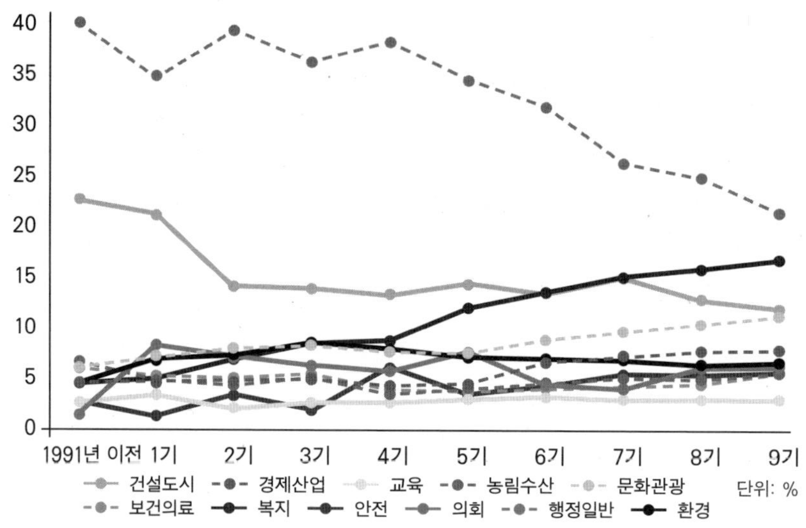

4절 지역의 얼굴: 지역별 연혁 조례는 어떻게 다른가?

연혁 조례를 지역별로 비교하면, 지방자치가 얼마나 '지역의 고유한 삶'을 반영하는지 선명하게 드러난다. 각 지역별로 자치단체의 경제 구조, 인구 구성, 지리와 환경, 도시의 규모에 따라 서로 다른 조례 지형을 가지고 있다. 이런 차이는 하나의 나라 안에 여러 개의 지방자치 모델이 공존하고 있음을 보여준다.

1) 대도시형(광역시) 조례 구조: 복잡한 도시의 문제를 다루다.

서울, 부산, 대구, 인천, 울산, 광주, 대전 등 대도시(광역시)의 조례는 크게 세 갈래로 확장된다.

첫째, 행정일반.

대도시는 조직 규모가 크고 업무가 복잡하기 때문에 행정·절차 조례의 양이 절대적으로 많다.

둘째, 복지와 보건의료.

도시는 청년·여성·노인·장애인·아동 등 다양한 집단이 밀집해 있어 복지조례가 폭넓게 요구된다. 서울의 복지 비중이 전국 최고 수준인 것도 같은 맥락이다.

셋째, 경제산업과 안전.

울산·대전처럼 도시성장 과정에서 산업이 발달한 도시에서는 산업안전, 지역경제, 창업, 노동환경 조례가 두드러진다. 요약해 보면 대도시는 '제도·복지·경제·안전' 네 가지 축이 조례의 중심을 이룬다.

2) 농림·관광 중심 지역: 자연과 지역 문화를 다루는 조례

강원, 전남, 전북, 경북, 경남, 충남, 충북, 제주 등 이 지역의 특징은 조례만 봐도 금세 드러난다. 우선 농림수산 조례의 비중이 높다. 농업·어업은 단순 산업이 아니라 지역공동체의 삶을 구성하는 핵심 요소다. 축산, 임업, 해양수산, 농촌 활성화 조례가 다양한 형태로 나타난다.

또 하나의 중심은 문화관광이다. 강원·제주·전남처럼 관광의 비중이 높은 지역에서는 문화·축제·관광산업 관련 조례가 전국 최고 수준이다.

3) 세종특별자치시: 신도시형 지방자치의 실험장

세종특별자치시는 여러 측면에서 다른 광역지역과 구분되는 특성을 가지고 있다. 규모는 기초지치단체의 시 정도이지만 특별자치단체로 광역자치단체의 권한을 가지고 있다. 그럼에도 생활 현장과 밀접한 자치행정을 펼쳐야 하기 때문에 교통, 교육, 복지, 주거, 보건, 안전 등 주민생활과 직결되는 조례가 폭발적으로 늘어났다.

또한 세종특별자치시의 조례는 도시의 성장 과정과 매우 밀접한 구조를 갖는다. 학교 신설, 보육 인프라, 생활문화 공간, 도시교통 문제 등 새롭게 형성되는 '신도시의 생활정책'이 조례의 핵심축을 이룬다.

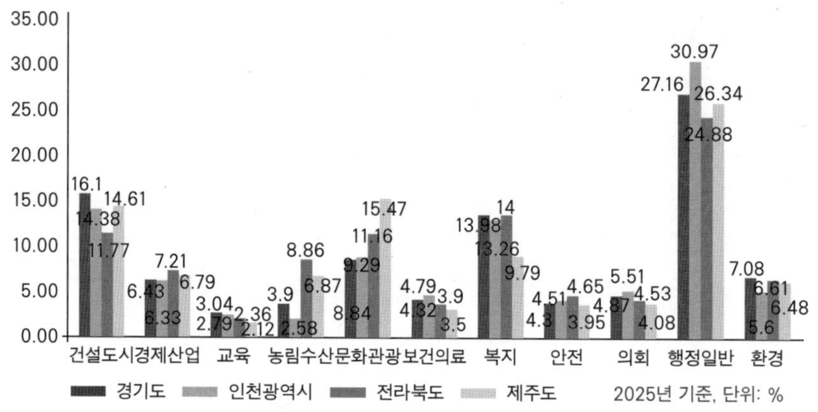

5절 조례는 지역의 언어이자 자치의 미래를 비추는 창이다

조례는 지방자치의 작은 제도 단위이지만, 그 안에는 지역사회가 어떤 문제를 중요하게 여기고 어떤 삶을 만들고자 하는지가 고스란히 담겨 있다. 지방자치 30년의 흐름을 따라 조례를 다시 보면, 우리는 단순한 제도 변화가 아닌 지역의 역사와 문화, 경제와 환경, 주민의 일상과 그들의 희망까지도 함께 움직여 온 거대한 변화의 흐름을 확인하게 된다.

초기의 조례들은 지방정부의 조직을 만들고 행정의 틀을 세우는 데 집중했다. 그러나 지방자치가 뿌리를 내릴수록 조례는 점점 지역의 현실을 담기 시작했고, 복지·보건·환경·안전·경제·문화 등 주민 생활 전체를 다루는 분야로 확장되었다. 즉, 지방자치의 무게 중심이 '제도'에서 '삶'으로 이동한 것이다.

여기서 더 중요한 사실은, 지역마다 조례의 모습이 뚜렷하게 다르다는 점이다. 대도시인 광역시는 복지와 안전, 경제와 행정이 중심이 되고, 광역 도 지역은 농림수산 조례가 중요한 정책 언어로 기능한다. 그리고 제주특별자치도, 전라남도, 전북특별자치도 등 관광의 비중이 큰 지역에서는 문화관광과 환경 분야 조례가 가장 풍부하게 나타난다.

이 차이는 우연이 아니다. 조례는 중앙정부의 정책 문서처럼 균질하게 만들어지지 않는다. 지역의 산업구조, 인구 구성, 자연환경, 역사적 경험, 그리고 주민의 요구가 축적되어 조례라는 형태를 취하는 것이다. 그래서 조례는 각 지역이 스스로를 설명하는 '또 다른 언어'이자 지역을 이해하는 가장 정교한 지도라고 할 수 있다.

앞으로 조례의 역할은 더욱 커질 것이다. 지방자치법 개정과 함께 지방정부의 자치권이 확대되고, 재정 분권과 사무 이양이 단계적으로 강화되면, 현재보다 훨씬 더 다양한 분야에서 지방자치단체가 정책을 설계하고 조례를 통해 실행하게 될 것이다.

특히 기후 위기, 디지털 전환, 복지의 다층화, 고령화, 의료·돌봄 체계의 재구조화, 도시재생과 농촌회복 등 새로운 과제들은 중앙정부 단일 구조로는 감당하기 어렵다. 지역마다 문제의 양상도, 해결의 방식도 다르기 때문이다. 따라서 앞으로의 조례는 한층 더 지역에 밀착되고, 지역의 자율성과 창의성을 바탕으로 한 다양한 실험과 정책 혁신의 장이 될 것이다.

이 책에서 살펴본 통계와 흐름은 분명한 메시지를 준다. 조례는 지역의 특성을 반영해 진화해 왔고, 자치권이 확대될수록 그 다양성과 깊이는 더 풍부해질 것이다. 행정의 조례에서 시작된 지방자치단체 조례는 이제 지역 삶의 전 영역을 품는 제도로 성장했다. 앞으로의 조례는 단순한 규범이 아니라, 지역이 스스로 미래를 설계하고 사회를 재구성하는 가장 중요한 도구로 자리매김할 것이다. 그리고 바로 이 지점에서 지방자치는 다시 한번 도약할 준비를 하고 있다.

제3부를 정리하며: 조례가 쌓인 만큼 민주주의는 일상에 가까워졌다

제3부의 숫자들은 하나의 분명한 사실을 보여준다. 지방자치의 성과는 추상적인 지표가 아니라, 조례라는 구체적인 형태로 남아 있다는 점

이다. 조례는 지방정부의 의지가 시민의 삶에 닿는 방식이며, 민주주의가 실제로 작동했는지를 가늠할 수 있는 가장 현실적인 기준이다.

조례가 늘어났다는 것은 곧 지역이 스스로 해결해야 할 문제를 더 많이 인식하게 되었다는 뜻이다. 복지와 안전, 환경과 인권, 문화와 교육에 관한 조례의 확산은 국가가 미처 세밀하게 다루지 못한 영역을 지역이 대신 채워왔음을 보여준다. 이 과정에서 조례는 시민의 요구를 행정의 언어로 번역하는 통로가 되었고, 지방의회는 그 번역을 공식화하는 공간이 되었다.

그러나 조례의 증가는 동시에 새로운 질문을 낳는다. 조례가 많아질수록, 그 품질과 실효성은 어떻게 보장되는가? 중복되는 조례는 없는가? 제정 이후 현실 변화에 맞게 충분히 개정되고 있는가? 연혁 조례의 숫자가 보여주듯, 조례는 늘 변화의 대상이었지만, 그 변화가 언제나 시민의 삶을 더 나은 방향으로 이끌었다고 단정할 수는 없다.

여기서 민주주의의 또 다른 얼굴이 드러난다. 조례는 자치의 결실이지만, 동시에 통치의 수단이기도 하다. 시민의 삶을 보호하는 규범이 될 수도 있고, 반대로 새로운 부담과 규제가 될 수도 있다. 이러므로 조례는 민주주의의 성취이자, 민주주의의 시험대다.

이제 다음 질문으로 나아가야 한다. 이렇게 중요한 조례는 어떤 조건에서 만들어지고, 누가 그 방향을 결정하는가? 조례를 만드는 권한은 과연 충분히 자율적인가?

제4부에서는 다시 숫자를 통해 이 질문을 살펴본다. 이번에 등장하는 숫자들은 조례의 내용이 아니라, 조례를 만들고 심의하는 지방의회의 조건을 가리킨다. 지방의원 수, 지방의회 의원의 최소 정수, 지방의회의 회기 등을 누가 어떻게 결정하는가의 문제다. 제3부가 민주주의가 삶으로 내려온 흔적을 보여주었다면, 제4부는 그 민주주의가 어디에서, 어떻게 막혀 왔는지를 드러낼 것이다.

4부

자치를 막은 통치의 숫자들

제3부에서 우리는 지방자치가 조례라는 언어를 통해 시민의 삶 속으로 내려오는 과정을 살펴보았다. 숫자는 제도가 삶으로 번역되는 순간을 기록했고, 민주주의는 행정의 관념이 아니라 일상의 규칙으로 모습을 드러냈다. 그러나 여기서 한 가지 의문이 남는다. 이렇게 만들어진 조례와 정책은 과연 충분한 토론과 숙의의 결과였는가. 그 결정을 내리는 지방의회는 정말로 자율적인 존재였는가.

제4부는 이 질문에서 출발한다. 이번에 등장하는 숫자들은 조례의 건수도, 자치단체의 수치도 아니다. 대신 지방의회가 얼마나 많은 사람으로 구성되어 있었는지, 얼마나 자주, 얼마나 오래 모일 수 있었는지를 보여주는 숫자들이다. 5,170과 3,621, 변하지 않은 7이라는 숫자, 그리고 30·50·120·150이라는 시간의 단위들. 이 숫자들은 지방자치의 외형 뒤에 숨겨진 또 다른 현실을 드러낸다.

지방의회는 자치의 이름을 달고 있지만, 스스로의 규모를 결정하지 못했고, 스스로의 시간표를 갖지 못했다. 의원 수는 국회가 정한 선거구 구조에 종속되었고, 회기는 법률이 허락한 범위 안에서만 열릴 수 있었다. 이는 단순한 제도적 불편이 아니라, 지방자치의 핵심인 대표성과 책임성, 그리고 자율성을 동시에 약화시키는 구조였다. 주민을 대표

해야 할 의회가 주민이 아닌 중앙의 계산법에 따라 설계된 것이다.

제10장은 이 모순을 가장 직접적으로 보여준다. 지방의회 의원 수는 지방자치의 필요가 아니라, 국회의 선거구 논리에 따라 결정되어 왔다. 1991년 5,170명이었던 지방의원은 2006년 3,621명까지 감소했다. 지방정부의 역할과 예산, 행정수요는 늘어났지만, 이를 견제하고 심의할 주민대표의 숫자는 오히려 줄어든 셈이다. 자치는 확대되었지만, 이를 감당할 의회는 축소되었다.

제11장은 이 구조가 가장 극단적으로 드러나는 숫자, '7'을 다룬다. 최소 7인으로 구성된 기초의회는 35년 동안 전혀 변화 없이 유지되어 왔다. 이 숫자는 효율의 산물이 아니라, 자치에 대한 불신이 제도로 굳어진 결과다. 인구와 면적, 행정수요가 크게 달라졌음에도 불구하고, 의회의 최소 조건은 고정되었다. 그 결과, 견제와 토론이 불가능한 구조 속에서 민주주의는 형식만 남게 되었다.

제12장은 또 다른 차원의 통치를 보여준다. 이번에는 규모가 아니라 시간이다. 지방의회가 언제, 얼마나 오래 회의를 할 수 있는지도 오랫동안 법률로 통제되었다. 국회는 연간 수백 일의 회기를 가질 수 있었지만, 지방의회는 한 달 남짓의 시간 안에서 지역의 모든 문제를 다뤄야 했다. 시간의 통제는 곧 권한의 통제였고, 자치는 중앙이 만든 시간표 속에 갇혀 있었다.

제4부에서는 이렇게 물어본다. 조례가 삶을 바꾸는 동안, 왜 의회는 충분히 강해지지 못했는가? 지방자치는 왜 늘 '있는 듯 없는' 제도로 평가받아 왔는가?

그 답은 다시 숫자 속에 있다. 이번 숫자들은 자치의 성취가 아니라, 자치가 멈춰 선 경계를 가리킨다. 민주주의는 왜 여기서 멈추는가? 다시 한번 질문을 곱씹는다.

10장
5,170에서 3,621로
_국회가 정하는 지방의원 정수라는 모순

1절 '동호회도 하는 일, 지방의회는 왜 못 하나?

회원 20~30명 정도의 작은 동호회라면 회장과 총무, 서너 명의 임원이면 충분하다. 하지만 회원이 200명, 3,000명으로 늘어나면 자연스럽게 운영위원, 회계, 행사 담당 등 임원 수를 늘릴 것이다. 이런 임원의 숫자는 누가 정할까? 당연히 그 동호회 회원들이 총회에서 정한다.

회원 수가 늘면 총회 개최 주기도, 의사결정 방식도 바뀐다. 초창기에는 80~90%가 총회에 모이지만, 시간이 지나면 50~60%로 떨어지기도 한다. 그럼에도 "임원 수를 몇 명으로 할지"는 어디까지나 회원들이 자율적으로 판단할 문제다.

그렇다면 지방의회도 의원정수를 자율적으로 정하고 있을까? 자치단체라면 자신들이 선출하는 지방의원이 몇 명이 필요한지, 지역 주민이 스스로 결정할 수 있어야 한다. 그게 상식이고, 자치다. 그러나 한국의 지방자치 현실은 이런 모습이 전혀 아니다.

지방의회는 이름부터 '지방자치단체 의회'지만, 의원 숫자를 스스로 정하지 못한다. 지방의원 정수는 공직선거법에서 규정한 '국회의원선거구획정위원회'가 정한다. 지방의회는 그 틀 안에서만 움직일 수 있다. 동호회보다 자치권이 좁은 지방의회, 이것이 오늘날 우리의 지방자치 현

실이다. 이제부터 자치의 이름으로 진행되는 타율의 현장으로 들어가
보자.

2절 자치를 가장한 타율의 현장

위 10장의 제목에 적힌 숫자들은 지방의회 의원 숫자들이다. 지방
의회가 30년 만에 부활해 첫 번째 의회를 구성한 1991년 지방의회 4
기 지방의원 수가 5,170명이었다. 기초의회 의원이 4,304명이었고 광역
의회 의원이 866명이었다. 이후 지방의원 수는 계속 감소해 지방의회 8
기, 즉 2006년부터 2010년까지 활동한 지방의원이 3,621명으로 최소
인원을 기록했다.

그리고 지방의회 8기부터는 소폭으로 증가해 현 지방의회 12기(대부
분 시의회와 자치구의회, 군의회는 현재 지방의회는 9기임)는 3,860명의
지방의원이 활동하고 있다. 기초의원이 2,988명이고 광역의원이 872명
이다.

이런 지방의원 정수는 앞서 언급했듯이 지역 주민이 자율적으로 결
정하지 못하고 국회에서 결정한다. 지방의원 정수와 결정 방식은 공직
선거법에 규정되어 있다. 공직선거법 제3장은 선거구역과 의원정수를
규정하고 있다.

이 공직선거법은 기초 시군구 지방의회와 기초자치단체장 선거부터
광역 시도의회와 광역단체장, 국회의원, 대통령 선거까지 망라해 규정
하고 있다. 현행 공직선거법을 통합선거법이라고 부르는 이유다. 제20조
선거구에서부터 제21조 국회의 의원정수, 제22조 시·도의회의 의원정
수, 제23조 자치구·시·군의회의 의원정수를 규정하고 있다.

이어서 제24조에서는 이들 의원정수와 선거구를 판단해 획정하는
[국회의원 선거구 획정위원회]의 구성에 대한 조항이다. 이 위원회가 광
역 시도의원 정수와 기초의원 총 정수를 결정해 시도 자치단체에 통보

한다. 광역 시도의원 선거구와 정수는 획정위원회에서 확정하고, 기초의원 선거구와 시·군·구별 정수는 국회 획정위원회가 결정한 총 정수 범위에서 시·도 단체장이 구성한 위원회에서 최종 결정한다. 광역의회 의원정수와 기초의회 의원정수는 이렇게 지방자치가 아닌 상위단체 통치 방식으로 결정된다. 이 법 제26조가 지방의회 의원선거구의 획정에 관해 규정하고 있다. 제26조 조항인 '지방의회의원선거구의 획정'의 내용으로 정리해 보면 다음과 같다.

① 시·도의원지역구는 국회의원지역구를 기준으로 하거나 분할해 획정한다.
② 자치구·시·군의원지역구는 인구·지세 등을 고려해 획정하되, 2~4인을 선출한다. 이 사항은 시도의 조례로 정한다.
③ 하나의 읍·면·동을 분할해 다른 지역구에 속하게 하지 못한다.
④ 자치구·시·군의원지역구는 하나의 시·도의원 지역구 내에서 획정한다.

이 조항에 따라 지방의원 선거구는 국회의원 → 시도의원 → 기초의원 순으로 이어지는 하향식 구조임을 명확하게 알 수 있다. 즉 지방의회는 스스로 '몇 명이 필요한지' 판단하지 못하고, 국회의 구조와 계산 방식 안에서만 존재할 수 있다.

이 구조가 안고 있는 가장 큰 문제는 지방의원과 지방의회의 자치권을 침해당하고 있다는 점이다. 지방의원 정수를 결정하는 가장 꼭대기에는 국회의원 선거구가 존재한다. 지방의원 공천권이 국회의원에게 단단히 종속되어 있음을 그대로 보여준다. 지방의원 숫자만이 아니라 지방의원의 활동까지 종속될 수밖에 없는 현실이다.

지방자치라고 쓰여 있으나 국회 통치라고 읽어야 하는 서글픈 현실이다. 매년 수조 원의 예산을 사용하는 지방자치단체라고 하지만 동호회보다 자치 권한이 제한되어 있는 현 제도는 시급히 개선되어야 한다.

다시 지방의원 정수를 살펴보자. 지방의회가 부활한 95년 첫 번째 시도의회는 국회의원 선거구마다 3개의 광역의원 선거구가 설치되어 3명의 시도의원을 선출했다. 이후 그 수가 감소해 2명의 시도의원을 선출하고 있다. 98년, 지방의회 6기부터 광역의원이 대폭 줄어든 이유다. 시도의회의 최소 인원은 14인에서부터 점차 증가해 현재는 19인으로 규정하고 있다.

현재는 대전과 울산광역시의회가 22인으로 구성되어 광역자치단체 의회 중에서는 가장 작은 규모이고 경기도의회가 156명으로 가장 많은 지방의원으로 구성되어 있다. 세종특별자치시는 지역구 18인과 비례대표 2인 등 총 20인으로 구성되어 있다. 기초의원 또한 91년 기초의회가 부활할 당시에는 읍, 면, 동별로 1인씩 선출하고 인구가 2만이 넘어갈 때마다 1인씩 추가해 최대 45명까지 선출할 수 있도록 했다.

그리고 인구 70만이 초과하는 시·군·구의회 의원 정수는 최대 50인으로 규정해 4,304명이었다. 95년에는 최대 의원 수 규정을 삭제해 4,541명으로 증가했으나 이후 계속 조정을 거치면서 의원 수가 감소해 지방의회 8기(2006~2010년)에 2,888인으로 최소 의원 수를 기록한 후 점차 증가해 현재는 2,988명이다. 기초의원 정수 관련 조항은 제24조의3에 아래와 같이 규정되어 있다. 앞에서 언급했듯이 기초의원의 시도별 총수는 국회가 구성하고 중앙선거관리위원장이 위촉하는 [국회의원 선거구 획정위원회]에서 자치적(?)으로 결정한다.

제24조의3(자치구·시·군의원선거구획정위원회) ① 자치구·시·군의원 지역 선거구(이하 "자치구·시·군의원 지역구"라 한다)의 공정한 획정을 위하여 시·도에 자치구·시·군의원선거구획정

위원회를 둔다.

② 자치구·시·군의원선거구획정위원회는 11명 이내의 위원으로 구성하되, 학계·법조계·언론계·시민단체와 시·도의회 및 시·도선거관리위원회가 추천하는 사람 중에서 시·도지사가 위촉하여야 한다.(후략)

현행 정수 결정 시스템의 구조적 문제 4가지

① 중앙집중적 구조: 자치의 원칙 훼손
모든 정수가 국회의 선거구를 기준으로 산출됨
지방의회의 규모·역할·필요성은 고려되지 않음

② 지역 다양성 반영 불가
농촌·도농복합·대도시 간 인구밀도·행정 수요 차이가 전혀 반영되지 않음
'전국 통일 규격'으로 지방의회 운영을 강요하는 구조

③ 지방의원 공천 구조가 국회에 종속
선거구 구조가 국회의원 지역구와 일치 → 해당 지역구 국회의원의 영향력이 매우 강해짐
지방의원이 '국회의원의 정치적 말단'으로 기능하게 되는 악순환

④ 자치권의 침해와 책임성 약화
지방의회가 스스로 정수를 조정하지 못해 자치권이 침해되면서 스스로의 운영에 대한 책임성 또한 약화됨

3절 1950년대에는 1만 7천 명이 넘는 지방의원이 있었다

지방의회 초기 시기인 1950년대에는 몇 명의 지방의원이 활동했을까? 기록을 찾아보면 당시 지방의원 정수는 지방자치법에 규정되어 있었다. 당시 지방자치법에는 시·도의회 의원 정수는 내무부령으로 정하

고, 시·읍·면의회 의원 정수는 도 규칙으로 정하도록 규정하고 있다. 광역의회는 내무부에서, 기초 시·읍·면의회 의원정수는 도에서 판단했다.

1952년에 실시된 제1회 지방의원이 17,865명으로 가장 많았고 2기, 3기를 거치면서 소폭으로 감소했다. 지방자치를 실시하면서 1950년대에는 1만 7천 명이 넘는 지역 주민의 대리인이 선출되었으나 지금은 4천 명이 채 안 되는 3,860명이 선출되어 지역 주민의 의견을 대변하고 있다. 지방의회에 대한 평가는 대체로 부정적인 내용이 많다. 지방의원들의 관광성 해외 출장이나 지방의회 의장 선출을 앞두고 벌어지는 뇌물수수나 딩적 변경 등이 잊힐 만하면 언론에 등장한다.

자치구의회를 폐지하자는 전문가의 의견도 나오고 있는 실정이다. 하지만 지방의원은 지역 주민이 선거를 통해 선출한 지역 일꾼이다. 지방

[표 10-1] **지방자치단체 수와 지방의회 의원 수 변화**

기수	시	군	구	자치단체 합계	비고	기초	광역의원	지방의원 합계
1	17	72(읍), 1,308(면)		1397	1952년	17,559	306	17,865
2	26	76(읍), 1,379(면)		1481	1956년	16,954	437	17,391
3	25	80(읍), 1,448(면)		1553	1960년	16,851	487	17,338
4	67	137	56	260	91-95년	4,304	866	5,170
5	67	98	65	230	95-98년	4,541	970	5,511
6	72	91	69	232	98-02년	3,490	690	4,180
7	74	89	69	232	02-06년	3,485	682	4,167
8	77	88	69	234	06-10년	2,888	733	3,621
9	75	86	69	230	10-14년	2,888	761	3,649
10	75	83	69	227	14-18년	2,898	789	3,687
11	75	82	69	226	18-22년	2.926	824	3,750
12	75	82	69	226	22-25년	2.988	872	3,860

*4기(1991년)는 지방자치 부활 후 첫 지방의회 선거, 5기(1995년)는 지방의원과 단체장을 동시에 선거한 민선 1기 지방선거

의회의 부정과 부패, 무능과 탈법 행동을 비판하면서도 대안을 찾아야 하지, 지방의회를 폐지하자는 주장에 동의하면 안 된다. 지방의회에 대한 과도한 비난은 중앙집중 권력을 계속 유지하려는 의도가 숨겨져 있다. 국회의원의 비리를 보면서 국회의원 수를 줄이자는 의견은 있어도 국회를 폐지하자는 주장은 들리지 않는다. 유독 지방의회와 지방자치만을 폐지해야 할 주장의 근거는 중앙집중 세력의 불평과 불안에 있는 것은 아닐까? 지방의회 의원 정수가 국회에서 결정되는 중앙집중 사회에서 지방자치가 힘들게 활동하는 이유를 확인한다.

4절 지방의회 개혁을 위한 제안

지방의회의 자치권을 회복하고 지방의원이 지역 주민의 뜻만을 따르며 자율적으로 활동하기 위해서는 어떤 변화가 필요할까? 필자는 의원 정수의 자율화 개혁은 단순히 의원 수를 늘리거나 줄이는 문제가 아니라고 생각한다. 이는 지방자치의 원칙을 회복하고, 민주주의의 기초를 세우는 일이다.

이런 변화는 1) 지역 자율성 회복과 2) 대표성·효율성의 균형, 3) 주민 참여 기반의 민주적 결정이라는 세 가지 원칙을 지키며 진행되어야 한다. 즉 지방의회는 스스로 의원정수 등 지방의회 규모를 결정할 권한이 있어야 한다. 중앙(국회) 중심으로 만들어진 선거구 구조를 지역 중심 구조로 전환해야 한다. 그 과정에서 인구·면적·행정 수요 등 다양한 지역 특성과 현실을 반영해 결정해야 한다. 마지막으로 이런 결정은 주민 공론화 과정을 거치면서 주민 의견이 충분히 반영해야 한다. 지방의회를 운영하는 예산은 주민들의 세금임은 잊지 말아야 한다.

필자는 다음 4단계의 개혁 방안을 제안하는 것으로 이번 이야기를 마무리하려 한다.

① 공직선거법 개정: 지방의원 정수 규정을 삭제하고 지방자치단체 조례로 정한다.

② '지방의원 정수 시민위원회' 설치: 지방선거 2년 전에 비상설 기구로 설치해 주민 의견을 수렴해 지방의회에 제안한다.

③ 지방의원 정수산정 방식의 표준 모델 마련: 국회와 정부에서 표준화된 산정 방식을 제시한다. 산정 방식은 지역 특성을 충분히 반영할 수 있도록 개방적으로 만들어야 한다.

④ 주민 참여와 결정권 확인: 의원정수 시민위원회 구성에서부터 다양한 의견이 있는 시민들의 참여를 보장한다. 숙의형 시민 원탁회의나 온라인 참여 플랫폼 등 다양한 방식으로 공론화를 진행한다. 그리고 최종적으로는 주민투표를 통해 결정한다. 다만 처음 의원정수 결정 과정은 주민투표를 의무화하되, 이후 정수 결정은 지방의회가 판단하도록 한다. 다만 변화 폭이 일정 수준을 넘어갈 수 있을 때는 주민투표를 통해 결정하는 이중 구조를 도입한다.

11장
숫자 7의 저주
_최소 의회에 남아 있는 통치의 숫자

흔히 7을 행운의 숫자라고 한다. 그러나 지방자치를 공부하면서는 7은 행운이 아니라 저주의 숫자라는 생각이 든다. 7이라는 숫자는 35년 동안 한 번도 바뀌지 않고 꿋꿋하게 유지되고 있는 숫자이기도 하다. 시·군·구 지방의회 중에서 최소 의원정수가 바로 7인이다. 이제부터 기초의회 의원정수 7이라는 숫자의 역사를 살펴본다.

1절 최소 의원정수 7명의 탄생

1988년 5월에 개정된 [지방자치법]은 제28조에서 기초의회 의원정수를 아래와 같이 규정하고 있다.

제28조(시·군 및 자치구의회의 의원정수) ① 시 및 자치구의회의 의원정수는 그 관할구역 안의 동마다 1인으로 하되, 인구 2만을 초과하는 동에 있어서는 2인으로 한다. 이 경우 그 기준에 의하여 산정된 의원정수가 15인 미만이 되는 때에는 그 정수를 15인으로 하고, 25인을 초과하는 때에는 그 정수를 25인으로 한다. 이 조항에 있어서의 동은 제4조 5항의 규정에 의한 행정동을 말한다.

② 군의회의 의원정수는 그 관할구역 안의 읍·면마다 1인으로 하되, 인구 2만 이상인 읍·면에 있어서는 2만을 초과하는 매 2만까지마다 1인을 더한다. 이 경우 그 기준에 의하여 산정된 의원정수가 10인 미만이 되는 때에는 그 정수를 10인으로 하고, 20인을 초과하는 때에는 그 정수를 20인으로 한다.

민주화 이후 처음 개정된 [지방자치법]에 따르면 시와 자치구의회는 최소 15인에서 최대 25인의 의원으로 구성하고, 군의회는 최소 10인에서 최대 20인으로 구성하도록 했다. 이때 함께 제정된 [지방의회의원선거법]에는 의원 정수에 대한 규정은 없었으나 이 법을 1990년 12월에 개정하면서 광역의원과 기초의원 정수를 이 선거법에서 규정했다.

정부와 여당에서 지방자치에 대한 명확한 계획을 갖지 못하고 갈팡질팡하는 모습이다. 이 선거법의 규정에 따라 1991년 3월 26일에 30년 만에 지방의원 선거가 진행된다. 제14조에서 의원정수를 아래와 같이 규정했다.

제14조(구·시·군의회의 의원정수) 자치구·시·군의회의원정수는 그 관할구역 안의 읍·면·동(地方自治法 第4條第5項의 規定에 의한 行政洞을 말한다. 이하 같다)마다 1인으로 하되, 인구 2만을 넘는 읍·면·동에 있어서는 2만을 초과하는 매 2만까지마다 1인을 더한다. 이 경우 그 기준에 의하여 산정된 의원정수가 7인 미만이 되는 때에는 그 정수를 7인으로 하고, 45인을 초과하는 때에는 그 정수를 45인으로 한다. 다만, 인구 70만을 초과하는 구·시·군의 정수는 50인으로 한다.

앞의 지방자치법에서 규정한 의원정수와 비교해 보면 시·군·구의회

의원정수를 따로 구분하지 않고 함께 규정하고 있으며 최소 인원은 7인으로 축소하고 최대 인원은 50인으로 확대했다. 숫자 7의 저주가 시작되는 순간이다. 이후 1994년에 공직선거법이 제정되고 1998년과 2005년에 많은 변화가 있었으나 기초의회 최소 의원 수 7인에 대한 규정은 한 번도 바뀌지 않았다.

2절 지방의원 수자의 변화와 고정된 숫자 7

앞서 살펴보았듯이 공직선거법이 제정되면서 지방의원 정수를 규정한 이후 1998년 개정에서는 5천 명 미만인 읍·면·동은 인근 읍·면·동과 통합하도록 해 의원 정수가 줄어드는 결과를 가져왔다. 2005년 개정에서는 광역의회와 같이 기초의회에서도 비례대표제를 도입해 의원정수의 100분의 10(최소 1인)을 선출하도록 했다.

이후 기초의원 정수 규정은 아무런 변화가 없이 지금까지 이어져 오고 있다. 광역의회의 최소 인원이 1990년 선거법에서는 직할시 23인, 도의회는 17인으로 규정되었다가 2005년부터는 최소 의원 수를 19인으로 약간 증원했다. 세종특별자치시(20명)를 제외한 현재의 광역의회 최소 의원은 22명이다.

2025년 11월 현재 광역별 기초지방의회 의원 수는 아래 표와 같다. 지역별 보유조례 수와 공무원 수도 함께 비교해 보았다. 숫자 7의 저주를 자세히 살펴보기 전에 현재 활동하고 있는 지방의회 9기 지방의원 정수에 대해 알아보자. 2,988명과 872명에 대해서는 앞서 소개했다.

한 가지 흥미로운 사실 하나는 2022년 7월 1일부터 임기를 시작하는 시·군·구 기초의원 정수는 2,988명이었다. 그런데 막상 임기를 시작한 지방의원은 2,987명이었다. 중앙선거관리위원회 누리집은 지방 동시선거 민선 1회(지방의회 2기, 95년 동시선거를 민선 1회 선거로 보고 있음)부터 민선 8회(2022년 실시) 지방선거와 관련해 많은 정보를 제공한다.

첫 화면에 있는 정보공간을 누르면 선거제도/선거통계가 나오고 그
곳을 찾아가면 역대 선거의 선거구와 선거 정수 현황과 함께 당선인 통
계를 볼 수 있다. 민선 8회 시·군·구 기초의원 선거 정수는 2,988명으
로 확정되었으나 당선인 통계를 보면 2,987명으로 알려준다.

전북 시군 의원의 정수는 173명이었는데 당선인은 172명으로 1명이
부족하다. 보통 무투표 당선은 종종 볼 수 있어도 의원 정수보다 적게
당선인이 나오는 경우는 매우 드물다. 이유를 찾아보니 군산시의회 나
선거구에서 정당 공천 후보 3인과 무소속 후보 1인, 총 4인의 후보자가
등록했으나 무소속으로 출마한 1인이 등록 무효가 되어 정당 공천을
받아 후보 등록을 마친 3인이 무투표로 당선이 확정되었다. 그런데 3인
중 1인이 소속 정당으로부터 공천취소 결정을 받아 공천이 취소된 후
후보 등록도 취소되어 2인만 무투표 당선이 확정된 것이다. 이렇게 민
선 8회 기초의회는 의원 정수보다 1명이 모자라는 인원으로 시작하게
되었다. 물론 1명이 부족한 군산시의회는 재선거를 통해 의원 1인을 보
충했다.

3절 226개 기초지방의회 규모

2,988명의 지방의원이 226개 기초자치단체에 어떻게 분포되어 있는
지 살펴보자. 기초의원이 가장 많은 지역은 경기도(463명)이고 다음으
로 서울특별시(427명), 경북(281명)이다. 기초자치단체가 각각 31개, 25
개, 22개로 이 분야에서 가장 큰 광역자치단체다. 전남도 경북과 같은
22개의 기초자치단체를 가지고 있지만 기초의원은 247명으로 차이를
보인다.

지역별 평균 기초의원 수는 서울시가 17명으로 가장 많고 다음이 경
기도와 경남이 15명으로 같고, 다음으로 대구시, 광주시, 전북이 14명이

다. 울산시와 강원도가 10명으로 지방의원이 가장 적고 부산과 전남이 11명으로 역시 작은 규모의 지방의회를 운영하고 있다. 기초자치단체 의회 중에서 가장 큰 곳은 창원시의회로 45명의 의원이 활동하고 있고, 다음으로는 청주시(42명), 수원시(37명), 전주시(35명), 고양시(34명), 성 남시(34명), 포항시(33명), 용인시(32명) 순이다.

40명이 넘는 규모를 가지고 있는 창원시와 청주시는 자치단체 통합 으로 도시 규모를 확대한 자치단체다. 창원시는 마산시, 진해시와 통합 했고, 청주시는 청원군과 통합했다. 자치구 중에서는 송파구의회(26명) 가 가장 많은 의원이 활동하고 있으며 대구 달서구(24명), 서울 강서구 와 강남구(23명)가 그 뒤를 따르고 있다. 군의회 중에서는 경북 의성군 의회(13명)가 가장 큰 규모이지만 크다고 쓰기가 민망할 규모다. 시의회 와 구의회와 비교하면 참으로 초라한 규모의 의회라고 이야기할 수밖에 없다.

아래 [그림 11-1]을 자세히 보면 기초자치단체 조례 통계 중에서 경 기도와 서울을 제외하고 전남의 조례 수가 유난히 높아 보인다. 기초자 치단체 수가 경남과 같은 22개이고, 기초 지방의원 숫자는 경북과 경남 보다 적지만 이들이 보유하고 있는 조례 건수는 총 10,904건으로 8천 건 대에 머무는 경북과 경남보다도 월등히 높음을 알 수 있다.

조례 보유 건수 상위 10개 자치단체에 전남 지역에서 나주시, 여수 시, 목포시, 순천시 등 4개 자치단체가 있음이 기억하게 된다. 지방의회 규모와 조례 건수와 비교하면서 주목할 만한 또 다른 점은 지방의원 수 와 보유조례 건수가 밀접하게 연관되어 있지는 않다는 점이다.

충남의 기초의회는 평균 의원이 12명으로 전국 평균보다는 적음에 도 월등히 많은 조례를 보유하고 있으며, 광주광역시의 자치구 또한 다 른 자치단체와 비교하면 많은 조례를 보유하고 있음을 확인하게 된다. 자치단체의 조례는 지방의회에서만 단독으로 발의하는 것이 아니라 지방자치단체도 발의권한을 가지고 있으므로 지방의회 규모와 보유 조례 건수의 상관관계가 높지 않을 수도 있겠지만, 조례에 대한 최종 의결 권한이 지방의회에 있고, 지방의회의 가장 중요한 일 중의 하나가 조례 입법권임을 고려하면 이런 차이는 조례에 대한 지방의원의 활동력이나 지역 주민의 관심을 반영하고 있을 것이다.

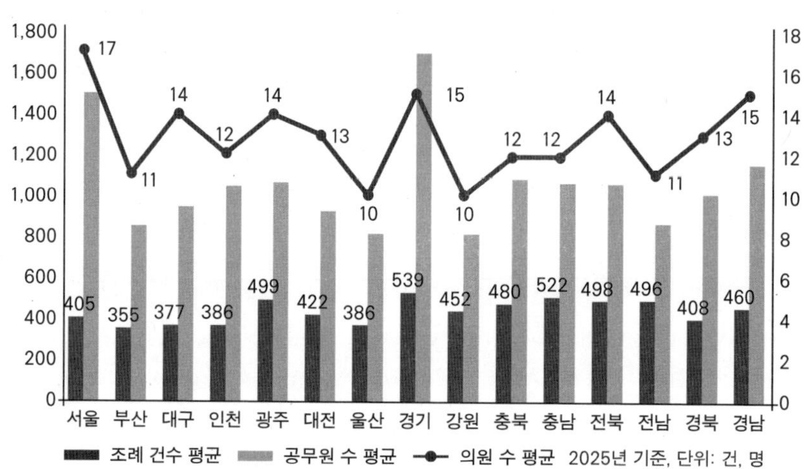

[그림 11-1] 광역별 기초자치단체 조례, 공무원 수, 의원 수 평균 현황

4절 지방의회별 보유조례 건수

광역의회의 규모를 살펴보면 인구가 집중되어 있는 서울(112명)과 경기도(156명)의 광역의원이 월등히 많은 숫자를 차지하고 있다. 전체 827명의 광역의원 중 거의 1/3을 차지하고 있다. 17개 광역의회 의원 숫자의 평균을 산출해 보면 51명으로 나온다. 평균 의원 수보다 많은 지역은 서울과 경기도를 제외하면 경상남도, 경상북도, 전라남도 등 3개 지역밖에 없다.

의원과 조례 관련 상관관계를 살펴보면 앞서 살펴본 기초의회와 마찬가지로 의회 규모와 보유조례 건수하고는 차이가 나고 있다. 경기도와 제주특별자치도가 많은 조례를 보유하고 있다. 경기도의 많은 인구와 수원시, 고양시 등 대도시부터 농산어촌을 망라하는 기초자치단체의 영향으로 볼 수 있고, 제주특별자치도는 정부로부터 이양받은 권한과 예산의 영향으로 판단되지만, 다음과 같은 사실은 좀 더 심도 있는 연구가 필요할 것이다.

먼저 전라남도의회가 비슷한 규모의 경북과 경남보다 월등히 많은 조례를 보유하고 있으며 부산광역시의 지방의회 규모는 서울과 비교하면 월등히 작지만, 보유조례는 더 많다는 점을 주목할 수 있다.

또한, 광역시의회 의원 수와 보유조례 건수는 여러 가지 생각을 갖게 한다. 광주광역시의회와 충청남도의회는 적은 의원들이 많은 조례를 만들고 개선해 나가고 있다. 이들 광역자치단체가 공무원 수가 유독 많은 것도 아니라는 점을 확인하면 보유조례 건수가 어떤 영향으로 다소의 차이가 나는지 궁금하다.

보유조례 건수와 기초의회와의 관계를 시·군·구별 통계를 통해 살펴보자. 광역자치단체별 기초의회와 비교해 보면 군 지역의 기초의원과 공무원의 수, 그리고 재정과 인구까지 시 지역과 자치구와는 크게 차이가 나고 있음을 알 수 있다. 인구, 재정, 공무원 수, 지방의원까지 함께 움직이는 종합생활품 상자와 같다는 생각이 든다.

군 지역 기초자치단체는 1년 세입 재정은 6천억 원이 채 안 되어 1조 3천억 원이 훌쩍 넘는 시 지역과 비교해 절반에도 미치지 못하고 있다. 인구는 1/6 수준이고 지방의회 규모도 1/2, 공무원 수 1/2이 안 된다. 조례 건수만큼은 1백여 건 정도의 차이만 보인다. 조례 건수로만 보면 자치구보다 월등히 높은 현상을 보인다. 지방의원 평균 수가 구는 14명인데 비해 군 지역은 8명으로 절대적으로 적음에도 불구하고 보유조례는 더 많다. 땅이 넓은 만큼 군 지역 주민의 삶도 더 풍요로워지도록 지역 균형발전 정책과 지방자치가 더욱 발전해 나가길 바란다.

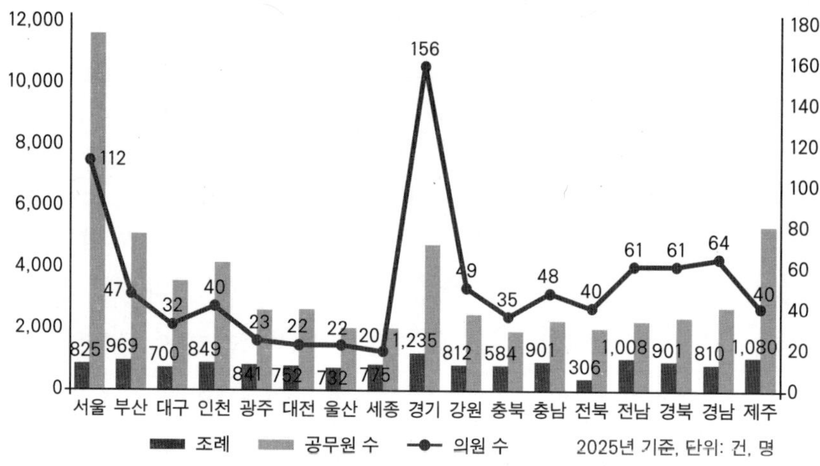

[그림 11-2] **광역자치단체별 조례, 공무원 수, 의원 수 현황**

[표 11-1] **시·군·구별 재정, 인구, 면적, 지방의원 수, 공무원 수 현황 비교표**

구분	재정(백만 원)	인구(명)	면적(km^2)	의원 수	공무원 수	조례건수(건)
구 합계	53507928	21134875	3445.89	990	79086	27329
구 평균	775477	306303	49.94	14	1146	396
중위값		300627	32			
군 합계	47520761	4188911	54916.77	689	58373	34865
군 평균	579521	51084	669.72	8	712	425
중위값		40156	612.42			
시 합계	103226679	24761953	39782.64	1309	118293	40496
시 평균	1376356	330159	530.44	17	1577	540
중위값		244345	461.59			
기초 합계	204255368	50085739	98145.3	2988	255752	102690
기초 평균	903785	221618	434	13	1132	454

5절 7인 최소 의회 현황

이제 이 절의 주제인 숫자 7의 저주에 대해 살펴보자. 91년 지방의회
가 부활한 이후 한 번도 바뀌지 않고 '7'이라는 저주의 수를 유지해 온
최저 기초의원 수가 하루빨리 바뀌기를 바라는 마음으로 최소 규모 기

초의회 현실을 소개한다. 최소 7인 지방의원으로 운영되는 지방의회는 강원도에 속한 12개의 기초의회를 시작으로 경기도 9개, 경북 6개 등 총 54개 기초의회다. 서울특별시와 대전광역시, 경상남도 지역만이 7인 의회가 없고 12개 광역 지역별로 7인 의회가 운영되고 있다. 지역별 7인 의회와 해당 자치단체의 현황을 [표 11-2]에서 볼 수 있다.

[표 11-2] **최소 인원 7인 기초의회 지역별 현황**

구분	조례	인구 수	조례/의원	인구/의원	공무원 수	재정
강원도 기초단체(12개 평균)	450	36712	64	5245	613	469886
경기도 기초단체(9개 평균)	500	117642	71	16806	839	6612217
경상북도 기초단체(6개 평균)	362	25042	52	3577	560	438185
전라북도 기초단체(3개 평균)	449	22460	64	3209	597	446296
전라남도 기초단체(5개 평균)	443	28440	63	4063	610	443870
충청남도 기초단체(5개 평균)	464	46259	66	6608	678	562134
충청북도 기초단체(5개 평균)	443	31999	63	4571	578	331438
자치구 12개 평균	376	93024	54	13289	713	426600
전국 54개 기초단체 평균	433	60569	62	8653	670	488327

54개 자치단체의 평균 인구는 6만 명이지만, 경기도 지역 기초자치단체를 제외하면 평균이 49,155명으로 5만 명 이하로 떨어지고, 여기에서 다시 자치구 인구를 제외하면 이들 지역의 평균 인구는 33,202명으로 나온다.

잠시 최소 기초의회를 인구 기준으로 살펴보았다. 인구가 적은 기초자치단체부터 하나의 표로 정리하고 난 후 7인 기초의회의 자치단체와 비교해 보았다. 왼쪽 시트에는 인구가 가장 적은 울릉군부터 밑으로 내려가면서 인구가 증가하기 시작해 226번째 칸에 수원시가 적혀 있다. 그 옆 시트에는 최소 의회 54개 자치단체 이름과 인구수가 적인 칸들이 밑으로 내려가 있다. 역시 맨 위 칸에는 울릉군이 적혀 있고 54번째 칸에는 오산시가 있다.

그 자료를 비교해 보면 맨 위부터 11번째인 전북 진안군까지는 차이가 없이 똑같이 내려오지만 12번째부터는 두 자료가 차이를 보이기 시작한다. 12번째 인구를 가진 자치단체는 경상남도 의령군이고 다음은 전라북도 임실군이다. 두 자치단체의 지방의원 수는 각각 10명과 8명이다. 최소 의회 칸의 12번째는 2만 6천 명대의 인구를 가진 전남 곡성군과 강원도 고성군으로 이 둘의 자치단체는 인구표 자료에는 14번째와 15번째에 자리를 잡고 있다.

즉 인구수와 지방의원 수가 차이가 나기 시작하는 지점이다. 최소 의회 자치단체 중에서 인구가 가장 많은 양평군(127,241명)보다 인구는 적은데 8명 이상의 지방의원을 가진 자치단체는 55개가 있다. 자치구의회 중에서 7인 지방의원인 자치단체 중에서는 인천시 중구(175,350명)가 인구가 가장 많다. 인천시 중구보다 인구가 적지만 7인 최소 의회가 아닌 자치단체는 67곳이다.

최소 의회 중에서 인구가 가장 많은 경기도 오산시(247,468명)는 인구 규모로는 전국 226개 기초자치단체 중에서 140번째에 위치한다. 대한민국 기초자치단체 중에서 인구 규모로는 87위라는 말이다. 오산시보다 인구는 적지만 최소 의회가 아닌, 즉 8인 이상으로 의회를 구성하고 있는 자치단체가 86개나 된다.

인구와 지방의회 숫자와의 역전 현상은 이렇게 나타난다. 한두 자치단체의 특별한 사정으로 예외가 생길 수는 있지만, 인구 규모를 기준으로 상정해 보면 너무나 많은 예외가 존재하게 된다. 그렇다면 어떻게 하면 공정할까? 필자는 지방자치제도를 개혁하기 위해 지방의회의 규모를 판단하는 수단으로 인구 규모를 여러 요소 중의 하나로 검토해야 한다고 생각한다.

인구를 우선으로 검토하기 시작하면 도시로의 집중, 수도권으로의 초집중이 가속화될 수밖에 없다. 대의민주주의는 1인 1표라는 원칙을 지킨다고 해 선출되는 모든 대표가 같은 수의 유권자에게 권한을 위임받을 필요는 없다. 사회적약자의 권리를 지키기 위해서는 이들을 대변할 수 있는 대표가 의회에서 활동해야 한다. 작은 마을의 주민을 보호하고 지원하기 위해서도 지방의회에 이들의 대표가 들어갈 수 있도록 제도를 개선해 나가야 한다. 국회든 지방의회든 대표를 선출하는 방식을 검토하는 과정에서 이렇게 인구 대표성과 함께 지역 대표성, 사회적약자의 권리도 함께 고려해야 한다. 이렇게 기준을 새롭게 개혁해 지방의회 의원 수를 새로 조정해 나갈 필요가 있지만, 이보다 더욱 절박하고 중요한 과제가 두 개 있다.

첫째는 지방의원 정수와 선거구 획정에 관련한 권한을 주민이 온전하게 행사할 수 있어야 하는 과제이고, 첫째 과제가 실행되기 이전에는 두 번째 과제로 최소 의회 인원을 11명 이상으로 확대하는 것이다. 첫 번째 과제는 이 책 여러 곳에서 언급하고 있으니 여기서는 두 번째 과제인 최소 의회 11인 증원에 대한 의견을 제안한다.

6절 추억의 놀이 '찜뽕', 그리고 최소 놀이 인원 확보하기

어릴 적 기억을 소환해 본다. 필자가 초등학교 다니던 시절, 1970년대쯤이니 벌써 50년이 넘게 흘러간 옛날이야기다. 당시에는 특별히 아이들이 갖고 놀 만한 도구들이 없었다. 땅바닥에 오징어 모양의 그림을 그려놓고 서로 편을 나누어 놀았다. 깨진 기와장이나 평평한 돌을 골라 한쪽 편엔 자신의 돌을 세워놓고 다른 편이 손을 쓰지 않고 자기 돌을 옮겨 상대편의 세워진 돌을 넘어뜨리는 놀이도 자주 했다. 앞의 놀이는 '오징어놀이'라고 했고 뒤의 놀이는 '비석치기'라고 했다. 앞의 두 놀이도 재미있었지만, 필자가 어린 시절 제일 재미있게 한 놀이는 '찜뽕'이었다. 일본어에서 온 말인 듯해 국어사전을 찾아보니 '찜뿌'라는 단어가 있다.

쩜뽕이나 찜뽕은 찜뿌의 사투리라 알려주고는 다음과 같은 설명이 있다. '고무공을 이용해 야구 형식으로 즐기는 아이들의 놀이. 투수와 포수가 없이 타자가 한 손으로 공을 공중에 띄워 그것을 다른 손으로 친다.' 이 놀이를 즐겨 했던 필자의 기억으로는 손이 아닌 방망이로 공을 친 기억을 가지고 있다. 근사한 야구 배트는 아니지만, 어느 집의 부러진 몽둥이나 동네에서 자라는 나무를 잘라 만든 방망이였다. 고무공이나 공 표면이 실로 감싸인 테니스공과 방망이 하나면 충분한 놀이였다.

그러나 찜뽕을 제대로 즐기려면 12명이 넘는 동무가 필요했다. 한 편에 6명 이상은 되어야지 1, 2, 3루를 맡고 뒤쪽에 3명 이상은 서 있어야 하기 때문이다. 이 놀이가 하고 싶은데 인원이 모자라면 온 동네를 몰려다니며 동무를 찾아다니곤 했다. 어느 날은 인원이 모자라면 그 놀이를 포기하고 흩어지기도 했다.

7절 저주를 풀자: 최소 의회는 11인 이상으로

길게 옛일을 소환하는 이유는 간단하다. 아이들 놀이에도 필요한 최소 인원이 있듯이 지방의회에도 최소 인원이 있다. 찜뽕을 하려면 1, 2, 3루에 한 명씩 있어야 하고 소위 외야에도 3명 정도는 있어야 놀이가 진행된다.

의회도 다르지 않을 것이다. 의회를 운영하기 위해서도 최소 인원이 있어야 한다. 자체 의회 운영보다도 더 중요한 것은 주민 의견을 경청하고 이를 조례나 정책으로 반영해야 하기 위한 최소 인원이 필요하다. 농촌에서 선거운동을 해 본 사람이나 이를 옆에서 지켜본 사람은 후보자가 하루에 몇 명이나 만날 수 있는지 잘 안다. 최선을 다해서 가장 부지런히 다닌다는 후보자가 만날 수 있는 주민이 고작 몇십 명을 넘기 힘들다.

인구가 집중된 도시에서는 길목에 서 있기만 해도 수천 명을 만날 수 있지만 농촌은 다르다. 다른 한편으로 강한 시장 권한에 약한 의회라는 평가를 받는 대한민국 지방의회, 더구나 기초의회에서 집행부 권력을 견제하고 감시하기 위해서는 최소 인원 이상의 의원이 필요하다. 35년 전 7인 최소 인원이 결정될 당시인 1991년 지방직 공무원 중에서 일반직은 159,192명이었다. 2024년 12월 31일 통계로 같은 직의 공무원이 305,912명이다. 인구가 집중된 시와 구의 공무원이 늘어나고 인구가 적은 농촌 지역은 별로 늘어나지 않았다고 생각할 수 있다. 개별 기초자치단체 통계는 찾을 수 없어 7인 의회가 가장 많은 강원도 지방직 공무원 통계를 소개한다.

1991년 최소 의회 규정이 만들어진 10년 후인 강원도 일반직 공무원은 9,499명이었다. 이 숫자는 25년이 지난 후에 17,285명으로 증가한다. 강원도뿐만이 아니다. 최소 의회가 6개인 경북과 5개인 전남, 충남도 공무원 숫자는 대폭 증가한다. 변화된 환경에서 주민에게 필요한 행정서비스를 제공하기 위한 변화일 것이다. 경북(14,407명에서 23,846명으로 증가), 전남(12,609명에서 20,816명으로 증가), 충남(9,499명에서 13,049명)으로 증가했다.

그런데 지방의회는 어떤가? 7인 최소 인원 기준이 마련되고 강산이 세 번이 넘게 바뀔 세월이 흘렀다. 지난 35년 동안 기초의회에는 누구도 눈길 한번 주질 않았다. 의장 빼고 6명의 의원이 상임위원회를 구성한 의회도 있고 상임위원회를 구성하지 않고 의정 활동을 하는 지방의회도 여러 곳이 있다. 상임위원회를 구성한 지방의회도 여러 의원이 두 개 상임위원회에 같이 참여하고 있어 상임위원회 구분이 무색한 실정이다.

지방의원 정수는 지방자치 시대에 맞게 지방의회에서 결정하도록 개선하고, 그 결정 과정에 주민 의견이 충분히 반영하도록 해야 한다. 지금과 같이 국회 지역구 획정위원회 결론에 따라 하향식으로 결정되는 방식을 개선해야 한다. 국회의원 지역구에 따라 광역의원의 선거구가 결정되고, 광역의원 선거구에 종속되어 기초의회 의원선거구가 결정되는 지금의 방식에서는 지방자치는 사라지고 국회의원 통치만이 존재한다. 국회의원 선거구에 가지런히 정돈된 광역과 기초의원 선거구에서 지방의원은 국회의원 선거구를 벗어나지 못하고 그 안에서 가지런히 함께 활동해야 하는 현실은 시급히 개선되어야 한다.

선거구 개선과 함께 지방의회 의원도 주민 의견에 따라 조정되어야 하며, 35년 동안 유물처럼 유지되고 있는 기초의회 최소 인원 7인 규정도 11인 정도로 확대되어야 한다. 최근 한 연구에서 지방의회 최소 인원을 11인으로 확대하자는 의견을 중앙선거관리위원회에 전달했다.

기초의회가 제대로 기능을 하기 위해서는 3개 상임위원회가 구성되어야 하고, 이를 위해서는 11명의 의원이 필요하다는 의견이었다. 필자 또한 11인 확대에 동의하며, 2026년 6월에 임기를 시작하는 지방의회 13기부터 꼭 적용되길 기대한다. 7인 최소 의회만이 아니라 8인 의회(25개 지방의회), 9인 의회(11개 지방의회), 10인 지방의회(11개 지방의회)도 지방의회의 기능을 온전히 수행하기 힘든 실정은 비슷할 것이다. 인근 지방의회와 의원들이 정보도 교환하고, 필요한 연구 작업도 수행하면서 축구라도 한 경기 할 수 있도록 최소 인원을 확대해야 한다.

12장
30, 50, 120, 150
_시간의 자치를 회복하다

한국 지방자치의 역사는 중앙이 만들어놓은 통치의 틀을 하나씩 벗겨내며, 지역이 스스로의 문제를 다룰 수 있는 권한과 역량을 되찾는 과정이었다. 앞 장에서 보았듯, 지방의회가 다시 문을 연 1991년 이후 가장 큰 과제는 '형식적 부활'에서 '실질적 자치'로 나아가는 일이었다. 조례 권한의 확대, 재정 자율성 강화, 행정 권한의 이양 등 겹겹이 둘러쳐진 간섭과 타율의 장애를 뚫고 나가는 길이었다.

그 가운데에서도 상대적으로 주목받지 못했지만, 지방의회의 실질적 역량을 결정하는 핵심 제도 중 하나가 바로 회기會期, 즉 '의회가 언제·얼마나 회의를 개최하는지'를 결정하는 제도적 시간 구조였다. 공간의 자치가 지역 문제를 해결하기 위한 자치 권한과 자주 재정을 의미한다면, 시간의 자치는 그 제도가 실제로 작동할 수 있는 리듬과 깊이를 결정하는 조건이다.

따라서 회기 운영 방식의 변화는 지방자치의 성숙도를 가늠하는 중요한 지표이기도 하다. 이번 장에서는 '회기'라는 자치의 시간을 회복해 가는 과정을 소개한다.

1절 선출을 넘어 함께 만드는 자치

우리 동네 시의원은 누굴까? 시의원들은 도대체 며칠 동안 모여서 회의를 할까? 지방의회 의원들이 모여 회의를 하는 기간을 회기라고 한다. 그러면 시의원과 도의원을 선출하는 지역구가 서로 다르고 숫자도 다른데 시의회와 도의회가 열리는 회기는 같을까? 다를까? 아무래도 도의회가 지역적으로 더 넓고, 넓은 만큼 많은 주민의 삶을 살펴야 한다면 회의 기간도 더 많아야 하지 않을까?

여러분이 선출한 시의회나 도의회는 어느 정도 기간 동안 모여서 회의를 하면 적당할까? 국회가 열리면 TV 등 여러 언론매체에서 알려주어 그들의 활동은 대략 알 수는 있으나 지방의회는 특별한 관심을 기울이지 않으면 어떻게 돌아가는지 알 수 없다. 한 걸음 더 나아가 지방의회 회기는 어떻게 변화해 왔을까? 지방자치가 발전하면서 회기는 얼마나 늘어났을까? 불현듯 생긴 의문이 꼬리를 물고 이어진다.

이번 단락의 숫자는 지방의회의 회기에 관한 숫자다. 자치가 발전하려면 자발적인 참여가 높아져야 하고, 원활하게 주민의 의견이 전달되어 자치 정책에 반영되어야 한다. 4년에 한 번 권한을 위임하는 선거로 자치를 위한 책임이 끝나는 것은 아니다. 오히려 선거는 자치를 위한 시작일 뿐이다.

권한을 맡긴 지방의원이 주민과 성실히 소통하고 주민 의견을 정책에 잘 반영하고 있는지 살펴봐야 한다. 꼭 자신의 의견이 아니라도 이웃 주민들이 제출한 좋은 의견을 얼마나 받아들여 그 의견을 실천하고자 노력하는지를 꼭 지켜봐야 한다. 잘하면 칭찬과 격려도 아끼지 말고, 잘못하면 주민들과 모여서 엄하게 질책도 해야 한다. 정말로 가망이 없으면 번거롭지만, 우리 동네를 위해서 그 지방의원을 소환해 해고해야 한다.

지방의원이 얼마나 성실하게 일을 하는지는 생활하면서 보고 느낄 수 있겠지만 그들이 모여 회의할 때 어떤 안건을 결정, 토론하는지를 잘 살펴봐야 한다. 그래야 설혹 잘못된 결정이 추진되어 발생할 낭비와 피해를 막을 수 있다. 충분한 토론 없이 졸속으로 안건을 처리하거나, 다수 주민의 의견과는 다르게 결정하는 사례가 늘어나면 주민이 나서서 경고해야 한다.

이렇듯 지방의원이 모여 회의를 하는 기간, 즉 회기는 지방자치에서 매우 중요하다. 회기가 시작되기 전에 어떤 조례와 안건이 다루어질 예정인지, 회기가 끝나면 곧바로 그 결과를 주민에게 전달해 알려줘야 한다. 요즘은 정보통신의 발달로 마음만 먹으면 쉽게 주민과 소통할 수 있다. 지방의회 홈페이지에 게시하는 소극적 방식이 아니라 SNS 등 다양한 매체를 이용해 적극적으로 지방의회 활동 소식을 알려야 한다. 단체장들이 자랑할 것만 열심히 주민에게 알려주지 말고 지방의회가 열리기 전이나 끝난 후, 그 내용을 알려주면 지방자치는 더 깊이 발전할 것이다.

2절 중앙이 만든 시간표 속에 갇혀 있던 지방의회

지방자치는 여러 사례를 통해 확인할 수 있듯이 중앙집권 세력과 부단한 갈등과 싸움의 과정이다. 권한을 쥐고 계속 행사하려는 사람들과 그 권한을 본래부터 가지고 있던 주권자인 주민과 그 주민의 의사를 대변하려는 자치 세력과 늘 대립한다. 자치를 두려워하는 사람들은 지방자치 자체를 억눌러 막아섰다.

막을 수 없는 상황이 되면 가능하면 자치 세력의 힘을 축소하는 방향으로 법과 제도를 만들었고, 또 시대 흐름과 자치 세력의 힘에 따라 부단히 개정했다. 지방의회가 열리더라도 가능한 짧은 기간 열리도록 했다. 지방의회 활동 성과를 긍정적 관점이 아니라 부정적 관점에서 바라보고 평가해 왔다. 지방의회 회기 또한 이러한 갈등과 싸움의 과정,

지방자치에 대한 인식의 변화를 보여준다.

예상할 수 있듯이 지방자치 세력은 충분한 회기를 확보해 논의하려고 하겠지만 중앙집권 세력은 짧은 회기를 보장하고 지방자치의 명분을 살려 나가려고 했다. 그들은 지속적으로 지방자치를 실행하는 역량이 부족하다는 평가를 내리면서 지방의회 활동을 제한하려 했다. 이렇게 지방의회 회기는 단순한 숫자의 문제가 아니라 지방자치에 대한 관점과 자치 능력에 관한 판단 등이 드러나는 지표 중의 하나다.

지방자치법은 다음과 같은 세부적 요소를 조목조목 규정했다. 정기회 개회 시기, 정기회 기간, 회기 일수, 연간 총 회기 가능 일수 등이다. 지방의회는 자율적인 시간표를 가지지 못했다. 처음 만들어진 지방자치법에서 회기는 광역과 기초를 구분하지 않고 30일을 초과하지 못하도록 규정하고 있다. 제24조 규정이다. 내용은 아래와 같다.

제24조 지방의회의 개회, 휴회, 폐회와 회기는 그 의회가 스스로 정한다. 단, 회기는 30일을 초과하지 못한다.

회기를 의회가 스스로 정하도록 하고 그 기간은 30일, 한 달을 초과하지 못하도록 제한하고 있다. 법을 제정하는 당시 국회법에서 국회는 '정기회의 회기는 90일로 하고, 임시회의 회기는 30일 이내로 한다. 단 국회의원의 결의로 연기할 수 있다'라고 제4조에서 규정하고 있다. 국가 대사는 지방자치단체보다 네 배가 긴 120일 동안 열릴 수 있고, 더해 회기를 얼마든지 연장할 수 있었다.

국회의원들은 지방의회는 30일을 넘게 논의할 사안이 없다고 판단한 것이다. 다행히 지방의원의 회기는 계속 연장되었지만, 법정 회의 일수를 초과하면 폐회를 명할 수 있는 권한을 내무부 장관과 도지사, 군수에게 부여하고 있다. 지방의회 회기는 1956년 2월에 개정된 자치법에

따라 도와 서울특별시, 시는 90일, 읍면은 50일로 연장되었다. 역시 지
방자치법 제24조 규정이다.

> 제24조 지방의회의 개회, 휴회, 폐회와 회기는 그 의회가 스스
> 로 정한다.
> 회기는 정기회는 도, 서울특별시와 시에 있어서는 30일, 읍,
> 면에 있어서는 15일 이내로 하고 임시회는 10일 이내로 한다.
> [신설 1956.2.13.]
> 회기 총 일수는 1년을 통하여 도, 서울특별시와 시에 있어서는
> 90일, 읍, 면에 있어서는 50일 이내로 한다. [신설 1956.2.13.]

1958년 12월에 개정된 지방자치법은 요즘 말로 개악된 지방자치법이
었다. 1956년 지방자치법 개정으로 시·읍·면장을 주민이 직접 선출하
도록 했으나 이를 다시 임명제로 바꾸면서 회기에 단서 조항까지 달아
놓았다.

도지사와 서울특별시장은 여전히 임명제로 1950년대의 지방자치 한
계는 분명했고 이 한계는 1960년 4·19 민주혁명을 통해 비로소 해소되
었다. 4·19 민주혁명 이후 개정된 자치법에는 동, 이장에서부터 시·읍·
면장과 도지사, 서울시장까지 주민이 직접 선출하도록 했다. 1958년 12
월에 개악된 관련 조항은 아래와 같다.

> 제24조(전략)
> 지방의회가 법정 회의 일수를 초과할 때에는 도와 서울특별시
> 에 있어서는 내무부 장관, 시에 있어서는 도지사, 읍, 면에 있
> 어서는 군수가 폐회를 명할 수 있다. [신설 1958.12.26.]

제98조 도지사와 서울특별시장은 대통령령이 임명한다.

시장은 도지사의 추천으로 내무부 장관을 경유하여 대통령

이, 읍, 면장은 군수의 추천으로 도지사가 임명한다.

시·읍·면장의 임용 자격은 대통령령으로 정한다. [전문개정

1958.12.26.]

4·19 민주혁명 이후 개정된 지방자치법에서 회기는 이전과 다르게 바뀌었다. 정기회기 30일과 15일은 그대로 유지하면서 회기 총 일수를 아래와 같이 규정했다. 결과적으로 서울특별시는 110일, 도와 50만 이상 시는 100일, 시는 90일, 읍, 면은 45일까지 지방의회가 열릴 수 있도록 해 지방의회별로 회기를 세분했다.

서울특별시의회와 도의회, 50만 이상의 시의회는 회기가 연장되었고, 대부분의 시의회 회기는 기존과 같고 읍, 면의회 회기는 5일이 축소된 것을 확인할 수 있다. 다만 회기를 초과했을 때 폐회를 명령할 수 있는 조항은 그대로 유지되었다.

제24조 지방의회의 개회, 휴회, 폐회와 회기는 그 의회가 스스

로 정한다.

회기는 정기회는 도, 서울특별시와 시에 있어서는 30일, 읍,

면에 있어서는 15일 이내로 하고 임시회는 10일 이내로 한다.

[신설 1956.2.13.]

회기 총 일수는 12월의 정기회를 제외하고 특별시는 80일, 도

와 인구 50만 이상의 시는 70일, 그 외의 시는 60일, 읍, 면은

30일로 한다. [개정 1960.11.1.](후략)

암흑기를 지나 1991년 3월에 부활한 지방자치제는 여러 우여곡절을

겪으며 임시조치법과 헌법 부칙의 족쇄를 걷어내고 현실로 등장했다. 87년 6월 민주항쟁으로 직선제 개헌이 이뤄졌고 새 대통령이 선출되어 제6공화국이 출범했다. 지방자치제 또한 지방자치법의 개정을 통해 곧 바로 실시될 것으로 예상했으나 현실은 다르게 흘러갔다.

1988년 4월 6일 개정되어 5월 1일부터 시행되는 지방자치법은 지방 자치단체를 1. 특별시와 직할시 및 도, 2. 시와 군 및 구로 규정해 기존 의 2단계 자치 체계를 그대로 유지하면서 자치 단위를 읍면에서 군으 로 변경했음은 앞서 언급한 대로다. 그러나 법의 목적인 제1조부터 제1 장 3절 지방자치단체의 기능과 사무, 제2장 주민의 자격(제12조)과 권리 (제13조)와 의무(제14조) 조항 등을 추가하고 지방의원과 지방자치단체 장의 주민 선거(제86조)를 규정했다.

기존에 있었던 법의 제1조의 내용과 새롭게 개정된 법의 목적을 비 교해 보면 지방자치에 대한 이해의 차이를 쉽게 확인할 수 있다. 1988 년 자치법의 개정 이전의 법은 1973년에 다른 법을 개정하면서 불가피 하게 개정된 지방자치법이다. 내용은 1960년 지방자치법과 동일하다. 지방자치법은 존재했지만, 임시조치법이 더 강력하게 적용되면서 지방 자치는 법전에 갇혀 있었다.

1973년 지방자치법
제1조 본 법은 지방의 행정을 국가의 감독하에 지방주민의 자
치로 행하게 함으로써 대한민국의 민주적 발전을 기함을 목적
으로 한다.

1988년 지방자치법
제1조(목적) 이 법은 지방자치단체의 종류와 그 조직 및 운영
에 관한 사항을 정하고, 국가와 지방자치단체와의 기본적 관

계를 정함으로써 지방자치행정의 민주성과 능률성을 도모하
며 지방자치단체의 건전한 발전을 기함을 목적으로 한다.

이렇게 정부와 국회는 지방의회를 지역마다 그 지역의 특성을 살려
활동하는 자치기구로 본 것이 아니라, 모든 지방의회가 동일한 시간표
를 따라야 하는 기관으로 인식하고 있었다. 그러나 지방자치는 획일적
틀 속에서는 결코 성장할 수 없다. 회기를 둘러싼 논의는 계속 이어진다.

3절 진화하는 지방자치, 그러나 여전한 중앙의 시간표

1988년에 개정된 지방자치법은 지방자치에 대한 진화한 인식을 담고
있다고 하지만 지방의회의 회기에 대해서는 각박하게 규정하고 있다.
연간 회의 총 일수를 시·도는 70일, 시·군·구는 60일을 초과할 수 없
도록 규정한 것이다. 100일(서울특별시는 110일)까지 연장되었던 회기
가 70일로 축소된 것이다. 다행히 지방의회 회기는 1989년 12월 30일
에 개정된 자치법에 따라 시도는 100일, 시·군·구는 60일로 조금 연
장되었다. 1989년 연말에 개정된 자치법에서 회기 관련 규정은 아래와
같다.

제38조 정기회(전략)
② 정기회의 회기는 30일, 임시회의 회기는 10일 이내로 한다.
③ 연간 회의 총 일수는 정기회 및 임시회를 합하여 시·도에
있어서는 100일, 시·군 및 자치구에 있어서는 60일을 초과할
수 없다. [개정 1989.12.30.]

1995년 지방의원과 지방자치단체장을 동시에 선출하는 동시 지방선
거를 앞두고 지방자치법은 1994년 3월과 12월에 두 차례나 긴급하게

개정되었다. 본격적인 민선 지방자치 시대 개막을 앞두고 지방자치제도
에 대한 미비한 점들을 보완한다는 취지였다. 두 차례의 개정 중에서 3
월 개정 자치법에는 회기를 120일(광역)과 80일(기초)로 각각 20일씩
연장했다.

11월 20일(광역)과 25일(기초)에 개최하는 정기회의 회기도 각각 10
일과 5일씩 연장했다. 계속 언급되는 지방의회의 정기회와 임시회, 회기
관련 설명을 한 표로 정리하면 아래와 같다.

[표 12-1] **지방의회 회의 종류와 회기**

구분	주요내용	2006년 이전 법정규정	조례 자율화 이후
정기회	매년 반드시 열어야하는 정례 회의(예산, 결산, 감사 등)	시기, 기간 등 획일적인 법률로 규정	지방의회별로 조례로 자율 규정
임시회	필요시 열리는 회의	소집사유, 일수 등 제한 규정	소집요건과 운영방식을 조례로 자율 규정
회기일수	정기회와 임시회를 열 수 있는 회의 기간	광역과 기초의회별로 법률로 회기 제한	정기회와 임기회를 조례로 자율 규정

아울러 지방자치를 실시하는 과정에서 두 차례 개정안이 담고 있는
중요한 내용이 있어 3가지씩 소개한다. 먼저 3월 개정 내용에는

1. 군을 도농복합형태의 시로 할 수 있도록 하고, 이러한 시에
는 읍·면·동을 두도록 했으며(제7조),

2. 지방의원의 명예직 제도는 현행대로 유지하되, 의정 자료의
수집·연구와 이를 위한 보조 활동에 소요되는 비용을 매월
의정 활동비로 지급할 수 있도록 하고(제32조),

3. 지방자치단체의 장은 지방의회에서 재의결된 사항이 법령
에 위반된다고 판단되는 때에는 대법원에 소를 제기할 수 있
고, 그 의결의 집행을 정지하게 하는 집행정지 결정을 신청할
수 있도록 했다. 한편, 당해 지방자치단체의 장이 소를 제기하

지 아니하는 때에는 내무부 장관 또는 시·도지사는 당해 지
방자치단체의 장에게 제소를 지시하거나 직접 제소 및 집행정
지 결정을 신청할 수 있도록 했다.(제98조)

1994년 12월 개정에서는 다음 3가지의 내용이 들어 있다.

1. 직할시라는 명칭이 지방자치 시대와는 맞지 않아 광역시로
바꾸고,
2. 단체장의 임기를 3기 내에서만 연임이 가능하도록 했다.
3. 마지막으로는 특별시·광역시의 자치구 상호 간의 재원 조
정 방법은 내무부 장관의 승인을 얻어 정하도록 하던 제한을
폐지하고(제160조 2항) 자율적으로 정하도록 하는 내용이다.

위의 3개 조문은 조문 위치와 표현을 바뀌었지만, 그 내용은 지금까
지도 그대로 적용되고 있어 소개한다. 지방자치에 큰 관심이 없는 독자
라도 국회의원은 3선 이상의 다선이 가능하지만, 우리 동네 시장이나
군수, 구청장의 계속 재임은 세 번만 가능하다는 것을 들었을 것이다.
본격적인 지방단체장 선거를 앞두고 급하게 개정된 지방자치법이 누
구를 위해 개정되는지 한 번쯤 생각하게 하는 지점이다. 지방자치단체
장의 계속 3연임 초과 허용에 대해서는 여러 의견이 있을 수 있을 것이
다. 그러나 1995년 6월에 실행 예정인 자치단체장 선거를 6개월 앞두고
선출되지 않은 단체장의 임기를 국회에서 제한한 일은 자신들의 경쟁
자를 견제하려는 목적이었다는 비판에서 자유롭지는 못할 것이다.

4절 시간의 자치를 열어젖힌 지방자치법 개정
긴 과정을 거쳐 오며 비로소 지방의회는 자율적인 시간표를 갖게 되

었다. 현행 지방자치법에서 지방의회 회기를 규정하는 내용은 간단하다. 제53조에서 매년 2회의 정례회를 개최하도록 하고, 연간 회의 총 일수 등을 지방자치단체 조례로 정하도록 하고 있다. 비로소 법률로 규정된 회기가 아니라 자율적으로 정한 회기를 운영할 수 있게 된 것이다.

제4절 소집과 회기

제53조(정례회) ① 지방의회는 매년 2회 정례회를 개최한다.
② 정례회의 집회일, 그 밖에 정례회 운영에 필요한 사항은 해당 지방자치단체의 조례로 정한다.

제56조(개회·휴회·폐회와 회의일수) ① 지방의회의 개회·휴회·폐회와 회기는 지방의회가 의결로 정한다.
② 연간 회의 총 일수와 정례회 및 임시회의 회기는 해당 지방자치단체의 조례로 정한다.

언제부터 이렇게 바뀐 것일까? 위 제53조 정례회는 1999년 8월 개정에서 도입되어 모든 지방의회는 1년에 두 번의 정례회의를 개최한다.

회의 총 일수와 정례회, 임시회의 회기를 모두 지방자치단체 조례로 정하도록 자치법에 규정한 것은 2006년 4월 28일이다. 지방의회가 91년 부활한 지 15년 만에 지방의회가 자율적으로 자신들의 회의 기간, 회기를 정할 수 있게 되었다.

지방자치는 이렇게 느린 듯하면서도 멈추지 않고 발전한다. 그렇다면 각 지방의회는 어느 정도 회의를 할까? 맨 처음 물었던 질문에 대한 답은 동네마다 다르다. 일률적으로 법으로 규정해 적용하던 회기를 각 지방의회가 제정하는 조례에 맡겼으니 다를 수밖에 없다. 하지만 지방자치단체가 처리하는 사무의 범위와 내용이 비슷하기 때문에, 지방의회에서 다루는 안건이나 조례 등의 숫자도 비슷해 회기는 크게 차이 나지 않는다.

대부분 광역의회는 150~130일 정도, 기초의회는 120~90일 정도로 규정하고 있다. 회기를 150일로 규정하고 있는 지자체는 서울특별시와 제주특별자치도이고 경기도 등 9개 광역의회가 140일로 규정하고 있다. 전북특별자치도, 경상북도, 충청북도, 부산광역시, 대구광역시가 130일이다. 전라남도의회는 회기를 120일 이상으로 규정하고 있다.

기초지방의회 중 나주시의회는 120일, 창원시의회는 110일, 천안시의회는 100일, 광주광역시 남구의회도 100일, 무안군의회 110일, 홍성군의회 90일로 규정하고 있다. 그러나 규정된 회기를 연장하고자 할 경우에는 언제든지 연장할 수 있도록 규정하고 있어 회기만큼은 지방자치에 맞게 운영되고 있다.

서울특별시와 나주시와 창원시, 광주광역시 남구, 홍성군의 회기 관련 규정을 아래와 같이 소개한다. 이들 지방자치단체는 군, 구 단위에서 가장 많은 조례를 보유하고 있는 지자체들이다. 그렇다고 조례를 적게 보유한 지자체의 회기가 반드시 짧은 것은 아니다. 기초지방의회 회기는 90일에서 120일로 큰 차이를 보이지는 않는다.

서울특별시 의회

제5조(연간 회의일수) 의회의 연간 회의 총 일수는 정례회 및 임시회를 합하여 150일 이내로 한다. 다만, 회의일수의 연장이 필요한 경우에는 본회의 의결로 연장할 수 있다.

① 의회는 정례회를 매년 2회 개최하고, 정례회의 회기는 제1차·제2차 정례회를 합하여 80일 이내로 한다. [개정 2018.3.8]

의회는 정례회를 매년 2회 개최하고, 정례회의 회기는 제1차·

제2차 정례회를 합하여 70일 이내로 한다.

나주시

제5조(연간 회의 총 일수) 「지방자치법」(이하 "법"이라 한다) 제56조 제2항에 따른 의회의 연간 회의 총 일수는 120일 이내로 한다.

정례회 등의 회기는 연간 회의 총 일수에서 자율적으로 운영하되, 임시회는 각 회기마다 15일 이내의 범위에서 본회의 의결로 이를 정한다.

창원시

제2조(연간 회의 총 일수) 창원시의회(이하 "의회"라 한다)의 연간 회의 총 일수는 정례회 및 임시회의 회기를 합하여 110일 이내로 한다. 다만, 부득이한 사유로 연간 회의 총 일수를 초과하여 집회할 필요가 있을 때에는 20일 이내의 범위에서 본회의의 의결로 연장할 수 있다. [개정 2022.12.30.]

광주시 남구

제3조(회기와 회의일수) 정례회의 회기는 연 2회를 합하여 40일 이내로 하고, 임시회의 회기는 15일 이내로 하며, 연간 회의 총 일수는 정례회 및 임시회를 합하여 100일을 초과할 수 없다. [개정 2006.10.2., 2015.9.30.]

홍성군

제2조(연간 회의 총 일수) 홍성군의회(이하 "의회"라 한다)의 연간 회의 총 일수는 정례회 및 임시회의 회기를 합하여 90일

이내로 한다. 다만, 연간 회의 총 일수를 초과하여 집회할 필요가 있을 경우에는 본회의 의결로 10일 이내의 범위에서 이를 연장할 수 있다.

[표 12-2] **지방의회 회기 변화**

구분	도	서울특별시	시	읍·면
1949	30	30	30	30
1952 (1회 지방의회 선거)	경기도, 강원도 제외 7개도	전쟁으로 제외	17개 시	72개 읍, 1203개 면
1956	90(정기회30)	90(정기회30)	90(정기회30)	50(정기회15)
1952 (2회 지방의회 선거)	2회 선거 9개 도	1회 선거 실시	25개 시 (1회시장선거)	75개 읍 1358개 면 (1회 읍, 면장 선거)
1958	자치법 제24조 법정 회기 초과 시 폐회 명령 조항 추가			
1960	100(정기회30)	110(정기회30)	90(정기회30)	45(정기회15)
1960 (3회 지방의회 선거)	3회 9개 도 (도지사 직선)	2회 선거실시 (서울시장 직선)	25개 시 (2회시장선거)	80개 읍 1448개 면 (2회 읍 면장 선거)
1961-1972	5·16군사반란으로 제정된 임시조치법으로 지방자치 중단			
1972-1980	제4공화국(유신헌법) 헌법 부칙에 의해 조국통일 전까지 지방자치 유보됨			
1980-1987	제5공화국 헌법 부칙에 의해 재정자립도 달성 전까지 지방자치 유보됨			
	광역의회		기초의회	
1988	70(정기회의 30)		60(정기회의 30)	
1989	100(정기회의 30)		60(정기회의 30)	
1994	120(정기회의 40)		80(정기회의 35)	
1999	자치법 제38조 매년 2회 정례회의 개최 규정 추가			
2006	회기를 규정하는 조항 삭제, 회기는 지방의회에서 조례로 규정			
2006.4.28. 이후	서울,제주 150, 경기도 등 140, 전북 등 130, 전남 120 이상 나주시 120, 창원시, 무안군 110, 천안시, 광주 남구 100, 홍성군 90 *대부분 지자체는 지방의회 의결로 회기 연장 가능 조항 있음			

정리해 보자면 2006년 지방자치법 개정은 지방의회뿐만이 아니라 지방자치 역사에 중요한 전환점이었다. 지방의회 회기와 관련한 전환의 핵심은 다음 한 문장으로 요약할 수 있다. "회기는 조례로 정한다." 법률은 더 이상 회기의 구체적 내용을 규율하지 않는다. 과거처럼 '정기회는

언제 열어라', '회기는 며칠 이내여야 한다' 같은 문장들이 사라졌다. 이 변화는 규제의 포기가 아니라, 자치의 회복이다. 중앙이 소유하던 시간이 지방의회로 이양된 것이다.

반복해 강조하지만, 지방정부의 권한 확대는 결국 지역이 스스로 문제를 해결하는 역량을 키우는 과정이다. 회기 자율화는 이러한 흐름의 연장선에 놓여 있다. 이제야 비로소 지방의회는 지역사회가 요구하는 문제, 예산구조, 정책 사이클에 맞춰 자신들의 시간표를 직접 설계하는 주체가 되었다.

지금까지 소개한 내용을 이해를 돕기 위해 하나의 표로 정리해 보았다.

[표 12-3] **지방의회 회기 제도 변화 핵심 요약**

시대	체계	통제/자율	상징적 의미
1949~1987	법정 회기 중심	중앙 통제	자치 불신·시간의 국가 소유
1988~2005	제한적 확대	부분적 자율	성장기지만 근본적 자율 부재
2006~현재	조례자율제	지방의회 자율	시간의 자치 회복

제4부를 정리하며: 막힌 자치의 숫자, 그러나 완전히 닫히지 않은 길

제4부에서 살펴본 숫자들은 하나의 불편한 진실을 말해준다. 지방자치는 부활했지만, 온전히 신뢰받지는 못했다. 국회는 지방의회가 스스로 결정할 능력이 없다고 판단했고, 그 판단은 숫자로 제도화되었다. 의원 수는 중앙에서 정해졌고, 최소 의회 규모는 수십 년간 고정되었으며, 회기의 길이 역시 오랫동안 통제되었다. 자치는 허용되었지만, 통치는 여전히 더 큰 힘으로 허용된 자치를 눌러왔다.

그러나 이 숫자들이 말하는 이야기가 거기서 끝나지는 않는다. 제4부의 후반부에서 확인했듯, 자치는 완전히 멈춰 서 있지 않았다. 회기의 자율화는 비록 늦었지만, 중요한 전환이었다. 2006년 이후, 지방의회는 비로소 자신의 시간표를 조례로 정할 수 있게 되었고, 지역의 문제에 맞게 논의의 속도와 깊이를 조절할 수 있게 되었다. 중앙이 소유하던 시간이 지역으로 이동한 순간이었다.

이는 중요한 의미를 갖는다. 자치는 한 번에 완성되는 제도가 아니라, 조금씩 되찾아오는 권한의 축적이라는 점이다. 의원 정수의 자율화는 아직 이루어지지 않았고, 최소 의회 규모의 문제도 여전히 남아 있다. 그러나 회기라는 시간의 자치를 회복한 경험은, 다른 영역의 자치 역시 회복될 수 있음을 보여주는 선례다.

제4부는 결론 정리하기를 서두르지 않는다. 대신 경계를 분명히 한다. 지방자치는 여기까지 왔고, 여기에서 멈춰 있다. 이제 다음 질문은 제도의 문제가 아니라 참여의 문제다. 이렇게 제한된 구조 속에서도 시민은 어떻게 민주주의를 확장해 왔는가? 숫자로 제한된 지방의회 밖에서, 또 다른 숫자들은 어떤 변화를 만들어 냈는가?

이제 마지막으로 시선을 시민에게로 돌린다. 제5부에서는 선거 연령, 무투표 당선, 청년과 여성의 숫자를 통해 민주주의 참여가 어떻게 변화해 왔는지를 살펴본다. 그리고 또 어디를 향해야 하는지도 모색해 본다. 제4부가 민주주의의 제도적 한계를 보여주었다면, 제5부는 그 한계를 넘어가려는 시민의 움직임을 기록하는 것이다.

5부

민주주의 참여를 바꾼 숫자들

숫자가 시민을 다시
정치의 중심으로 불러냈다

앞선 제4부에서 우리는 지방자치가 제도적으로 어디까지 허용되었고, 어디에서 멈춰 서 있었는지를 살펴보았다. 의원 수와 회기, 시간과 규모를 둘러싼 숫자들은 지방의회의 자치권이 얼마나 제한된 조건 속에서 작동해 왔는지를 보여주었다. 이제 마지막으로 시선을 돌릴 대상은 분명하다. 제도가 멈춰 선 자리에서, 그 빈틈을 메워 온 것은 누구였는가? 라는 질문이다.

제5부는 지방자치의 마지막 축인 참여를 다룬다. 이번에 등장하는 숫자들은 제도의 설계가 아니라, 민주주의의 문턱을 가리킨다. 선거권 연령을 나타내는 21·20·19·18, 선거가 사라진 지역을 드러내는 108과 381, 그리고 지방정치의 동력을 바꾸기 시작한 3과 1,626이라는 숫자들이다. 이 숫자들은 지방자치가 제도와 구조의 문제를 넘어, 누가 지방자치를 책임지고 운영할 것인가?라는 질문으로 수렴하고 있음을 보여준다.

제13장은 참여의 문턱이 어떻게 낮아져 왔는지를 추적한다. 선거권 연령의 변화는 단순한 숫자 조정이 아니라, 민주주의가 시민을 어떻게 바라보는지에 대한 관점의 이동이었다. 정치에 참여할 수 있는 자격이 확장되었다는 사실은, 민주주의가 더 많은 시민을 신뢰하기 시작했다

는 신호이기도 하다. 그러나 참여의 문턱이 낮아졌다고 해서, 참여가 자동으로 보장되지는 않는다.

제14장은 이 불일치를 가장 극적으로 보여준다. 무투표 당선이라는 숫자는 민주주의가 형식만 남은 순간을 드러낸다. 선거는 있었지만, 선택은 사라졌다. 제도는 작동했지만, 경쟁도 사라졌다. 이 숫자들은 참여의 기회가 존재하더라도, 실제 참여가 차단될 수 있음을 경고한다. 민주주의는 투표의 절차만으로 유지되지 않는다는 사실이 여기에서 분명해진다.

제15장은 다시 다른 방향의 숫자를 보여준다. 청년과 여성이라는 새로운 주체들이 지방정치에 진입하기 시작한 흔적이다. 3과 1,626이라는 숫자는 아직 크지 않지만, 의미는 분명하다. 지방정치는 더 이상 특정 세대나 남성의 전유물이 아니라, 다양한 삶의 경험이 교차하는 공간으로 이동하고 있다. 이는 지방자치가 여전히 희망을 안고 변화의 가능성을 품고 있음을 보여주는 장면이다.

그래서 제5부는 다시 묻는다. 우리 지역에는 누가 살며, 그들을 누가 대표하는가? 선거권과 피선거권은 어디까지 일치시켜야 하는가? 과소 대표, 과잉 대표 현상은 왜 발생하는가? 그렇다면 앞으로 어떤 방식으로 다시 구성해 나가야 하는가? 민주주의 미래는 제도의 개혁만이 아니라, 시민의 참여와 그렇게 참여하는 시민의 능력에 달려 있는 것은 아닐까? 라고.

13장
21, 20, 19 그리고 18
_참여의 문턱이 낮아진 숫자들

1절 시민의 나이를 묻다: 선거권·피선거권의 균형이라는 과제

몇 살부터 한 사람이 자기 자신을 넘어 공동체를 생각하고, 책임 있는 시민으로 행동할 수 있을까? 지방의원을 선출하고, 지방자치단체장이나 국회의원, 나아가 대통령까지 선택할 수 있는 선거연령은 몇 살이 가장 적절할까? 최근 여러 나라에서 선거연령을 낮추는 흐름이 확산되고 있지만, 일부에서는 지금의 나이면 이미 충분하며 더 낮추어서는 안 된다고 주장한다.

이번 장은 바로 이 '선거 나이'의 변화를 살펴본다. 선거에 참여할 수 있는 최소 나이뿐만 아니라, 지방의원·단체장·국회의원으로 출마할 수 있는 최소 나이, 즉 피선거권 나이까지 함께 다룬다.

선거권과 피선거권은 본질적으로 분리할 수 없는 권리다. 선거권과 피선거권이 나누어지는 순간 민주주의는 흔들린다. 자신의 권한을 일정 기간 위임하는 시민은 누구라도 그 권한을 위임받을 수 있어야 민주주의는 안정적으로 유지될 수 있다. 이 대등함이 무너지는 순간, 민주주의는 왜곡되어 갈등이 깊어질 수 있다.

더 나아가 민주주의는 4년에 한 번 투표하는 행위만으로 유지되지 않는다. 투표를 넘어 공동체의 여러 결정 과정에 자유롭게 참여할 수

있어야 하고, 공동체에 필요한 다양한 역할을 맡아 수행할 수 있어야
한다. 그 과정에서 시민 스스로 공동체의 일원임을 체감할 수 있을 때
비로소 자치의 힘이 살아난다. 자치의 힘이 취약하면 민주주의를 운영
하는 힘도 약해진다. 자치의 능력이 강해질수록 민주주의를 지켜가는
능력도 강해진다.

주민투표, 주민소환, 주민발의, 주민자치회, 주민참여예산, 마을공동
체 활동 등 우리 주변에는 이미 여러 참여 제도가 열려 있다. 이러한 제
도에 적극적으로 참여하는 시민이 많을수록 그 공동체는 더 건강하고
역동적으로 발전한다.

민주주의의 원형이라 불리는 고대 아테네의 사례는 이를 잘 보여준
다. 여성과 노예, 외국인을 배제하는 분명한 한계를 갖고 있었지만, 당
시 시민들은 재판 참여에서 행정 업무까지 다양한 역할을 추첨을 통해
맡았다. 전쟁 지휘나 회계와 같은 특수 분야를 제외하면 공동체의 다양
한 공무는 시민 모두에게 열려 있었다. 대부분의 공적 역할이 특정 계
층이나 전문집단의 몫이 아니었다. 1년 동안 공동체의 일에 직접 참여
한 시민은 자연스럽게 공동체의 미래를 고민하고, 현재의 문제를 해결
하는 과정에 적극적으로 나설 수밖에 없었다. 그리고 이러한 시민이 많
을수록 공동체는 더 합리적이고 균형 잡힌 방향으로 발전할 수 있다.
선거권과 피선거권을 동일하게 적용해야 한다는 생각은 바로 이 같은
민주주의의 기본 원리에서 출발한다.

이러한 민주주의의 기본 원리는 지방자치에서도 다르지 않다. 아니
지방자치의 현장에서는 선거권과 피선거권은 더욱 밀접하게 연결되어
있다. 최근 마을마다, 도시마다 주민이 참여할 수 있는 다양한 제도와
정책을 마련하고, 참여를 촉진하기 위한 새로운 시도들이 도입되고 있
다. 참여하는 주민의 나이도 대폭 확대되었다. 청년과 청소년도 참여할
수 있도록 나이 제한을 낮추고 있으니 참여할 수 있는 주민이 확대된

다. 성숙한 민주주의는 결국 이러한 지방자치를 실제로 작동시키는 시민 참여의 확대에서 비롯된다.

따라서 선거권과 피선거권을 살펴보는 일은 단순히 "몇 살부터 투표할 수 있는가?", "몇 살부터 출마할 수 있는가?"라는 숫자를 확인하는 작업은 아니다. 이는 민주주의와 지방자치가 발전하기 위해서 시민이 어떤 역할을 해야 하는지 되돌아보는 과정이다. 모든 시민이 동의하고 수용할 수 있도록 선거권과 피선거권을 나이로 구분하는 과정에서 자연스럽게 나이와 함께 공동체 활동에 참여하는 여타의 기준과 조건도 생각해 볼 수 있기 때문이다. 즉 4년, 혹은 5년에 한 번만 공동체를 생각하는 시민의 투표 나이를 포함해 일상생활 속에서 마을공동체나 도시의 대소사에 참여할 수 있는 시민의 자격과 책임을 인식해 가기 때문이다.

20여 년 전 선거문화와 정치문화를 바꾸기 위해 매니페스토 활동을 전개할 때 많이 인용했던 루소의 말이 생각난다. 그는 자신이 살던 시대의 영국 대의제도를 비판적 눈으로 바라보며 "영국인들은 투표하는 하루만 자유롭다"고 말했다. 민주공화국에 사는 우리는 며칠이나 자유로울까? 지방자치를 실천하기 위한 다양한 제도들이 정비된 시대를 사는 나는 얼마나 공동체의 일에 참여하고 있을까? 나는 공동체의 구성원으로 투표하고 공직을 맡을 수 있는 자격을 갖고 있을까? 자문해 보며 글을 이어 간다.

2절 권력을 만드는 선거법과 지방자치의 만남

지금 우리는 18세 이상이면 어떤 선거에도 참여해 소중한 민주시민의 권리를 행사할 수 있다. 그렇다면 지방자치를 처음 시작한 1949년으로 시계를 되돌려보자. 그때는 선거 나이는 몇 살이었을까? 선거 나이는 어떻게 변화되어 지금에 이르렀을까? 선거 나이를 규정하는 법적 장치는 무엇이었을까? 이 질문들의 답을 찾아가는 여정, 그 길을 이 13장에서 함께할 것이다.

그런데 이번 질문은 이 책에서 다루는 다른 숫자의 비밀보다는 다행히 그 과정이 복잡하지 않다. 왜냐하면 선거 연령은 선거의 전체 규칙을 규정하는 법률 속에 간단한 조문 형태로 담겨 있기 때문이다. 따라서 구체적인 선거 나이를 탐색하기 전에 먼저 선거 나이를 규정하는 법률의 변화를 알아볼 필요가 있다.

대한민국에서 시행되었던 여러 선거 관련 법률은 1994년 3월 16일에 [공직선거 및 선거부정방지법]으로 통합되었다. 그동안 대통령 선거, 국회의원 선거, 지방자치단체장 선거, 지방의회 의원 선거가 따로따로 다른 선거법으로 실행되었다. 누가 봐도 복잡했을 것이다. 특히 지방자치제가 발전하면서 광역과 기초 지방의원, 비례 대표의원, 교육감 선거가 더 추가되었으니, 통합선거법의 필요성은 더욱 커졌다. 이런 배경에서 이 법은 만들어졌다. 그래서 언론이나 많은 시민이 편하게 이 법을 '통합선거법'이라고 한다. 지금은 공직자를 선출하는 법이라는 의미에서 2005년부터는 법률 명칭도 [공직선거법]으로 개정하여 사용하고 있다.

공직선거법이 만들어지기 전의 상황을 시대별로 좀 더 상세하게 알아보자. 1950년대에는 대통령·부통령선거법, 1963년 이후에는 대통령선거법이 있었다. 헌법이 바뀌면서 부통령이 없어졌기 때문이다. 국회의원 선거법은 1948년 12월 23일에 제정되어 1994년 3월 16일에 폐지되었다. 또한 지방의원과 단체장 선거 관련 사항은 제1, 2공화국에서는 지방자치법에 규정되어 있었다. 지방자치가 부활한 1991년 이후에는 [지방의회의원선거법]이 1988년 4월 6일에 제정되어 1991년 3월과 6월에 실시된 기초와 광역의원 선거에 적용되었다. 그리고 역시 1994년 3월에 폐지되었다.

흥미로운 것은 1990년 12월 31일에 [지방자치단체의장선거법]이 제정되었으나 한 번도 적용되지 못하고 1994년 3월에 폐지되었다는 것이다. 한 번도 사용하지 않은 법이 있다는 사실이 우습기도 하지만 바로 이런 사실이 지방자치의 힘겨운 부활 과정을 잘 보여주는 한 단면이기도 하다. 일부러 한 번도 사용하지 못할 법을 만드는 나라는 없을 것이다. 필요한 선거가 있어 만들었지만, 그 필요가 사라지거나 잠시 연기되어 법전에서 대기하다가 폐기된 것이다. 이처럼 법률의 변화는 지방자치와 선거제도가 겪어 온 역사적 굴곡을 그대로 드러낸다.

선거법의 역사와 그 속에서 확인되는 선거연령의 변화를 살펴보기 전에 정부와 지방정부, 혹은 지방자치단체와의 관계를 짚고 넘어가야 한다. 앞에서 언급했듯이 선거연령은 단순한 숫자가 아니라 공동체 구성원의 자격과 책무도 함께 포함하는 기준이기 때문이다.

지방자치제를 본격 실시하기 위한 준비 과정에서 가장 중요한 것은 정부와 지방정부와의 관계 설정일 것이다. 정부가 국가를 대표하는 권력으로 상정하고 지방정부는 그 아래에 있는 하부 기구로 생각한다면 지방자치는 이름뿐이고 실제는 지방통치가 유지될 것이다. 이와는 다르게 국가는 정부와 지방정부로 이루어진다는 분권적 사고, 지방정부와 정부는 대등한 관계에서 권한을 나누고 상호 견제와 협력을 통해 국가를 경영해 나가야 한다는 인식도 있다. 진정한 지방자치는 후자와 같은 분권적 사고, 두 정부가 대등하다는 인식의 바탕에서 실현될 것이다.

그러나 여전히 지방정부는 정부가 허용하는 범위에서 사무를 처리하는 단체, 법인 자격을 갖춘 지방자치단체로 헌법과 법은 규정하고 있다. 이렇게 지방정부가 아니라 지방자치단체로 호명하고 있는 현실에서 지방자치 정착을 위해 헤쳐 나갈 숙제들이 산적해 있다. 정부와 지방정부와의 관계를 재설정하고, 지방분권에 대한 충분한 이해를 공유한 다음 지방자치를 새롭게 실행해 나가면 어떨까? 현실은 미흡하지만 좁은 범위에서라도 지방자치를 실행해 가면서 풀어 갈 수밖에 없다. 이런 이유로 지방정부를 구성하고, 권한을 위임하는 과정을 규정하는 지방자치 법과 선거법이 중요하게 다루어지게 되었다. 덧붙이자면 이 책에서 지 방정부와 지방자치단체라는 용어를 맥락에 따라 혼용하지만, 관행대로 대부분 지방자치단체라는 용어를 사용한다.

3절 권력의 재구성: 선거법의 역사 1 지방선거와 국회의원 선거

사전 학습을 마쳤으니 이제부터 본격적으로 선거법의 역사를 따라가 면서 선거연령과 출마할 수 있는 나이, 즉 선거권과 피선거권의 역사를 살펴보자. 1995년 6월 27일에 실시될 민선 1기 동시 지방선거를 앞두 고 선거법에 대한 개정이 추진되었다. 한날한시에 같은 공간에서 실시 되는 지방의원 선거와 지방자치단체장의 선거를 두 개의 다른 법으로 실행한다면 적지 않은 혼란이나 낭비가 발생할 것임은 누구라도 알 것 이다. 더해서 이날 선출하는 지방의원 중에서 광역의회 비례대표가 추 가되어 상황은 더 복잡해졌다.

유권자는 기초와 광역 지방의원, 광역과 기초자치단체장 4명과 함께 광역의원 비례대표도 선출했다. 지금보다는 간편(?)했겠지만, 5번을 투 표했다. 그리고 1년 후인 1996년에는 국회의원 총선거가, 또 1년이 지 난 97년에는 대통령 선거가 예정되어 있었다. 예전처럼 선거 때마다 다 른 선거법을 적용한다고 생각하면 참으로 복잡한 일들을 겪었을 것이 다. 앞서 언급한 1994년 3월 제정된 일명 통합선거법이 이런 문제를 해 결해 준 것이다.

이 법의 제정으로 기존처럼 여러 선거법을 일일이 확인할 필요 없이, 선거에 관한 주요 규정을 하나의 법률에서 확인할 수 있게 되었다. 물 론 통합선거법이 모든 선거를 완전히 동일하게 규정하는 것은 아니다. 예를 들어, 선거연령은 공통 규정을 따르지만, 피선거권은 대통령·국회 의원·지방의원·지방자치단체장에 따라 세부적으로 다르게 규정한다.

통합선거법이 제정된 1994년 당시의 내용을 보면 다음과 같다.

제15조(선거권)

① 20세 이상의 국민은 대통령 및 국회의원의 선거권이 있다.

② 20세 이상의 국민으로서 주민등록이 해당 지방자치단체에 되어 있는 사람은 지방의회 의원 및 지방자치단체장의 선거권을 가진다.

제16조(피선거권)

① 40세 이상의 국민은 대통령의 피선거권이 있다.

② 25세 이상의 국민은 국회의원의 피선거권이 있다.

③ 선거일 현재 90일 이상 해당 지자체에 주민등록을 두고 있는 25세 이상의 국민은 지방의원 및 지방자치단체장의 피선거권이 있다.

당시의 규정에 따르면, 선거권 연령, 선거 나이는 20세, 피선거권은 대통령 40세, 국회의원·지방의원·지방자치단체장은 25세였다. 국회의원은 거주지와 관계없이 출마를 선택할 수 있었지만, 지방선거는 해당 지역에 일정 기간 거주해야만 출마할 수 있었다.

그렇다면 이 선거연령 기준은 언제부터 이런 모습이었을까? 처음 공직선거가 실시된 1948년의 기준은 어땠을까? 그리고 선거권과 피선거권은 어떤 법률 개정을 통해 지금의 모습으로 바뀌어 왔을까?

상식적으로 생각하면 1994년 이전에는 지금보다 선거권과 피선거권의 연령이 더 높았고, 이후 개정을 거치며 꾸준히 낮아졌을 것이라고 예상할 수 있다. 실제로도 선거연령은 지속적으로 하향되는 방향으로 변화해 왔다. 다만 예외적으로, 4·19 민주혁명 이후에는 사회 변화의 속도를 반영해 선거연령이 급격히 낮아진 시기도 있었다. 이제 1948년부터 현재까지 이어져 온 선거연령의 변화를 관련 법률과 함께 간략히 살펴보도록 하겠다.

먼저 국회의원 선거권과 피선거권을 살펴보자. 1948년 8월 이승만 정부가 출범한 이후 제일 먼저 제정된 선거법은 1948년 12월 23일에 제정된 국회의원 선거법이었다. 이 법을 만든 제헌국회 의원들은 어떤 규정에 따라 선출되었을까? 법률정보센터에 찾아가서 이 법을 찾아보면 법률 제17호 1948년 12월 23일 일부 개정이라고 적혀 있다. 제정이 아니라 개정이라는 표현은 이 법을 앞선 법률이 있다는 것이다.

잠시 대한민국 현대사로 시선을 돌려보자. 좀 더 역사를 더듬어 올라가면 제헌국회 의원은 이 법의 토대가 된 미군 군정법령 제175호인 [남조선 과도정부 朝鮮 서울 법령 제175호]의 규정에 따라 선출되었음을 알게 된다. 정부 수립 이전이었으므로, 미군이 38선 이남을 통치하던 시기였다. 미군정 체제에서 첫 국회의원 선거가 실시되었고, 이 선거로 구성된 제헌국회가 헌법을 만들고 제헌국회에서 대통령을 선출했다.

제헌헌법 전문을 보면 '유구한 역사와 전통에 빛나는 우리들 대한국민은 기미 삼일운동으로 대한민국을 건립해 세계에 선포한 위대한 독립 정신을 계승해 이제 민주 독립 국가를 재건함에 있어서'로 시작한다. 이 문장은 현재는 '유구한 역사와 전통에 빛나는 우리 대한국민은 3·1운동으로 건립된 대한민국임시정부의 법통과 불의에 항거한 4·19민주이념을 계승하고'로 정제되어 현행 헌법에 명시되어 있다. 제헌헌법이 3·1운동과 임시정부의 계승을, 그리고 현행 헌법은 4·19민주이념의 계승을 분명하게 표명하고 있는 것을 확인할 수 있다.

아무튼 다시 본 주제로 돌아와서 선거법을 살펴보자. 이 법 제1조에서 선거권과 피선거권과 관련된 내용을 규정하고 있다. 그리고 이어지는 제2조와 제3조에서는 일제 강점에 대한 아픔이 고스란히 드러나는 규정들이 있다. 좀 긴 내용이지만 전체 조문을 소개한다.

제1장 총칙

제1조 국민으로서 만 21세에 달한 자는 성별, 재산, 교육, 종교의 구별이 없이 국회의원의 선거권이 있음
국민으로서 만 25세에 달한 자는 성별, 재산, 교육, 종교의 구별이 없이 국회의원의 피선거권이 있음
연령의 산정은 선거일 현재로 함

제2조 좌의1에 해당하는 자는 선거권이 없음
1. 법원에서 금치산선고를 받은 자
2. 법원에서 심신모약으로 인하여 준금치산선고를 받은 자
3. 자유형의 선고를 받고 그 집행 중에 있거나 또는 집행을 받지 않기로 확정되지 아니한 자
4. 일본정부로부터 작爵을 받은 자
5. 일본제국 의회의 의원이 되었든 자

제3조 좌의1에 해당하는 자는 피선거권이 없음
1. 본법 제2조에 의하여 선거권이 없는 자. 단, 동조제3호에 해당하는 자중 정치범은 제외함
2. 1년 이상의 자유형의 선고를 받았든 자로서 그 집행을 종료하거나 집행을 받지 않기로 확정된 후 3년을 경과하지 아니한 자. 단, 정치범을 제외함
3. 일제시대에 판임관 이상의 경찰관 급 헌병, 헌병보 또는 고등경찰의 직에 있든 자 급 기밀정행위를 한 자

4. 일제시대에 중추원의 부의장, 고문 또는 참의가 되었든 자

5. 일제시대에 부, 또는 도의 자문 혹은 결의기관의 의원이 되었든 자

6. 일제시대의 고등관으로서 3등급 이상의 지위에 있든 자 또는 훈7등 이상을 받은 자. 단, 기술관 급 교육자는 제외함

안타까운 점은, 이렇게 규정되어 있던 친일 관련 조항이 오래가지 못했다는 사실이다. 위와 같은 친일 관련자 배제 규정은 아주 짧은 기간 동안만 유지되었다. 1950년 4월 12일에 개정된 국회의원 선거법에는 위 내용이 간략하게 축소되어 부칙으로 슬그머니 옮겨갔다. 그리고 다음 해인 1951년 6월 23일에 개정된 법에서는 관련 내용인 부칙 제3조를 삭제한 것이다. 1951년 6월 이후 선거부터는 반민족 친일 행위는 더 이상 문제가 되지 않았다. 모든 친일 행위가 주홍 글씨처럼 지워지지 않고 그들을 속박할 수는 없다. 자신의 죄를 뉘우치고 반성하는 사람, 그 반성 또한 친일 행위의 경중에 따라 다를 수 있겠지만 이렇게 슬그머니 법조문에서 사라진 역사는 부끄럽고 안타까울 수밖에 없다. 관련 법조문을 소개하고 넘어간다.

국회의원 선거법 [시행 1950.4.12.]

부칙

제3조 본법 공포 후 처음 시행하는 총선거와 그 보궐선거에 있어서는 좌의 각호의 1에 해당하는 자는 의원 입후보자가 되거나 또는 의원 입후보자의 추천을 받을 수 없다.

1. 일본 정부로부터 작을 수한 자 또는 습작한 자

2. 일본 제국의회 의원이 되었든 자

3. 중추원 고문 또는 부의장과 참의가 되었던 자

4. 일제시대 도 또는 부회의 의원이었는 자

5. 일제시대 고등관 3등 이상의 지위에 있던 자

6. 일제시대 고등경찰 및 헌병보 이상의 지위에 있던 자

국회의원 선거법 [시행 1951.6.23.]

부칙 [법률 제121호, 1950.4.12.] 부칙 [법률 제121호, 1950.4.12.]

제3조 삭제 [1951.6.2.]

1958년, 국회가 양원제로 개편되면서 기존의 국회의원 선거법은 1958년 1월에 잠시 폐지된다. 대신 민의원과 참의원으로 나뉜 두 개의 선거법이 새로 제정되었다. 이때 선거권 연령은 두 법 모두 만 21세 이상으로 같았지만, 피선거권 연령은 달랐다. 민의원은 만 25세, 참의원은 만 35세 이상이어야 출마할 수 있었다. 다만 국회에서 양원제가 구성된 것은 제2공화국 시기였다.

1960년 4·19 민주혁명을 겪으면서 비로소 선거 나이가 한 살 젊어진다. 1960년 6월 새로 제정된 국회의원 선거법은 선거 나이를 만 20세 이상으로 규정했고 민의원 피선거권은 만 25세, 참의원 피선거권 나이는 만 30세 이상으로 규정했다. 참의원도 5년을 낮추었다. 이후 대통령 선거 나이도, 지방의원 선거 나이도, 지방자치단체의 장 선거 나이도 모두 만 20세 이상으로 규정되어 오랫동안 이어졌다.

1961년 5·16 군사 반란 이후 1963년 1월 16일 개정된 국회의원 선거법은 양원제가 아닌 단원제 국회에 대한 선거 규정으로 선거 나이는 만 20세 이상, 피선거권 나이는 만 25세 이상으로 규정했다. 25세 규정도 오랫동안 이어지다가 2000년대 통합선거법의 개정에 따라 변화한다. 이 부분은 통합선거법 이후의 변화를 설명하면서 다시 다루기로 한다.

4절 권력의 재구성: 선거법의 역사 2-대통령 선거

다음으로 대통령 선거와 관련된 법 규정을 살펴보자. 대통령선거법은 1963년 2월 1일에 처음 제정되었다가, 1972년 유신헌법 제정과 함께 폐지되었다. 1963년 제3공화국이 시작될 때 대통령 선거권은 만 20세 이상이었고, 피선거권은 국내에 5년 이상 거주한 40세 이상의 국민으로 정해져 있었다.

유신헌법은 대통령 직선제를 간선제로 전환하는 과정이었다. 대통령선거법 대신, 대통령을 선출하는 기관인 통일주체국민회의 대의원을 뽑는 법률이 제정된다. 이 대의원 선거법에서 선거권은 만 20세, 피선거권은 만 30세 이상으로 규정되었다.

유신체제가 무너진 뒤에도 정치체제는 곧바로 온전한 민주주의로 전환되지 못했다. 결과적으로 군사정권이 다른 형태로 연장되는 상황이 이어졌다. 유신헌법의 절차에 따라, 8월 27일 통일주체국민회의에서 전두환 소장이 제11대 대통령으로 선출되었고, 해가 바뀐 다음 제12대 대통령에도 취임한다. 평생에 한 번 취임하기도 힘든 대통령에 그는 두 번이나 취임했다.

헌법개정과 함께 새로 제정된 대통령선거법에 따라 1981년 2월 11일 대통령 선거인단 선거가 실시되었고, 2월 25일 선거인단이 지금은 사라진 장충체육관에 모여 7년 임기의 대통령으로 전두환을 선출했다. 1980년 12월 31일 제정된 대통령선거법 제1조는 다음과 같이 규정하고 있다. '국민의 자유의사에 의하여 대통령을 공정히 선거함으로써 민주정치의 발전에 기여함을 목적으로 한다.'

그런데 제2조에서는 이렇게 규정한다. '대통령은 국민의 보통·평등·직접·비밀선거에 의해 선출된 대통령 선거인단에서 무기명투표로 선거한다.' 문구만 놓고 보면 민주정치를 위한 제도처럼 보이지만, 실제로는 유신헌법에 이어 또다시 국민의 직접 선거가 유보되는 구조가 반복된 셈이다. 대통령 선거인단 선거권 연령은 20세, 피선거권은 30세였고, 대통령 피선거권은 40세로, 유신헌법 체제 하의 '통일주체국민회의'와 같은 기준을 유지했다. 1987년 6월 민주항쟁 이후 제6공화국 대통령선거법에서는 선거권을 20세, 대통령 피선거권을 40세 이상으로 규정한다.

여기서 한 가지 놓치지 말아야 할 부분이 있다. 앞서 "첫 대통령선거법이 1963년에 제정되었다"고 했다. 이는 엄밀히 말하면 틀린 이야기는 아니지만 다음과 같은 사실과 함께 살펴봐야 한다. 즉 그보다 앞선 1950년대에도 대통령 선거에 관한 법이 존재했다는 사실이다.

사정은 이렇다. 1948년에는 대통령을 국회에서 선출하도록 했으나, 이후 헌법개정을 통해 국민이 직접 선출하는 방식이 도입되었다. 그 개정의 결과로 1952년 7월 18일 [대통령·부통령선거법]이 제정되었다. 이 법은 선거권 연령을 만 21세, 대통령·부통령 피선거권을 40세로 규정하고, 국내 거주 요건을 3년 이상으로 두고 있다는 점이 눈에 띈다. 이 법은 제3공화국이 시작되는 1963년에 폐지되었고, 부통령 제도도 없어지면서 앞에서 살펴본 대통령선거법이 새로 제정되어 그 역할을 이어받게 된다.

5절 문턱을 없애는 정치: 선거권과 피선거권의 동등한 시대

다음으로 지방의회와 지방자치단체장 선거 나이를 살펴보자. 제1·2공화국 시기에는 지방자치 선거 관련 규정이 모두 지방자치법 안에 들어 있었다. 당시 지방자치법을 보면, 조문 상당 부분이 선거와 관련된 내용이다. 총 7개의 장 156조로 이루어진 첫 지방자치법에서 선거 관련 규정은 제3장 제52조부터 제96조까지이고, 1960년 제2공화국 지방자치법 역시 총 9개 장 162조 가운데 제3장 제52조부터 제96조까지가 선거 규정이었다. 법 조문의 약 4분의 1이 선거 규정이었던 셈이다.

선거 나이는 앞에서 살펴본 것처럼 제1공화국에서는 만 21세, 제2공화국부터는 만 20세로 낮아졌다. 지방의회와 지방자치단체장 선거 규정이 바뀌는 과정에서 피선거권 연령도 함께 조정되었다. 1950년대 지방선거에서 피선거권 연령은 만 25세였다. 1960년 제2공화국 지방자치법이 규정한 선거권 연령은 만 20세 이상이었고, 지방의원과 시·읍·면장의 피선거권은 만 25세 이상, 도지사와 서울특별시장의 피선거권은 만 30세 이상이었다.

1991년 지방자치 부활과 함께 지방의원 선거법이 새로 제정되면서, 선거권은 만 20세 이상, 피선거권은 만 25세 이상으로 규정되었다. 이 법은 1991년 3월과 6월에 차례대로 실시된 기초의원·광역의원 선거에 적용되었다가 1994년 통합선거법 제정으로 폐지되었다.

지방자치단체장의 피선거권 연령도 앞서 언급한 바와 같이, 한 번도 시행되지 못하고 폐지된 [지방자치단체의 장 선거법]과 당시 지방자치법에서 기초단체장은 만 30세, 광역단체장은 만 35세로 규정되어 있었다. 1960년 지방자치법의 기준과 비교하면 30년이 지난 시점에서 기초·광역단체장의 피선거권 연령을 각각 5년씩이나 높아진 것이다.

이 규정은 1994년 통합선거법에서 기초·광역을 구분하지 않고 지방자치단체장의 피선거권을 모두 만 25세로 규정하면서 크게 바뀐다. 지방자치를 앞두고 당시 국회와 사회가 얼마나 혼란과 논쟁을 겪었는지 짐작할 수 있는 대목이다. 광역단체장은 10년, 기초단체장은 5년이나 출마 연령이 낮아졌기 때문이다.

이제 마지막으로, 1994년 통합선거법 이후 선거권과 피선거권 연령이 어떻게 바뀌어 현재에 이르렀는지 살펴보자. 국회의원 선거법, 대통령선거법, 지방자치법, 지방의원 선거법 등을 따로따로 찾아볼 필요 없이, 통합된 공직선거법만 따라가도 변화의 흐름을 확인할 수 있다.

다만 공직선거법은 개정이 잦은 법이다 보니, 정확히 언제 선거연령이 바뀌었는지 추적하는 일이 쉽지만은 않다. 이럴 때는 현재 규정을 기준으로 거꾸로 올라가며 변화를 보는 편이 오히려 이해하기 쉽다.

현재 공직선거법에서도, 처음 제정되었을 때와 마찬가지로 제15조와 제16조에 선거권과 피선거권이 규정되어 있다.

> 제15조(선거권) ① 18세 이상의 국민은 대통령 및 국회의원의 선거권이 있다.
> ② 18세 이상으로서 (중략) 지방자치단체의 의회의원 및 장의 선거권이 있다.

> 제16조(피선거권) ① 선거일 현재 5년 이상 국내에 거주하고 있는 40세 이상의 국민은 대통령의 피선거권이 있다. (후략) [개정 1997.1.13.]
> ② 18세 이상의 국민은 국회의원의 피선거권이 있다. [개정 2022.1.18.]
> ③ (전략) 18세 이상의 국민은 그 지방의회의원 및 지방자치단체의 장의 피선거권이 있다.

> 제17조(연령산정기준) 선거권자와 피선거권자의 연령은 선거일 현재로 산정한다.

지금은 만 18세 이상이면 모든 공직선거에서 투표할 수 있고, 또 출마도 할 수 있다. 다만 대통령 선거의 피선거권은 만 40세 이상임을 재차 밝힌다. 앞서 살펴본 것처럼 1994년 통합선거법 제정 당시에는 선거권이 만 20세, 피선거권은 대통령 만 40세, 국회의원·지방의원·지방자치단체장은 만 25세였다.

이후 선거권 연령이 19세, 다시 18세로 내려오는 과정과 함께, 국회의원·지방의원·지방자치단체장의 피선거권 연령도 함께 변화를 겪었다. 선거권은 2005년 8월 개정으로 19세로 낮아졌고, 2020년 1월 4일 개정으로 18세까지 내려왔다. 국회의원과 지방의원, 지방자치단체장 모두가 18세 이상이면 출마할 수 있도록 한 것은 2022년 1월 18일 개정된 공직선거법에 규정되어 있다.

그 결과, 오늘의 한국에서는 대통령을 제외한 모든 공직에서 선거권과 피선거권의 연령 기준이 동일해졌다. 지방선거와 국회의원 선거에 나설 수 있는 나이를 대폭 낮춘 것은 단순한 숫자 조정이 아니라, 정치의 문턱을 실제로 낮추는 상징적 조치다.

언제가 될지는 알 수 없지만, 언젠가 10대 지방의원이나 국회의원이 의회에서 활약하는 모습을 보고 싶다. 20대 자치단체장이 만들어 가는 도시는 어떤 모습일지도 상상해 보게 된다. "청년의 삶이 힘들다"고 말하며 위로하는 것에서 그칠 것이 아니라, 이들이 자신의 문제를 스스로 해결해 나갈 수 있도록 제도적 통로를 넓혀주는 것이 더 중요할 것이다.

여전히 대통령은 40세가 넘어야만 할 수 있다는 규정을 보면 숨이 막힌다. 선거권 연령을 더 낮추는 문제와는 별개로, 대통령 피선거권 나이 역시 다른 공직과 마찬가지로 선거권과 최대한 맞추는 방향으로 개정되기를 바란다.

이 절의 첫머리에서 "선거권과 피선거권이 같아야 민주주의가 발전할 수 있다"고 말한 바 있다. 이 말의 의미는 단지 법 조항의 형식을 통일하자는 것이 아니다. 18세 이상 40세 미만의 청년들에게 "대통령 선거에 참여하라"고 말하면서, 정작 그들 중 누구도 대통령 후보가 될 수 없다는 모순을 더 이상 방치해서는 안 된다는 뜻이다. 국회의원과 서울특별시장, 경기도지사의 역할을 감당할 수 있는 시민이 17년을 더 기다려야 대통령의 역할을 수행할 수 있다는 주장을 진지하게 믿는 사람은 아마 없을 것이다.

피선거권 연령을 18세로 낮춘다고 해서 당장 10대 대통령이 탄생할 가능성은 매우 낮다. 그러나 선거권과 피선거권의 자격을 동등하게 만드는 일은, 공동체의 역할을 어떻게 배분할 것인가에 대한 우리 사회의 태도를 분명하게 밝히는 일이다. 그리고 이 기준은 시민이 공동체의 일에 참여하도록 용기를 북돋우는 신호가 되기도 한다. 누구나 참여할 수 있다고 말만 하는 민주주의가 아니라, 실제로 참여할 수 있는 제도를 갖춘 민주주의로 나아가는 과정이다.

최근 지방자치단체에서 주민자치회 위원 자격을 규정하는 조례들을 살펴보면, 이러한 변화의 가능성을 엿볼 수 있다. 여전히 대부분의 지자체는 "만 18세 이상"이라는 기존 기준을 유지하고 있지만, 화성시[개정 2019.11.15.]와 안산시[개정 2022.4.27.] 등은 주민자치회 위원 자격을

[표 13-1] **선거권과 피선거권 나이 변화**

구분	선거권			피선거권				
	지선	총선	대선	지방의원	기초단체장	광역단체장	국회의원	대통령
1948	21		국회 선출	규정 마련 중			25	국회
1949	21			25	의회 선출	임명직		
1952, 직선	21			25			25	40
1956, 직선	21			25	25		25참의원30	40
1960, 2공	20			25	25	30	25참의원30	40
1963, 3공	지선 없음	20		지방자치 선거 없음 (지방자치 암흑기)			25	40
1972, 4공		20					25	40
1981, 5공		20					25	40
1988,6공	20			25	30	35	25	40
1991	20			25	30	35	25	40
1994	20			25				40
2005	19			25				40
2020	18			25				40
2022	18			18				40
2025	18			18				40

15세 이상으로 규정해 청소년과 청년들에게 적극적인 참여를 요청하고 있다.

금천구는 2019년 12월 31일 조례 개정을 통해 주민자치회 위원의 연령 제한을 아예 삭제했다. 직전 조례에서는 '19세 이상의 주민'으로 규정되어 있었으나, 개정 이후에는 '마을을 위해 활동할 수 있다고 인정되면 나이에 상관없이 누구라도' 주민자치회 위원으로 활동할 수 있도록 길을 열어두었다. 나이가 아니라 의지와 책임감, 그리고 능력을 기준으로 삼은 것이다.

마을에서 시작된 이러한 작은 변화가 점차 확산되어, 언젠가는 대한민국 전체의 민주주의 문턱을 더 낮추는 힘이 되기를 기대한다. 선거연령의 개혁은 결국 숫자의 조정이 아니라, "우리는 서로를 얼마나 신뢰하는가"라는 질문에 대한 사회 전체의 대답이기 때문이다.

14장
108과 381, 축배인가 독배인가?
_선거가 사라진 지역의 숫자들

2022년에 치러진 민선 8기 지방선거는 당사자에게는 축배를, 주민에게는 독배를 안겨준 선거였다. 위 제목에서 제시된 108과 381이란 숫자는 제8회 지방선거의 무투표 당선자의 숫자다. 108명의 광역의원 후보자가 투표 없이 당선되었다. 381명의 기초의원과 단체장이 유권자와 아무런 소통 없이 지방선거의 관문을 통과했다.

- 광역의원 무투표 당선: 108명
- 기초의원 무투표 당선: 375명
- 기초단체장 무투표 당선: 6명
- 서울 기초의원 무투표 당선: 119명(전체 당선자 중 27.87%)
- 전북 광역의원 무투표 비율: 55%(40명 당선자 중 22명)
- 대구 광역의원 무투표 비율: 62.5%(32명 당선자 중 20명)

이것은 단순한 통계가 아니라 대한민국 지방자치와 민주주의의 위기를 알리는 심각한 경종이다. 무투표 당선은 민주주의의 꽃이라는 선거를 중단시켜 그 꽃을 꺾어 버리는 반민주적 사건이다. 유권자의 선택권을 박탈해 참여를 봉쇄해 지방자치를 시들게 한다.

이제부터 민주주의 위기의 현장으로 가보자. 이번 장에서는 무투표 당선자의 통계를 통해 경쟁이 사라지는 지방자치의 현황을 시기별, 지역별로 상세하게 살펴본다. 보고 싶지 않은 현실이지만, 그 현실을 직시해야 한다. 그래야 그 너머에 있는 해결책을 찾을 수 있다. 숫자를 통해 현실을 직시해 보려는 책의 의도에 맞춰서 좀 더 깊은 분석과 해결책은 다음 기회로 미룬다.

1절 치열한 선거 경쟁, 참여와 책임감의 소통 과정

살아가면서 해 본 사람과 안 해 본 사람, 두 기준으로 나누는 농담을 가끔 들어 본다. 마라톤 완주를 해 본 사람과 못 해 본 사람, 100대 명산을 완등한 사람과 오르지 못한 사람, 산티아고 순례길을 다녀온 사람과 아직 못 간 사람 등등.

지방자치와 선거 관련 사람들에게도 이런 비슷한 농담이 있다. 인생은 선거에 나간 본 사람과 그러지 않은 사람, 두 종류로 나눌 수 있다고 한다. 자기가 가진 모든 것을 쏟아붓고 몇 달을 뛰어다녀 본 사람을 만나면 확실히 무언가 다른 느낌을 받는다. 당선되어 임기를 시작하는 사람이든 낙선해 아픔을 치유하는 사람, 선거운동을 경험한 사람과 그 경험이 없는 사람은 정치나 지방자치 문제나, 심지어는 삶에서 겪게 되는 어떤 경쟁이라도 그 과정을 대하는 태도가 다르다.

필자도 선거에 관한 이런 기준에서는 선거에 나가본 사람이다. K-리그는 고사하고 비록 3부 리그쯤에서 탈락한 사람이지만, 선거의 승패가 어떤 느낌인지는 충분히 느껴보았다. 적지 않은 돈을 투자해서 사무실을 임대하고, 큼지막한 얼굴이 새겨진 현수막도 걸어 보았으니 선거에 나간 사람 쪽에 설 수 있을 것이다.

그런데 선거를 경험해 보면 선거 판도는 참으로 다양하다. 선거가 시작되기 전부터 일방적으로 기울어진 판세가 있는 반면에 마지막 투표

함까지 개표한 후에야 결과가 확인되는 초박빙의 선거도 있다. 박빙의 판세에서 당선된 사람과 그 당선자를 도운 사람들의 기쁨이야 말할 수 없겠지만, 낙선자와 그 주변 사람들의 아쉬움은 또 그만큼 진하게 찍히게 될 것이다.

2절 권한 위임 과정이 생략된 대의민주주의, 무투표 당선

선거과정을 지켜보면서 후보자와 그 주변 사람들에게 가장 큰 선물은 무엇일까?

필자가 보기에는 무투표 당선이 아닐까 생각한다. 초박빙 판세에서 최종 승자가 되는 환희도 즐겁겠지만 무투표 당선자는 애써 선거운동 과정에서 돈 쓰고 발품 팔고, 무엇보다도 마음 졸이지 않으니 이보다 더 행복한 선물은 없을 것이다.

무투표 당선은 해당 선거에서 선출할 정수와 같거나 정수보다 적은 후보자가 등록했을 경우 발생한다. 즉 한 명을 선출하는 시장이나 군수 선거에서 후보 등록 시한까지 한 명만 등록했을 경우, 두 명이나 세 명의 기초의원을 선출하는 선거구에서 두 명이나 세 명, 혹은 그보다 적은 후보자가 등록한 경우다.

여러 명이 등록을 마친 후 선거운동 과정에서도 무투표 당선자가 나올 수 있다. 후보자 중에서 사망이나 사퇴, 후보자 등록 취소 등의 사유가 발행한 경우다. 앞서 소개한 군산시 나선거구에 발생한 사례다.

이런 일은 흔히 볼 수 없는 현상이지만 전혀 발생하지 않는 일도 아니다. 선거관리위원회에서는 등록 마감 시간까지 선출할 인원보다 적거나 같은 수의 후보자가 등록하면 무투표 당선을 선언한다. 선거운동 과정에서도 무투표 당선 사유가 발행하면 같은 선언을 한다. 무투표 당선이 발표되면 후보자는 선거운동을 즉시 중단해야 한다.

흔히 볼 수 없는 사례라고 앞서 소개했지만 지난 2022년, 민선 8기

선거에서는 여러 곳에서 무투표 당선자가 속출했다. 이 절의 제목처럼 광역의원 선거에서는 108명이, 기초자치단체장 선거에서는 6명의 단체 장과 375명의 기초의원이 무투표로 당선되었다.

친목회나 동호회에서 임원을 맡지 않으려고 양보하다가 한 번 임원을 맡은 사람이 장기 집권하는 사례도 있고, 대부분 임원을 맡을 사람을 정한 후 총회를 개최해 추대 형식으로 임원을 확정해 무투표 당선을 경 험할 수 있지만, 공직선거에서는 흔한 일은 아니다.

그런데 지난 지방선거에서 대거 무투표 당선자가 나온 것이다. 투표 를 하지 않고 개표가 끝나기만을 기다리며 의정 활동을 구상하는 후 보자에게는 분명 행복한 축배의 시간일 것이다. 그러나 그 축배가 주민 모두의 축배일까? 분명한 사실은 대의민주주의는 '투표, 즉 선택'이라는 행동을 통해 권력을 위임하며 정당성을 확보하는데, 무투표 당선은 그 핵심 절차를 삭제한다. 그 절차의 생략은 어떤 결과를 가져올까? 이제 부터 지방선거에서 나타난 무투표 당선의 역사와 함께 그것이 지방자 치 발전과 민주주의에는 어떻게 작용하는지 살펴보자.

3절 지방선거에서 나타난 무투표 당선의 역사

먼저 역대 지방선거에서 무투표 당선자 현황을 알아보자. 중앙선거 관리위원회 홈페이지에는 자치단체장과 지방의원을 동시에 선출한 민 선 1회 선거부터 자료를 제공하고 있다. 즉 1995년 제1회 동시 지방선 거, 지방의회는 5기에 해당하고, 1991년 지방자치제가 부활한 후 두 번 째 지방선거부터 선거 관련 자료를 제공해 1991년 자료는 확인할 수 없 었다.

지방의회 5기(민선 1회) 선거부터 8기(민선 3회) 선거까지 무투표 당 선자는 상당한 숫자를 보인다. 1기에는 282명, 2기에는 이 숫자가 대 폭 늘어나 689명, 3기에는 452명으로 나타난다. 전체 당선자 중에서 무투표 당선자가 차지하는 비중은 차례대로 6.21%, 19.74%, 12.97%로 나타난다. 민선 2회 선거 경우에는 5명 중 1명은 무투표로 당선된 것이다.

지금 생각하면 이해하기 힘든 수치를 보여주고 있지만, 당시 상황을 보면 이해할 수 있는 측면도 있다. 잠시 생각을 멈추고 민선 4회 선거 결과를 살펴보자. 민선 1, 2, 3회 기초의원 선거에서 높은 무투표 당선자 비중은 민선 4회 선거 결과를 보면 급격하게 감소했음을 볼 수 있다. 4회 무투표 당선자는 35명이었고, 전체 당선자의 1.21%에 불과했다. 왜 이런 변화가 나타났을까?

민선 3회 선거가 끝나고 당선자가 4년 의정 활동을 하는 기간인 2002년부터 2006년 사이에 기초의원 선거제도에서 세 가지 큰 변화가 있었다. 하나는 선거구가 소선거구제에서 중선거구제로 바뀌었다. 이전까지는 읍·면·동에서 1명씩 선출하는 소선거구제였다. 91년부터 유지되어온 방식이었다. 한 번, 두 번 선거를 경험하면서 주민들도 선거방식에 대해 학습하기 시작했다. 무모한(?) 도전이 주는 막중한 결과도 주위에서 보게 된다. 한 치 건너 두 치, 건너면 이웃이고 집안사람과 선거에서 경쟁한다는 일이 얼마나 힘든 일인지도 전해 듣는다.

당시 선거 등록 후 선거운동 기간에 사퇴한 후보자들의 이유가 몇 가지로 요약할 수 있는데 그중 적지 않은 이유가 주민화합이나 지역화합을 위한다는 내용이다. 친밀한 관계를 이루고 있는 동네에서 한 사람을 뽑으니 유력한 후보자가 나오면 대세가 형성되어 출마하는 사람이 줄어들고, 후보 등록을 한 이후에도 주변 사람들의 사퇴 요구가 높아지면 어쩔 수 없이 지역화합을 위해 사퇴하게 되었을 것이다. 이렇듯 1인 소선거구제는 무투표 당선자가 많았던 이유 중의 하나다.

다음으로 민선 4회부터 지방의원 유급제가 시작되었다. 유급제 시작과 함께 세 번째 변화도 함께 있었는데 바로 기초의원 정당공천제의 시작이다. 이 두 제도에 대한 찬반 의견이 도입 당시부터 지속되고 있다. 유급제에 대한 반대의 목소리는 시간이 흐를수록 약해지고 있는 듯하지만, 기초의원 정당 공천제에 대한 반론은 여전히 줄어들지 않고 있다.

기초의원 선출 방식의 변화, 유급제와 정당 공천제 도입으로 기초의원 선거 양상은 크게 출렁거렸다. 하락추세를 보이던 기초의원 경쟁률도 지방선거 사상 가장 높아져(3.11:1) 무투표 당선자가 35명으로 가장 적었다. 당선자 중 무투표 당선자가 차지하는 비중도 가장 낮은 수치(1.21%)였다.

이렇게 2006년 5월 31일에 실시된 민선 4회 지방선거는 여러 면에서 지방자치제의 변화를 가져 왔다. 이뿐만이 아니라 이때부터 시작된 매니페스토 운동은 이후 선거를 반복하면서 정책선거와 후보자 공약의 책임성을 높여주었다. 선거에 출마하는 후보자의 공약은 임기 동안 선거관리위원회 누리집에 항상 게시되고 있다. 자치단체 누리집에도 단체장이 선거 때 약속한 공약이 늘 게시되어 있고, 1년 또는 6개월마다 공약 이행 현황을 주민에게 공개하고 있다. 선거 때마다 무수히 쏟아지는 공약이 당선과 함께 현실에서 삭제되는 현상이 사라지고, 공약은 임기 내내 유권자가 볼 수 있어 다음 선거에 출마하면 중요한 판단 기준으로 활용된다.

이런 변화는 기초의원 선거에 대한 흐름에 긍정적 영향을 준 것이 분명해 보인다. 하지만 민선 4회 선거에서 나타난 긍정적인 변화도 시간이 가면서 점차 나쁜 방향으로 변화되었다. 지난 민선 8회 선거 결과를 보면 이전에 보였던 긍정적인 모습은 사라졌다. 지방선거 경쟁률은 다시 낮아지기 시작했다. 그리고 대규모 무투표 당선자는 대대적인 지방의원 선거제도와 선거문화에 대한 개혁이 절실함을 느끼게 한다.

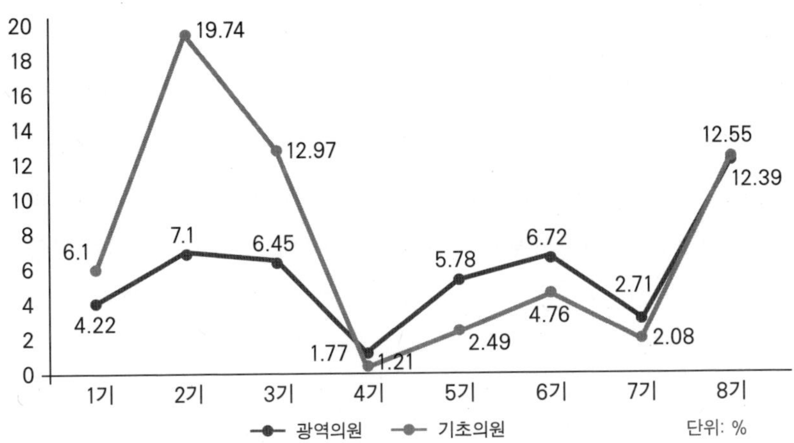

*제도 변화의 세 지점
(1) 1인 소선거구제 → 무투표 대량 발생(19995년~2002년)
    읍·면·동 단위에서 한 명만 뽑던 구조
    유력 후보가 나오면 도전자들이 출마하지 않는 '지역 화합 논리' 작동
    실제로 사퇴 사유 중 "지역 화합"이 매우 높은 비중을 차지
(2) 2006년 제도 개혁 : 중선거구제 + 기초의원 유급제 + 정당공천제
    다양한 후보 참여 가능성 증가, 경쟁률 최고치(기초의원 3.11:1)
    무투표 비율 급락(1.21%), 이 시기는 지방자치 역사에서 유일하게 '경쟁이 살아난
    시기'였다.
(3) 그러나 2022년, 경쟁률은 다시 붕괴
    기초의원 경쟁률 1.71:1, 지역에 따라 '사실상 무경쟁' 상태
    제도는 같지만 정치문화·정당구조가 경쟁을 잠식

4절 무투표 당선의 충격: 어디서 민주주의가 붕괴되고 있는가

민선 8기 기초의원 선거에서 무투표 당선자가 375명으로 증가하면서 그 비중이 12.55%로 갑자기 높아졌다. 무투표 당선자의 비중이 민선 4회 선거 이후에 5%를 넘지 않는 수준에서 10%대를 훌쩍 넘어버린 것이다. 앞서 말했듯 무투표 당선은 당사자에게는 축배의 순간일지는 몰라도 민주주의와 지방자치 발전을 위해서는 독배가 아닐 수 없다. 왜 축배가 아니라 독배가 될까? 무투표 당선은 투표 행위를 봉쇄해 유권자의 권리를 박탈한다.

유권자가 선출하지 않았으니 유권자는 지방의회 활동에 관심을 갖지 않게 되고, 당선자는 투표 없이 당선되었으니 책임감을 느낄 수 없다.

선거 과정에서 후보자 능력 검증이나 공약도 제대로 토론해 보지 못하니 선거의 의미가 사라지는 것이다.

대의민주주의는 선거 과정을 통해 유권자는 자신을 대신해서 권한을 행사할 사람을 뽑는다. 유권자의 권한을 맡기는 과정이 선거 과정이다. 선거는 엄숙한 결혼식에서 성혼서약을 하는 순간이며, 그 행위를 최종 결정하는 계약서에 서명하는 시간이다. 그래서 선거는 민주주의 꽃이라고 한다. 무투표 당선은 이 꽃을 꺾어 버리는 반민주주의적인 행동이다.

무투표 당선자에게도 운으로 당선되었으니 능력이 아니라 행운에 자신의 평가를 맡겨야 하니 결국 독이 될 것이다. 치열한 경쟁을 통해 당선된 의원은 그만한 능력을 검증받고. 유권자와의 약속인 공약도 토론하며 책임감을 갖게 되나 무투표 당선은 이러한 기회를 생략하도록 만든다.

좀 더 상세하게 108과 381의 숫자를 알아보자. 381이라는 숫자부터 살펴본다. 무투표 당선자 기초의원 375명과 역시 투표 없이 당선된 기초자치단체장 6인을 합친 숫자이다. 축배를 들었던 기초자치단체장 후보자는 대구광역시 중구와 달서구, 광주광역시 광산구, 그리고 전라남도 보성군과 해남군, 경상북도 예천군의 구청장과 군수 후보자였다.

어느 정당의 후보였는지 굳이 소개하지 않아도 충분히 짐작할 수 있으리라 생각하고 정당 이름은 거론하지 않는다. 참고로 지난 4회 지방선거에서 기초의원까지 정당 공천제가 도입된 이후 정당 공천자가 아닌 후보자가 무투표로 당선된 사례는 단 한 건도 없다. 무투표 당선자는 모두 정당 후보자였다. 그리고 그 정당도 여러 정당이 아니다. 국회의 제1당과 제2당의 후보자가 아닌 정당의 후보자도 단 한 명도 없다. 혹시라도 이 책을 읽는 독자 중에서 무투표 당선자의 기쁨을 누리고 싶다면 가장 먼저 해야 할 일은 적절한 정당을 찾아 입당하는 것이다.

지난 20여 년의 통계가 분명하게 알려주고 있는 사실을 외면하면 안 된다. 375명의 기초의원은 지역구 의원 294명과 비례대표 의원 81명이다. 지방선거에서 무투표 당선자를 생각하면서 정당에 대한 지지가 확실하게 나타나는 특정 지역을 떠올릴 거라 생각한다. 그러나 무투표 당선자의 지역별 현황을 살펴보면 특정 지역뿐만이 아니라 서울과 인천, 경기도가 의외로 많은 수를 차지하고 있음을 알 수 있다.

특히 지난 8회 선거 결과를 보면 이런 현상은 더욱 분명하게 확인할 수 있다. 375명의 숫자를 지역별로 살펴보면 서울이 119명으로 가장 많고 다음으로 경기도(54명), 전라북도(40명), 부산시(35명) 순으로 확인된다.

의원 정수 대비 비율을 보면 좀 다른 순위가 보이지만 숫자가 주는 의미는 크게 변화하지는 않는다. 역시 서울(27.87%)이 압도적 수치로 맨 앞에 있고 다음으로 전북(20.20%), 부산시(19.23%), 인천시(16.26%) 순으로 나타난다. 경기도(11.66%)도 10명 중 1명 이상은 무투표로 당선되었음을 보여준다.

5절 양당 독점 구조와 무투표 당선의 연결고리

기초의원 무투표 당선자 정당을 보면 지역별 차이가 분명하게 나타난다. 서울과 인천, 경기도 등 수도권은 제1당과 제2당이 나란히 동반 무투표 당선 지역이 대부분이고, 영남과 호남지역은 특정 정당이 독식하는 경우가 대부분이다. 서울지역의 경우 지역구 109명의 무투표 당선자 중에서 국회 제1당인 더불어민주당 의원이 53명, 제2당인 국민의 힘 소속 의원이 59명이다. 비례대표 10명의 의원은 괴물 양당이 5명씩 나누어 가지고 있다. 부산지역 30명의 지역구 무투표 당선자는 15명씩 제1당과 제2당이 차지하고 있다. 인천 20명, 대전 8명, 울산 6명, 경기도 54명, 강원도 2명, 충북 4명, 충남 10명까지 지역구 무투표 당선자가 짝

수로 나타나는 것은 1, 2당이 사이좋게 나누어 가지기 때문이다. 반은 더불어민주당, 나머지 반은 국민의 힘 소속 기초의원이다.

충남 아래 위치하고 있는 전북부터 이런 양상은 사라지고 특정 정당이 독식하고 있다. 다만 경북 칠곡군 라선거구와 경남의 창원시와 김해시는 다시 양당이 양분하고 있다. 이런 현상은 기초의원 선출방식, 즉 2인 이상 중선거구제가 낳은 결과다. 국회를 독점하는 거대 양당, 좀 더 솔직하게 표현하면 괴물 양당이 지방의회도 독점하는 현상이 나타나고 있다.

기초의원 2인 선거구가 겉으로 보기에는 특정 정당의 독점을 막는 좋은 방식인 듯 보이지만 실상은 괴물 양당의 지방의회 독점 결과를 고착화하고 있다. 2인 선거구를 3인 이상의 선거구로 바꾸면 이 문제를 해결할 수 있을까? 지방자치의 문제는 그리 간단하지는 않다. 괴물 양당의 그림자는 2인 선거구만이 아니라 3인 선거구에까지 확산하고 있다. 서울지역 3인 선거구 3곳, 대구지역 1곳, 전남지역 1곳에서도 무투표 당선자가 확인되고 있다.

다음으로 광역의원의 무투표 당선자 현황을 살펴보자. 지난 민선 8회 지방선거 결과를 보면 비단 기초의원의 무투표 당선자만이 아니라 광역의원의 무투표 당선자의 수도 폭증했고 그 비중도 12.39%로 대폭 높아졌다. 2인 이상을 선출하는 기초의원과는 다르게 광역의원은 한 선거구에서 1인을 선출한다. 기초의원 선거 초기와 같은 1인 소선거구제와 다른 점은 선거구의 크기다. 민선 1, 2, 3회 기초의원 1인은 읍·면·동을 선거구로 하는 작은 범위에서 선출되었지만, 광역의원은 보통 군 전체에서 한 명이나 두 명을 선출한다. 국회의원 선거구에서 2명의 광역의원을 선출하니 국회의원 선거구의 절반이 광역의원 선거구가 된다.

초기 기초의원의 무투표 당선은 작은 규모의 선거구에서 일어나는 사례였지만, 광역의원의 무투표 당선은 넓은 범위의 선거구, 친밀한 관계와는 거리가 있는 환경에서 발생한다. 광역의원은 1인을 선출하는 소선거구제이기 때문에 특정 정당이 우세한 지역에서 무투표 당선자가 나타난다.

8회 지방선거에서 서울특별시 두 곳은 강남구 2명이고 대구광역시 20명, 광주광역시 11명, 전북 22명, 전남 26명, 경북 17명, 경남 6명, 제주 2명, 그리고 울산광역시 1명이다. 광역의원의 무투표 당선자 수보다 더욱 심각한 숫자는 이들이 전체 의원정수에서 차지하고 있는 비율을 표시하는 수치다. 대구광역시의회의 경우에는 62.50%, 전북도의회는 55%, 광주광역시의회는 47.83%, 경북도의회도 27.87%를 무투표 당선자가 차지하고 있다.

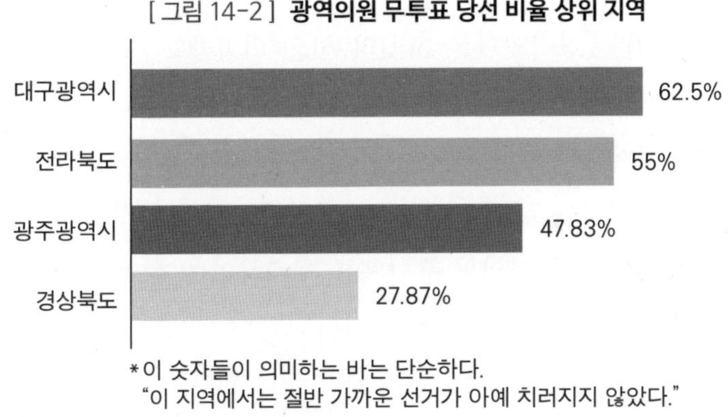

[그림 14-2] **광역의원 무투표 당선 비율 상위 지역**

절반이 넘는 의원이 축배를 들고 의정 활동을 시작할지는 모르겠으나 이들 지역에서는 선거가 더 이상 민주주의의 꽃이 아니라 무덤이 되고 있다. 그런데 조금만 더 들어가 주의 깊게 살펴보면 광역의원과 기초의원의 선출 방식이 상이함에도 불구하고 무투표 당선자를 낳게 한 선거 환경은 다르지 않다는 것을 알게 된다. 큰 흐름 속에서 주목할 지점은 선거 경쟁률의 지속적인 하락이다.

민선 1회 선거부터 8회 선거까지 광역의원 정수, 무투표 당선자 수, 무투표 당선자 비율과 함께 같은 기준으로 기초의원의 분야별 통계를 정리한 표를 만들어보았다. [참고자료 17]과 [그림 14-4], [그림 14-5]를 살펴보면 경쟁률과 무투표 당선율의 흐름을 알 수 있다. 앞의 [그림 14-1]에서 확인할 수 있듯이 선거 경쟁률이 민선 4회 선거를 기점으로 최고치를 보인 후부터 낮아지고 있다. 7회 선거에서 광역의원과 기초의원의 경쟁률이 조금 높아졌지만, 큰 반전으로 보기는 어려운 수치다.

지방선거에서 어느 정도의 경쟁률이 과열도 아니고 무관심도 아닌 적절한 수치인지는 판단하기는 어렵다. 이 수치가 5를 넘고 10을 넘어간다고 민주주의와 지방자치 발전에 긍정적인 영향을 줄 것이라고 확언할 수는 없다. 어느 기준이든 과하면 탈이 나듯이 지방선거 경쟁률이 5를 넘고 10으로 향해 가는 상황도 그리 반갑지 않다.

그러나 지금처럼 광역의원은 2대1의 선을 위협받고 기초의원은 2선이 붕괴하는 현실에서 과열은 언감생심이고 훈훈한 온기라도 돌 수 있는, 민선 4회 선거에서 보인 3대 1 정도의 경쟁률이 유지되면 좋겠다는 생각이다. 그럼 경쟁률은 왜 하락하는 것일까? 왜 출마하려는 사람들이 점점 줄어드는가? 지방의원 유급제를 폐지하려는 움직임이 있는 것도 아니고, 출마를 위한 자격 조건이 까다로워지는 일도 없었는데 광역의원 선거도, 기초의원 선거에도 후보자가 줄고 있다.

이번에는 지방선거 후보자와 당선자 현황을 정당별로 알아보자. 대한민국 정당은 위기 때마다 당명을 바꾸며 생존해 왔다. 본체는 유지하며 당명만 바꾸어 왔다. 선거통계를 보면 여러 당명으로 표기되고 있지만, 선거에 참여해 온 시민이라면 누구나 어느 당명이 어떻게 바뀌어 현재의 '더불어민주당'과 '국민의 힘'이라는 정당으로 이어져 왔는지 알고 있다.

기초의원은 민선 4회 선거부터 정당 공천제가 시작되었으니 그때부터 지역구 선거에서 양당의 후보자가 차지하는 비율과 양당의 당선자가 차지하는 비율을 [참고자료 18], [참고자료 19]에서 비교해 보았다. 우리 정치사에서 양당체제를 바꾸지는 못했지만, 이 체제를 크게 흔들었던 제3당의 존재가 지속적으로 등장했다. 이런 제3당의 등장으로 지방선거에서 전체 후보자 중에서 양당의 후보자가 차지하는 비율을 보면 무투표 당선자 통계처럼 압도적인 양당의 독점현상은 보이지는 않는다. 민선 4회 선거에서는 40%가 조금 넘는 수준이었으나 꾸준히 증가해 8회 지방선거에서는 75%까지 높아졌다.

후보자 통계만 보더라도 양당의 집중도는 한 번도 후퇴하지 않고 지속적으로 높아져 왔다. 4회 선거에서는 양당의 후보자가 절반에 못미쳤지만, 8회 선거에서는 2/3가 훌쩍 넘어섰다. 선거운동 기간 중 어느 날 퇴근길에서 선거운동원이나 후보자를 10번 만나면 7번 이상은 두개 정당 중 한 정당의 후보자나 운동원이 틀림없다. 아니 어쩌면 어느 정당의 후보자도 전혀 만나지 못하는 지역 시민도 적지 않다. 열 곳 중 한 곳 이상에서는 아예 선거운동을 할 수 없으니 말이다.

기초의원 후보자 통계와 당선자 통계를 한 표로 정리해 보니 선거제도의 오묘한 힘을 깨닫게 된다. 뿌린 대로 거두어야 공정한 선거라고 할 수 있겠지만 표가 보여주는 결과는 별로 공정하지 않다. 4천 원을 내고 7천7백 원을 챙겨가는 모양새다. 누가 봐도 이상하다. 양당이 여유가 있는 집이니 다른 정당이나 시민에서 좀 나누어줄 만도 한데 이런 독점 현상은 시간이 지날수록 심해지면 심해졌지 전혀 나아지지 않았다. 그래도 양당이 시간이 지나면서 더 많이 내고 조금 더 가져가니 다행이라 할지 모르겠다.

양당이 더 많은 후보자를 출마시켰다고 보는 것도 이상하다. 40이 75라는 숫자로 증가했지만, 이는 통계가 주는 착시현상이다. 양당은 별로 변한 것이 없는데 다른 정당이나 무소속 후보자들이 감소하게 되면 양당이 차지하는 비율이 높아지는 것은 당연한 이치다. 실제로 4회 선거에서 양당은 3,246명의 후보자를 공천했고 8회 선거에서는 3,338명을 공천했다. 겨우 92명을 더 공천했을 뿐이다.

이 시기에 증가한 지역구 기초의원이 89명이다. 4회 때 2,513명을 지역구 의원으로 선출했는데 8회 때는 2,602명으로 증가한다. 양당이 증가한 수만큼도 공천자를 확대하지 않았음을 확인할 수 있다. 그런데 전체 지역구 후보자의 비율에서는 대폭 증가한 것으로 나타났다. 양당과 경쟁하던 경쟁자들이 대폭 줄어든 것이다. 2006년, 4회 때는 10명 중 양당 후보자가 4명이고 6명의 경쟁자가 있었는데 세월이 지나 8회, 2022년이 되니 10명 중 양당 후보자는 7명 반이나 서 있는데 다른 정당이나 무소속 후보자는 2명 반 정도가 선거운동에 나서고 있는 형국이다. 국회에서의 양당 독점이 지방의회에서는 더욱 심각하게 확대, 재생산되고 있음을 절실히 확인하게 된다.

지역구 의원보다 양당의 편중이 더욱 심하게 드러나는 비례대표 상황은 간략하게 [그림 14-3]으로 소개한다.

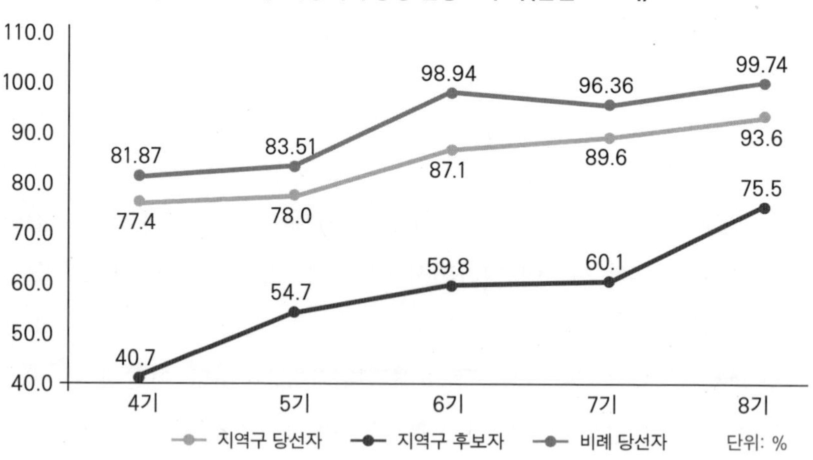

[그림 14-3] **지방의회 양당 집중도 추이(민선 4~8기)**

6절 축배는 후보자 것이고, 독배는 시민의 것

지난 민선 1기부터 8기까지 광역과 기초의원의 무투표 당선 현황을 두드러진 지역을 중심으로 작성한 [그림 14-4](광역의원 무투표 당선 지역별 현황), [그림 14-5](기초의원 현황)를 소개한다. 통계표의 숫자만 보면 민선 8기 지방선거의 무투표 당선자의 급증이 특별한 사건으로 일회성으로 지나갈 듯 보일 수도 있다. 하지만 앞서 살펴보았듯이 출마자의 감소 경향이 지속적으로 진행되고 있음을 확인하면 민선 8기의 현상이 다음 민선 9기 선거에서도 이어질 수 있다는 우려를 떨쳐 버릴 수 없다. 언제부턴가 참신한 지역 일꾼이 지방선거에 도전을 기피한다. 청년들이 정치에서 멀어지고 있다. 특히, 유능한 시민과 청년들이 지방자치 활동에 참여하지 않는 현상이 심화되며 자치의 현장이 공허해져 가고 있다.

무투표 당선을 줄이는 일은 단순히 선거방식을 손보는 문제가 아니다. 그것은 민주주의가 작동하기 위해 반드시 갖추어야 할 네 가지 요소를 다시 회복하는 일이다. 선택권, 훈련의 장, 권력 분산, 그리고 책임성이다. 이 네 가지가 동시에 무너질 때, 선거는 형식만 남고 민주주의는 공백 상태에 놓인다.

이 네 가지 요소를 좀 더 자세히 살펴보자. 첫째 무투표 당선은 시민에게서 선택권을 박탈한다. 선거는 시민이 대표를 고르는 행위다. 경쟁이 없는 선거에서는 이 행위 자체가 성립하지 않는다. 시민은 투표장에 가서 후보자의 이름도, 지역발전의 구상이나 전략, 정책이나 공약도 비교할 수도 없다. 지역의 중요한 쟁점들-예를 들면 한정된 복지 예산의 배분, 개발과 보존의 우선순위, 교육과 돌봄의 방향-은 후보 간 경쟁과 토론을 통해서만 공적인 의제가 된다. 무투표 당선이 반복되는 지역에서는 이러한 쟁점이 아예 드러나지 않는다. 선택권이 사라진 민주주의는 시민의 의사를 묻지 않는 민주주의다.

둘째, 무투표 당선은 지방자치가 민주주의의 훈련장이라는 역할을 박탈한다. 지방선거는 민주주의를 가장 자주, 가장 가까이에서 학습하고 경험할 수 있는 공간이다. 후보는 설명하고 설득하는 법을 배우고, 시민은 비판하고 판단하는 법을 익힌다. 이 반복 속에서 민주주의는 추상적 가치가 아니라 생활의 경험이 된다. 그러나 경쟁이 없는 선거에서는 이 훈련이 이루어지지 않는다. 토론도, 검증도, 학습도 없이 권력이 부여된다. 지방정치가 훈련장의 기능을 상실할 때, 민주주의는 경험되지 못한 제도로 남는다.

셋째, 무투표 당선은 지방자치를 실질적인 권력 분산 장치로 기능하지 못하게 만든다. 지방자치는 중앙의 권력을 나누기 위한 제도다. 그러나 지역의 대표가 경쟁 없이 선출되고, 시민의 감시와 평가가 작동하지 않는다면, 지방자치는 중앙 권력의 하부 민원 해소 단위로 전락한다. 선거에서의 경쟁은 지방의회를 지역 권력의 중심으로 만드는 전제 조건이다. 무투표 당선이 줄어들지 않는 한, 지방자치는 '존재하는 제도'에 머물 뿐 '작동하는 제도'가 되기 어렵다.

넷째, 그리고 가장 근본적으로, 무투표 당선은 책임성을 동시에 무너뜨린다. 경쟁 없이 당선된 대표는 시민에게 설명할 이유도, 약속을 지킬 압박도 느끼기 어렵다. 선거 과정에서 이루어져야 할 검증과 평가가 사라지기 때문이다. 동시에 시민 역시 책임의 주체로 서기 어려워진다. 선택하지 않은 대표에 대해 책임을 묻는 것은 구조적으로 불가능하다. 유권자의 책임은 선택을 통해 발생하는데, 무투표 당선은 그 출발점 자체를 제거한다. 이로써 민주주의의 핵심 고리 즉 선택과 책임의 연결이 끊어진다.

이 네 가지 요소는 서로 분리되어 있지 않다. 선택권이 사라지면 책임도 사라지고, 훈련이 중단되면 권력 분산은 형식에 그친다. 무투표 당선은 단순한 경쟁 부족의 문제가 아니라, 민주주의의 작동 조건을 한꺼

번에 훼손하는 구조적 결함이다.

따라서 무투표 당선을 줄이는 일은 후보를 늘리는 기술적 조정이 아니다. 그것은 시민에게 선택권을 돌려주고, 지방정치를 민주주의의 훈련장으로 복원하며, 지방자치를 실질적인 권력 분산 장치로 되살리고, 무엇보다 당선자와 유권자 모두가 책임을 지는 민주주의를 다시 연결하는 일이다. 이것이 무투표 당선 문제가 단순한 선거 제도의 문제가 아니라, 한국 민주주의의 근간을 묻는 질문인 이유다.

[그림 14-4] **광역의원 무투표 당선율/경쟁률 추이(민선 1기~8기)**

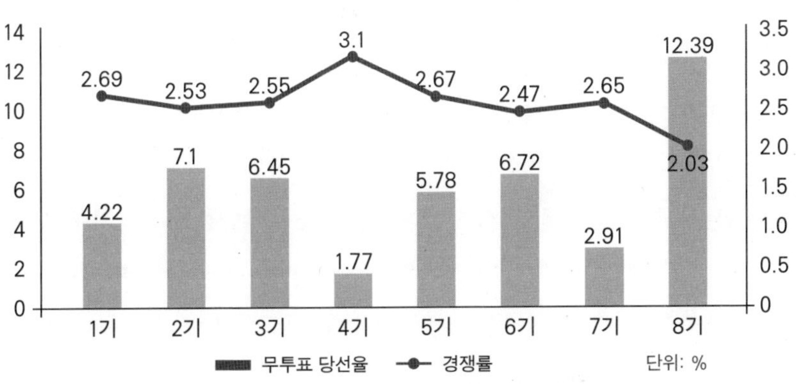

[그림 14-5] **기초의원 무투표 당선율/경쟁률 추이(민선 1기~8기)**

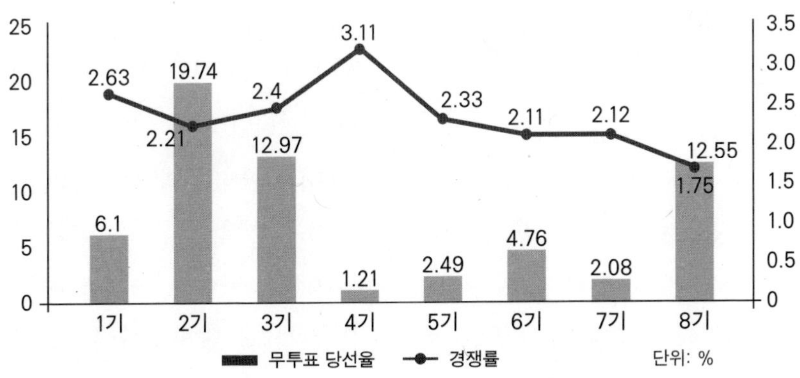

7절 양당 지배 구조를 넘어서는 길

선거구와 의원 정수가 중앙에 묶여 있는 한, 지방정치는 바뀌지 않는다. 무투표 당선이 반복되고, 참신한 신인이 등장하지 않으며, 시민의 요구가 공약으로 반영되지 않는 지방정치의 현실은 우연이 아니다. 그 배경에는 오랫동안 고착된 양당 중심의 지배 구조가 놓여 있다. 그러나 이 구조는 단순히 정당의 힘에서만 비롯된 것이 아니다. 그것을 가능하게 하고, 지속시키는 제도적 토대가 존재한다. 바로 선거구와 의원 정수가 중앙정치에 의해 하향식으로 결정되는 구조다.

현재 대한민국의 선거구 체계는 명확한 위계를 따른다. 국회의원 선거구가 먼저 정해지고, 그 경계를 기준으로 광역의원 선거구가 나뉘며, 다시 그 위에서 기초의원 선거구가 결정된다. 지방의회 선거구는 지역의 생활권이나 행정 수요, 주민 대표성에 따라 설계되는 것이 아니라, 국회의원 선거구의 부산물로 설정된다. 이 구조 속에서 지방정치는 독립적인 정치 공간이 아니라, 중앙정치의 축소판으로 작동할 수밖에 없다.

이 하향식 선거구 구조는 양당 지배를 제도적으로 강화한다. 국회의원 선거에서 이미 굳어진 정당 구도가 그대로 지방선거에 투영되기 때문이다. 특정 정당이 강세를 보이는 국회의원 선거구 안에서는 광역·기초의원 선거 역시 같은 정당의 공천 경쟁으로 축소된다. 이때 선거는 시민의 선택이 아니라, 정당 내부의 결정으로 귀결된다. 무투표 당선이 반복되는 지역의 상당수는 바로 이러한 구조 위에 놓여 있다.

의원 정수 문제 역시 이와 분리될 수 없다. 광역의원과 기초의원의 정수는 지방의회가 스스로 결정하지 못한다. 최종 결정 권한은 국회에 있다. 지역의 인구 규모, 행정 수요, 조례와 예산의 양이 아무리 달라져도, 지방의회는 그에 맞는 대표성 구조를 자율적으로 설계할 수 없다. 결과적으로 일부 지역에서는 의원 수가 과도하게 적어 경쟁이 불가능한 선거구가 고착되고, 이는 무투표 당선의 제도적 토양이 된다.

이처럼 선거구와 의원 정수가 중앙에서 정해지는 구조는 지방자치를 형식으로만 남겨 둔다. 지방의회는 존재하지만, 자신의 정치적 틀을 스스로 설계할 권한은 갖지 못한다. 자치란 이름 아래 운영되지만, 실제로는 중앙정치의 규칙을 그대로 따르는 하위 구조로 기능한다. 이러한 조건에서 양당 지배를 넘어서는 경쟁이 발생하기를 기대하는 것은 구조적으로 무리다.

이 문제를 해결하지 않고서는 앞서 제시한 어떤 개혁도 한계에 부딪힌다. 중선거구 확대, 후보 진입 장벽 완화, 시민 참여형 후보 발굴, 정당 공천 책임 강화 역시 선거구와 의원 정수의 자율성이 전제되지 않으면 부분적인 처방에 그칠 수밖에 없다. 지방정치의 경쟁을 회복하기 위해서는, 지방정치가 경쟁할 수 있는 공간 자체를 지역에 돌려주어야 한다.

첫째, 선거구 획정 권한의 분산이 필요하다. 광역·기초의원 선거구는 국회의원 선거구의 부속물이 아니라, 지역의 생활권과 대표성을 기준으로 독립적으로 설계되어야 한다. 선거구 획정 과정에 지방정부와 지방의회, 시민이 참여할 수 있는 구조를 마련하지 않는 한, 선거는 계속해서 중앙정치의 그림자 아래 놓이게 된다.

둘째, 의원 정수에 대한 자율권 확대가 필요하다. 지방의회가 스스로 필요한 대표성의 규모를 논의하고 결정할 수 있어야 경쟁이 가능해진다. 의원 수가 지나치게 적은 구조에서는 출마 자체가 줄어들고, 결국 무투표 당선으로 이어진다. 대표성은 효율의 문제가 아니라 민주주의의 기본 조건이다.

셋째, 이러한 구조 개편 위에서 양당 독점을 완화하는 장치가 작동해야 한다. 중선거구 확대와 비례 요소 강화는 소수 정당과 무소속, 신인에게 실질적인 진입 경로를 제공한다. 이는 양당을 배제하기 위한 장치가 아니라, 양당 역시 경쟁 속에서 시민을 설득하도록 만드는 장치다.

특히 기초의원 선거에서 2인 선거구를 없애고 3인 이상, 가능하다면 4인 이상 선거구로 개편해야 한다. 2026년 6월에 실시되는 이번 민선 9기 선거부터 도입되지 않으면 무투표 당선의 독배는 또다시 시민의 몫으로 돌아올 것이다. 정당이 보호받는 존재가 아니라, 치열한 경쟁 과정을 통해 선택받아야 할 존재가 될 때 민주주의는 살아난다.

넷째, 정당 공천 역시 이 구조 속에서 재정의되어야 한다. 공천이 곧 당선이 되는 구조를 유지한 채 공천 방식만 손보는 것은 충분하지 않다. 선거구와 의원 정수가 지역에 맞게 설계될 때, 공천은 비로소 경쟁의 출발점이 될 수 있다. 이때 시민 참여형 공천과 공개 검증 절차는 실질적인 의미를 갖게 된다.

양당 지배 구조를 넘는다는 것은 특정 정당의 힘을 약화하는 일이 아니다. 그것은 지방정치를 중앙정치의 하위 복제물에서 벗어나게 하는 일이며, 지방자치를 이름이 아니라 권한과 책임을 갖춘 정치 체계로 복원하는 일이다. 선거구와 의원 정수를 지역의 문제로 되돌려놓지 않는 한, 무투표 당선은 반복될 것이고 민주주의는 형식에 머물 것이다.

지방정치는 중앙정치의 예비 무대가 아니다. 민주주의가 가장 먼저 흔들리고, 동시에 가장 먼저 회복될 수 있는 공간이다. 그 출발점은 경쟁이다. 그리고 경쟁은 오직 자율적인 선거 구조 위에서만 가능하다.

15장
3 또는 7 그리고 1626
_지방정치에 스며든 희망의 숫자들

1절 변화의 조짐을 발견한 어느 날

중앙선거관리위원회 누리집은 후보자와 당선자 관련 정보를 여러 항목으로 나누어 제공한다. 최근 선거와 역대 선거로 나누어 접근할 수 있다. 최근 선거는 바로 직전에 실행한 선거 관련 정보를 제공하고, 역대 선거는 직전 선거 이전에 실행한 대통령 선거, 국회의원 선거, 지방선거, 재보궐 선거 등 대한민국 공직선거와 관련한 상세한 정보를 전달하고 있다.

지방선거 관련 정보는 민선 1회, 즉 1995년 첫 번째 동시 지방선거 정보부터 실려있다. 대통령 선거와 국회의원 선거 관련 정보는 대한민국이 수립된 이후, 아니 1948년 5월 10일 실행된 제헌 국회의원 선거부터 관련 정보를 제공하고 있으니 정부 수립 이전의 자료도 있다.

하지만 지방선거 관련 정보는 1995년 이전의 자료는 기본현황으로 선거 일정만 알려주고 그 외 정보는 없다. 1950년대 지방자치 초기 선거 관련 자료는 중앙선관위 누리집에서는 찾을 수 없다. 더 늦기 전에 이 부분을 보완해 선관위에서 신뢰할 수 있는 지방선거 관련 자료를 제공하길 제안한다.

1995년 이후 자료는 상세하게 제공하고 있으니 감사한 일이다. 후보자와 당선자와 관련해서는 정당별, 직업별, 학력별, 그리고 성별과 연령별 정보를 체계적으로 찾아볼 수 있다. 여러 정보들 가운데 학력을 꼭 알려야 하는지는 이해할 수는 없지만, 정당이나 직업, 성별, 연령별 정보는 꼭 필요한 정보일 것이다.

이 책을 쓰면서 활용할 정보는 시민이면 누구나 쉽게 접근해 얻을 수 있는 정보를 기본으로 하자는 기준을 세웠다. 그러다 보니 중앙선거관리위원회 등 공공기관의 누리집에서 제공하는 자료에서 많은 도움을 받았다.

자료를 찾다 보면 생각하지 못한 여러 일을 겪게 된다. 꼭 힘들고 난감한 일만 있는 것은 아니고 반갑고, 즐거운 일도 가끔 경험한다. 지방의회에서 청년의원과 여성의원이 얼마나 활약하고 있는지 궁금해 자료를 찾다가 신선한 발견을 했다.

민선 1회부터 후보자와 당선자의 성별과 연령을 조사하던 중에 민선 8회부터 연령 통계 항목의 변화를 발견했다. 7회까지 통계표는 전체 후보자 수와 남과 여, 그리고 30세 미만, 30세 이상 40세 미만, 40세 이상 50세 미만, 50세 이상 60세 미만, 60세 이상 70세 미만, 70세 이상 등 6개 구간이 있었으나 8회 통계표부터는 하나가 늘어 7개 구간으로 표기되어 있었다. 20세 미만 구간이 추가된 것이다.

처음에는 왜 이 구간이 생겼을까 하고 잠시 생각하다가 선거연령과 피선거 연령이 개정된 2022년 공직선거법 개정이 떠올랐다. 2022년부터 대통령을 제외한 모든 공직선거 출마자 나이가 18세로 확대되었다. 군수도 구청장도 시장도 투표를 할 수 있는 18세가 되면 출마도 할 수 있다. 도지사나 국회의원도 출마할 수 있다. 다만 대통령의 출마 가능 연령은 40세로 규정하고 있어 18세 청년이라면 당분간 출마는 어렵다.

2절 희망을 주는 숫자 3 또는 7

이제부터 소개하는 숫자는 희망의 숫자다. 비록 현재는 아주 미미해 통계표에서 잘 보이지도 않는 수치지만 앞으로 크게 증가할 숫자다. 없으면 아쉬울 수 있었으나 그나마 존재하는 것만으로도 소중한 숫자다.

3과 1626은 지난 민선 8회 지방선거에 출마한 20대 미만 청년과 여성 후보자 수다. 후보자 전체 5.103명 중에서 3명이라 비율로 계산하면 0으로 표시된다. 연령별 후보자를 비율로 계산하면 0.00으로 표시되어 보이지 않는다. 하지만 전혀 존재하지 않는 0이 아니다. 정확하게는 0.0005878이다. 백분율로 보기 위해 100을 곱하면 0.06%가 된다. 3이라는 숫자는 앞으로 30이 되고 300으로 성장할 것이다.

이 글에서 주로 기초의원 통계를 사용해 3이라는 숫자를 제목으로 잡았지만, 폭을 조금만 넓히면 3을 7로 바꿔야 한다. 같은 날 실행한 민선 8회 선거에서 광역비례대표로 20세 미만 후보자가 4명이 더 있기 때문이다.

20대 미만 기초의원 후보자는 경주시의원으로 더불어민주당 공천을 받아 출마한 18세 청년과 무안군의원에 무소속으로 도전한 18세 청년, 그리고 고양시의회 비례대표로 국민의 힘 후보로 출마한 19세 청년이 있었다. 고양시 19세 청년 후보자는 당선되었다. 대한민국 지방선거, 아니 모든 공직선거 중에서 가장 젊은 당선자가 탄생한 것이다.

광역의원 지역구 후보는 없었고, 정당의 추천을 받은 비례대표 후보가 4명이 있었다. 서울시의회에 정의당 후보로 출마한 19세 청년, 경기도의회에 정의당 후보로 출마한 18세 청년, 진보당 후보로 출마한 19세 청년, 그리고 제주도의회에 녹색당 후보로 출마한 18세 청년들이다. 광역비례대표는 모두 낙선해 당선자는 없었다.

20세 미만 청년들의 2022년 도전은 성공하지 못했지만 실패하지는 않았다. 잠시 성공을 유보한 것뿐이다. 청년들의 도전은 더욱 활발하게 일어날 것이다. 필자의 바람만이 아니라 시대의 흐름이기 때문이다.

20세 미만 청년들의 도전과 함께 20대 청년, 즉 20세 이상 30세 미만 구간에 있는 청년들을 살펴보자. 20대 청년들은 민선 1회 선거부터 꾸준히 도전했다. 1회 선거에서 55명이 도전해 22명의 청년의원이 지방의회에서 활동했으며 2회 때는 26명이 도전해 6명이, 3회 때는 22명이 도전해 4명이 당선했다. 이들의 도전은 4회 때부터 대폭 증가해 60명, 40명(5회), 46명(6회), 87명(7회)으로 증가하더니 지난 민선 8회 선거에서는 122명으로 또 한 번 도약했다.

선거 등 여러 통계 자료를 보면서 주의할 점이 하나 있다. 숫자를 볼 때 그 자체의 크고 작음만 보아서는 위험하다는 점이다. 20대 청년들이 지방의회에 도전한 숫자를 55(1회)와 60(4회)으로만 보면 별 차이를 느끼지 못한다. 1회 지방선거의 청년들의 도전과 4회 지방선거에서의 청년들의 도전을 비슷한 수준으로 바라볼 수 있다.

그러나 1회 때 전체 후보자 수(11,936명)와 4회 후보자 수(8,985명) 비교는 비율을 보면 분명한 차이를 보인다. 0.46%에서 0.67%로 증가한 것을 확인할 수 있다. 통계 자료에서 제공하는 숫자는 가끔 착시를 불러일으켜 현상을 이해하는 과정에서 왜곡된 정보를 제공할 수도 있다. 가능하면 이 책에서는 지루할 정도로 비율을 검토했다. 민선 7회 지방선거부터 20대 청년 후보자들의 비율이 1%를 넘기 시작했다. 민선 8회 지방선거에서는 2.39%를 차지하면서 약진했다.

30세 미만 청년들, 즉 20대 국회의원은 없었을까 궁금해 자료를 찾아보았다. 흥미롭게도 국회 초기, 즉 1대부터 6대까지 20대 국회의원이 있었다. 1948년 5월 10일에 실시된 국회의원 총선거에서 당선된 20대 국회의원은 3명이었는데 경기도 용인군, 강원도 정선군, 경북 봉화군의 청년들이었다. 20대 청년들의 도전은 확대되는 반면에 30대 청년들의 지방의회 도전은 1회 선거부터 큰 변화가 없어 보인다.

1회 선거에서 보여준 11.65%와 2회 12.16%가 가장 높은 비율이었고 이후 10% 미만을 유지하고 있다. 청년들의 도전을 응원한다. 필자가 청년의원을 응원하는 이유는 단순하다. 유권자의 숫자와 비슷하게 대표가 구성되어야 한다는 생각이고, 청년들이 가진 미래에 대한 설계와 열정이 대한민국을 이끌어가야 한다는 믿음을 갖고 있다. 한 걸음 더 나아가 생각해 보면 다음과 같은 이유에서 청년 정치인의 활약이 절실하다. 하나는 청년층은 주거·교육·일자리·기후 위기 등 미래 정책의 주요 수혜자이자 피해자임이 분명하다. 청년들의 참여는 "자신의 문제를 스스로 해결하는 정치 참여"라는 민주주의 핵심 원리를 충족시켜 대한민국 민주주의를 튼튼하게 뒷받침할 것이다.

"착시를 피하라: 숫자보다 '비율'이 말해주는 것"

민선 1기
전체 후보자 11,936명 중 20대 후보자 55명 → 0.46%

민선 4기
전체 후보자 8,985명 중 60명 → 0.67%

민선 8기
전체 후보자 5,103명 중 122명 → 2.39%

⇨ 절대 숫자는 큰 변화 없어 보이지만,
  실제로 20대의 정치 참여 비율은 꾸준히 상승했다.

3절 균형이 필요한 민주주의: 세대별 편중을 넘어

다음 [표 15-1]은 민선 1회 선거부터 8회 선거까지 기초의회에 출마한 후보자의 연령별 통계를 당시 인구통계와 비교하기 위한 작성한 자료이다. 1995년부터 지난 30년의 인구구조의 변화를 보면서 기초의원 후보자의 연령별 변화를 살펴보기 위해 만들었다.

인구통계는 대한민국의 노령화를 그대로 보여준다. 18세 미만 인구는 31%에서 14%로 급감했고 70세 이상 인구는 약 3%에서 12%로 급증했다. 40세 미만 인구는 계속 감소하고 있는 반면에 40대 이상 인구는 높은 연령부터 빠르게 증가하고 있다.

후보자 통계를 보면 30~40대 후보자 비율이 감소하는 만큼 60대 후보자의 비율이 증가하고 있는 것을 확인할 수 있다. 가장 높은 비중을 차지하고 있는 50대를 중심으로 좌우가 증감을 교환하고 있음을 알 수 있다.

이제 이 둘의 통계를 비교해 보자. 20대와 30대는 인구 비중보다 적은 후보자가 출마하고 있으나, 반대로 50대와 60대는 그 구간의 인구 비율보다 훨씬 많은 후보자가 출마하고 있다. 불행하게도 청년층의 인구가 감소하면서 인구 비중과 후보자 비중 편차의 폭이 줄어들고 있으

[표 15-1] **연령별 인구비율과 기초의원 후보자 비율 비교 현황**

기수	18세 미만	1819 인구	1819 후보	20대 인구	20대 후보	30대 인구	30대 후보	40대 인구	40대 후보	50대 인구	50대 후보	60대 인구	60대 후보	70세 이상	70대 후보
1	31.81	4.10		20.12	0.46	17.08	11.65	10.87	31.59	8.37	43.46	4.74	12.40	2.91	0.44
2	28.18	3.47		18.95	0.34	18.77	12.16	12.42	35.63	8.93	39.01	5.70	12.56	3.58	0.30
3	25.78	3.21		17.28	0.26	18.01	8.57	15.11	36.86	9.39	37.85	6.88	16.05	4.34	0.40
4	23.06	2.64		15.59	0.67	17.45	9.57	17.06	37.54	10.91	37.71	7.59	13.85	5.71	0.67
5	20.23	2.70		13.59	0.59	16.57	6.76	17.51	34.19	13.99	42.01	8.30	15.66	7.11	0.79
6	18.28	2.33		12.94	0.75	15.22	5.62	17.40	25.87	16.01	48.73	9.17	17.72	8.65	1.31
7	16.22	1.98		13.17	1.40	14.03	5.73	16.38	20.76	16.62	48.48	11.48	22.19	10.12	1.44
8	14.18	1.83	0.06	12.48	2.39	12.86	8.03	15.69	18.32	16.74	42.37	14.39	27.24	11.82	1.59

*인구통계 중 민선 4기(2010년 이후)부터는 행정안전부 주민등록통계는 선거가 실시된 해당연도 통계(2010, 2014, 2018, 2022년)이고, 민선 1-3기 통계는 5년마다 실시되는 인구총조사 통계를 활용했다. 행안부 통계가 2008년부터 제공되고 있어 민선 1-3기 자료로는 총조사 자료를 사용할 수밖에 없었다. 총조사는 통계는 선거가 실시된 연도와 가장 가까운 연도인 1995년(민선 1기), 2000년(민선 2기), 2005년(민선 3기) 통계다. 작은 오차는 있겠지만 큰 흐름을 비교하는 자료로 유용하다고 판단하여 사용한다.
*18-19세 인구통계는 15-19세 구간(1995-2005년 통계) 인구에서 2/5를, 10-19세 구간(2020-2022년) 인구에서 2/10을 곱하여 산출했다.

나, 60대 후보자의 비중은 인구 증가 비중보다 빠르게 증가하고 있다. 연령별 인구와 후보자의 편차가 더욱 커지고 있다. 세대별 균형이 더욱 심화되고 있는 실정이다.

민선 1기 선거통계를 보면 60대 인구는 4.74%나 후보자 비중은 12.4%를 차지해 8%의 편차가 있었으나 민선 8기에는 14.39%의 인구 중에서 후보자는 27.24%로 그 차이는 13%로 늘어났다. 30대 통계를 보면 17%의 인구가 약 13%로 줄어든 반면에 후보자 비율도 11.65%에서 8%로 동반 감소했다. 다른 나라 청년 정치지도자의 부상을 부러운 눈으로 바라볼 수밖에 없는 현실이 당분간 이어질 것 같아 안타깝다. 지방의회 등 지역 정치 현장에서 성장한 청년 정치지도자가 국회 등 국가를 운영하는 정치지도자로 성장하는 여러 민주주의 국가의 사례가 우리나라에서도 활발하게 등장하길 바라며 글을 이어간다.

각 연령 구간별 인구통계와 후보자 통계를 비교하는 것도 의미가 있다. 그런데 여기서 언급되지 않은 연령이 있으니 18세 미만 다음 세대다. 2022년 당시 18세 미만 인구 비율은 전체 인구에서 14%를 차지했다. 그런데 연령 구간별 후보자 비중을 보면 이들의 권리나 미래를 위한 설계는 주로 50~60대가 맡고 있다고 봐야 한다. 인구 비중은 17%와 15%이지만 이들 연령대의 후보자 비중은 42.89%와 25.78%를 차지하고 있기 때문이다.

투표에 참여할 수 없는 다음 세대의 생각과 느낌을 누가 가장 잘 파악할 수 있을까? 다음 세대와의 친밀감과 유사성이 그들의 권리를 대신한다는 논리로 곧바로 이어질 수는 없다. 하지만 다음 세대의 권리가 50~60대 기성세대로 별다른 고민 없이 위임되는 현재 상황도 바람직하지 않아 보인다.

필자가 통계 숫자를 언급하면서도 숫자의 힘만을 이야기하는 것은 아니다. 대의제의 대표성이 반드시 숫자로 등치될 수도 없고, 또 그 숫자만을 맹신하면 위험하다. 지방의회에서 숫자의 힘을 가지고 다수의 이익만이 추구하게 된다면 단기적 정책들이 주로 추진될 것이며, 약자에 대한 배려가 사라진 정글과 같은 사회로 바뀌어 갈 것이다.

하지만 사회, 정치적 권력의 배분 과정에서 다수임에도 배제되는 사람들의 권리가 시급하게 회복되어야 하고, 그와 병행해 소수 시민이라도 공동체의 구성원이라면 배려하고 지지해 주어야 한다. 그래야 공동체는 안정되게 미래로 나갈 수 있다. 다시 한번 이런 점을 염두에 두고 [표 15-1]을 살펴보길 바란다.

인구통계 중 민선 4기(2010년 이후)부터 행정안전부 주민등록통계는 선거가 실시된 해당연도 통계(2010, 2014, 2018, 2022년)이고, 민선 1-3기 통계는 5년마다 실시되는 인구총조사 통계를 활용했다. 행안부 통계가 2008년부터 제공되고 있어 민선 1-3기 자료로는 인구총조사 자료를 사용할 수밖에 없었다. 인구총조사 통계는 선거가 실시된 연도와 가장 가까운 연도인 1995년(민선 1기), 2000년(민선 2기), 2005년(민선 3기) 통계다. 작은 오차는 있겠지만 큰 흐름을 비교하는 자료로 유용하다고 판단하여 사용한다.

18-19세 인구통계는 15-19세 구간(1995~2005년 통계) 인구에서 2/5를, 10-19세 구간(2020~2022년) 인구에서 2/10을 곱하여 산출했다.

다음으로 연령별 당선자 통계를 살펴보자. 이 두 개의 통계를 보면 후보자 통계와 당선자 통계가 거의 비슷하게 나타나고 있음을 알게 된다. 2~30대 청년 후보자들의 당선 비율이 40~50대 후보자들보다는 조금 낮게 나오지만 큰 차이는 없어 보인다.

1회 선거에서 20대(0.46%), 30대(11.65%) 후보자 비율과 20대(0.48%), 30대(11.54%) 당선자 비율을 비교하면 약간 낮아 보이지만 큰 차이는 없다. 8회 선거의 통계를 보아도 비슷한 양상이다. 20대의 후보자 비율은 22.39%이고 당선자의 20대 비율은 2.18%로 나타나고 있다.

지방선거 후보자와 당선자 통계를 보면서 확실하게 볼 수 있는 흐름의 하나는 지방의회도 노령화되고 있다는 사실이다.

30년 전 1995년 지방선거에서 40대(31.59%)와 50대(43.46%)가 중심이었으나 8회 선거에서는 그 중심이 50~60대로 이동했음을 알 수 있다. 40대 후보자들은 4회 선거를 기점으로 빠르게 감소하기 시작하고 이와는 반대로 60대 후보자 비율은 꾸준하게 증가해 지난 7회 선거부터는 40대와 60대 후보자의 비율이 역전되었다.

40~60대 당선자의 비율도 같은 연령대 후보자의 비율과 비슷하게 나타나고 있다. 작은 차이라면 40대 후보자의 당선 비율이 다른 연령층보다 약간 높아 4회 선거에서는 가장 많은 당선자를 배출한 연령층이

[표 15-2] **기초의원 연령별 당선자 현황**

구분	합계	20세 미만	30세 미만	30세이상 40세미만	40세이상 50세미만	50세이상 60세미만	60세이상 70세미만	70세 이상
1	4,541		22	524	1,545	1,973	466	11
			0.48	11.54	34.02	43.45	10.26	0.24
2	3,489		6	357	1,297	1,409	416	4
			0.17	10.23	37.17	40.38	11.92	0.11
3	3,485		4	227	1,348	1,386	512	8
			0.11	6.51	38.68	39.77	14.69	0.23
4	2,888		11	198	1,195	1,139	335	10
			0.38	6.86	41.38	39.44	11.60	0.35
5	2,888		10	158	1,010	1,299	404	7
			0.35	5.47	34.97	44.98	13.99	0.24
6	2,898		8	99	719	1,563	484	25
			0.28	3.42	24.81	53.93	16.70	0.86
7	2,926		26	166	621	1,500	595	18
			0.89	5.67	21.22	51.26	20.33	0.62
8	2,987	1	65	267	561	1,281	770	42
		0.03	2.18	8.94	18.78	42.89	25.78	1.41

었음을 보여준다. 40대의 이 비율은 그 후 계속 감소해 8회 때는 20% 밑으로 떨어졌다. 그 바로 옆 옆 칸에 있는 60대가 25%를 훌쩍 넘은 비율을 보인다. 40대의 숫자가 60대로 이동하고 있음을 알 수 있다. 위의 후보자 연령별 현황[표 15-1]과 비교하며 당선자 연령별 현황[표 15-2]을 살펴보길 바란다.

20대는 전체 인구의 약 11%를 차지하는데 당선자 비율은 2.18%에 불과했다. 이 괴리는 청년 삶의 문제가 지방자치 현장의 제도 정치에 반영되기 어려운 구조적 한계를 드러낸다. 청년 정치인이 활발하게 활동하지 못하는 지방의회, 지방자치 현장에서 아무리 많은 청년정책이 나온다고 해도 그 효과는 크지 못할 것이다. 현장에서 가장 가까운 지방의회부터 청년 정치인의 진출을 대대적으로 확대하자.

4절 1950년대 지방자치의 풍경

최근 지방선거에서 나타난 연령별 편중 현상을 보면서 갑자기 1950년 지방선거에서 후보자와 당선자들의 연령이 궁금해졌다. 최근에 소개되는 1950년대 지방선거 자료는 총괄적인 통계만을 보여주고 있어 세부적인 연령별 통계를 찾기가 쉽지는 않았다. 1990년대 전후 출간된 몇 권을 책을 찾아보던 중 1~3회 지방선거 당선자의 직업과 정당별 분포와 함께 연령별 통계를 보여주는 자료가 눈에 들어왔다.

반가운 마음으로 자료를 정리해 보았으나 지금의 인구 구성, 지방자치단체의 구성 등과 비교하기에는 적절하지 않은 듯해 앞 절에서 함께 다루지 않고 따로 간략하게 소개한다. 후보자 통계가 없어 당선자 통계와 당시 인구통계를 비교해 보았다.

1950년대 자료를 정리하면서 두 가지 사실에 적잖이 놀랐다. 대한민국 인구 구성의 노령화와 정치 구조의 청년층 배제 현상이라는 이미 익히 알고 있는 사실이었지만 막상 통계로 확인해 보니 그 심각성을 재차

[그림 15-1] 지방의회 연령대별 당선 비율 비교(지방의회 2~12기)

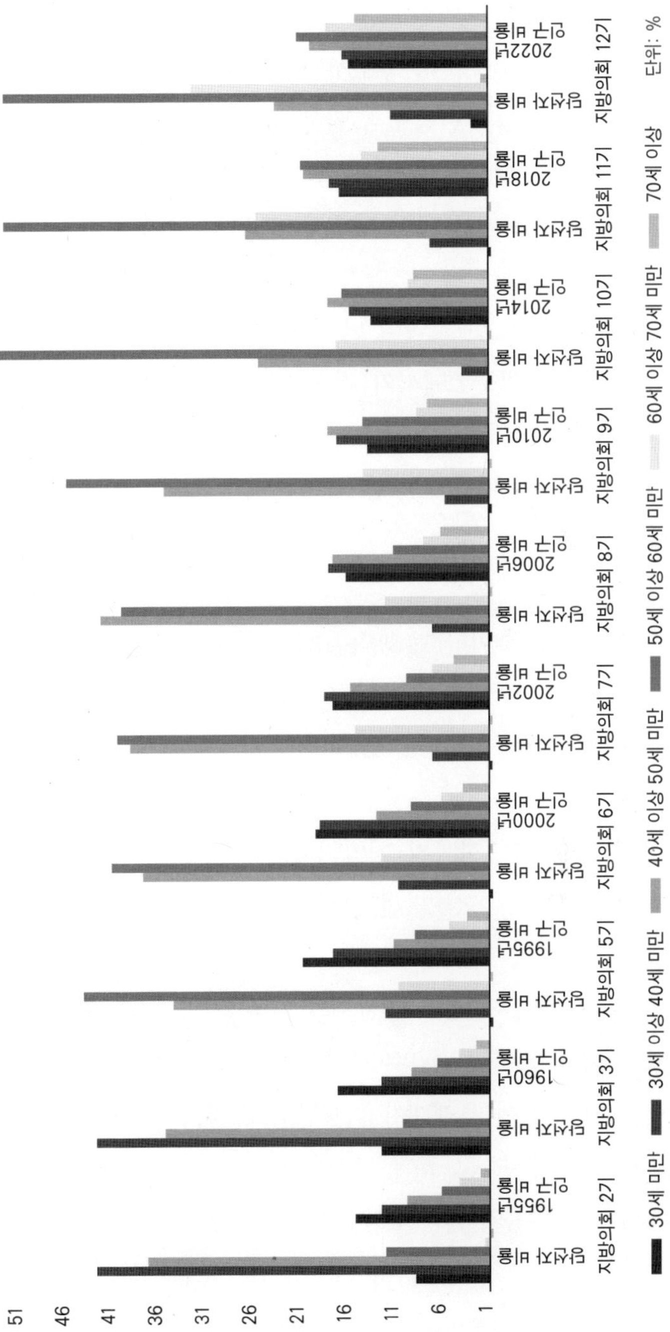

확인하게 되었다.

1955년과 1960년 인구총조사 통계를 보면 20대 미만의 인구가 50%를 훌쩍 넘고 있다. 전쟁으로 인한 청년들의 사라짐이라는 참혹한 결과를 마주하게 된다. 2022년 통계를 보면 20세 미만은 16.01%로 나타난다. 지난 30년 통계를 보면 미래세대의 감소가 얼마만큼의 속도로 진행되고 있는지도 확인할 수 있다. 1995년 20세 미만의 인구는 35.91%였다. 30년 만에 딱 반 토막이 난 수치다.

다음으로 정치구조에서의 청년층의 배제 현상이다. 먼저 1952년 민선 1회 선거부터 3회 선거까지 30세 미만 지방의원의 비율만 다시 소개한다. 20대와 30대의 청년 일꾼들이 전체의 질반 이상 차지하고 있음을 볼 수 있다.

- 제1회: 30세 미만 7.12% + 30대 39.85% = 약 47%
- 제2회: 30세 미만 8.42% + 30대 41.91% = 약 50%
- 제3회: 30세 미만 12.16% + 30대 42.06% = 약 54%

민선 1회부터 3회까지 지방의회는 분명하게 청년과 청장년 중심이었다. 반면 50대 이상 당선자 비율은 10~13% 수준이며 60대 이상은 1~2% 내외에 불과했다.

연령대별 인구 구성과 당선자의 비율을 비교하는 것은 요즘 인구 구성과는 워낙 상이해 큰 의미를 찾을 수 없을 것이다. 50%가 넘는 미래세대의 권한을 어느 세대가 위임받아 그 역할을 수행할 것이라는 부분이 더욱 중요했다.

지방자치 암흑기 30년을 지나고 나타난 지방의원 당선자의 통계는 전혀 다른 세상을 보여준다. 지방정치의 주체에서 객체로 밀려난 청년 정치인, 정책을 기획하고 이끌어 가는 정책 담당자에서 정책의 소비자,

[표 15-3] **지방의회 1-3기 시·읍·면의원 연령병 비율과 인구 비율 비교 현황**

1회 선거		21-29세	30-39세	40-49세	50-59세	60세 이상	합계	
시의원		24	156	159	35	5	378	
		6.35	41.01	42.06	9.26	1.32	100	
읍의원		60	492	404	148	11	1,115	
		5.38	44.13	36.23	13.17	0.99	100	
면의원		1,165	6,344	6,065	2,199	278	16,051	
		7.26	39.52	37.79	13.70	1.73	100	
합계		1,249	6,991	6,628	2,382	294	17,544	
		7.12	39.85	37.78	13.58	1.68	100	

2회 선거		21-29세	30-39세	40-49세	50-59세	60-69세	70세 이상	합계
시의원		16	195	168	33	4		416
		3.85	46.88	40.38	7.93	0.96	0.00	100
읍의원		80	438	389	76	7		990
		8.08	44.24	39.29	7.68	0.71	0.00	100
면의원		1,332	6473	5684	18.42	209	8	15,548
		8.57	41.63	36.56	11.85	1.34	0.05	100
당선자 합계		1,428	7,105	62.41	1,951	220	8	16,954
당선자 비율		8.42	41.91	36.81	11.51	1.30	0.05	100
55년 인구 비율	52.37	14.85	11.90	9.31	6.02	3.91	1.65	100
55년 인구 수	11,259,968	3,193,527	2,558,027	2,001,943	1,294,895	839,710	354,316	21,502,386

3회 선거	20세 미만	21-29세	30-39세	40-49세	50-59세	60-69세	70세 이상	합계
3회 시의원		34	200	147	37	1	1	420
		8.10	47.62	35.00	8.81	0.24	0.24	100
읍의원		95	441	408	105	5	1	1,055
		9.00	41.80	38.67	9.95	0.47	0.09	100
면의원		1,920	6,447	5,310	1,546	145	8	15,376
		12.49	41.93	34.53	10.05	0.94	0.05	100
당선자 합계		2,049	7,088	5,865	1,688	151	10	16,851
당선자 비율		12.16	42.06	34.81	10.02	0.90	0.06	100
60년 인구 비율	50.17	16.78	11.90	8.89	6.20	3.89	2.18	100
60년 인구 수	12,536,524	4,192,635	2,973,071	2,221,231	1,549,114	971,303	545,363	24,989,241

혹은 대상으로 전락한 청년들의 모습을 본다.

1950년대 지방의회는 가난했고 제도는 미비했지만, 청년 정치인들 활약만큼은 오늘날보다 훨씬 활발했다. 사회적 역할을 수행하는 연령의 지연을 감안하더라도 최근 지방자치에서의 청년 배제는 시급히 풀어내야 할 숙제임은 분명하다. 청년층의 정치 주체로의 복귀, 정책 담당자로의 역할 회복은 이상적 희망 사항이 아니라 이미 한국 지방자치가 한번 경험했던 정상 상태로의 복원일 것이다. 지방자치 30년의 암흑기에 파묻혔던 지방자치의 역사를 꼼꼼하게 살펴볼 이유가 하나 더 늘었다.

5절 관행과 편견을 제도로 넘다: 여성의원의 진출 확대

다음으로 여성들의 지방의회 진출 상황을 살펴보자. 이 분야 통계를 보면서 가장 먼저 들었던 생각은 사회적 불평등을 해소하기 위해서는 당사자의 노력과 함께 제도적 개선이 반드시 필요하다는 것이다. 불평등이 고착되어 오랜 관행으로 이어져 온 경우에는 구성원의 선의나 당사자의 노력보다는 불평등을 빠르게 회복할 수 있는 제도의 변화가 필요하다. 이것이 없으면 많은 시간이 필요하고, 그 과정에서 우리 사회가 감당해야 하는 아픔과 피해는 매우 크다.

여성의 사회, 정치적 지위와 역할을 회복하는 과정에서 도입된 여러 제도는 충분히 그 역할을 했다. 오히려 제도 도입이 너무 늦거나 도입된 제도가 부실해 예상했던 결과를 보지 못한 사례도 많았다. 지방선거에서 여성 후보자와 여성 의원의 증가는 선진적인 의식을 갖고 노력한 여성 활동가의 헌신이 바탕이 되어 공직선거법의 개정이 영향을 주었을 것이다.

여성의 정치적 역할을 정상화하는 과정에서 선거법은 어떻게 바뀌어 왔는지 살펴보자. 여성의 정치적 진출을 위한 공직선거법은 2005년과 2010년 개정을 통해 여성 후보자의 추천(공천)을 의무화했다. 먼저

2005년 개정 공직선거법 제47조 3항과 4항을 살펴보자.

제47조(정당의 후보자추천) 1항과 2항 생략
③ 정당이 비례대표국회의원선거 및 비례대표지방의회의원선
거에 후보자를 추천하는 때에는 그 후보자 중 100분의 50 이
상을 여성으로 추천하되, 그 후보자 명부의 순위의 매 홀수에
는 여성을 추천하여야 한다. [개정 2005.8.4.]
④ 정당이 임기 만료에 따른 지역구국회의원선거 및 지역구지
방의회의원선거에 후보자를 추천하는 때에는 각각 전국지역
구총수의 100분의 30 이상을 여성으로 추천하도록 노력하여
야 한다. [신설 2005.8.4.]

3항은 비례대표 추천에서 여성 후보자를 100분의 50 이상으로 한다
는 내용과 함께 홀수에 여성 후보자를 추천해야 한다는 의무 조항이고
4항은 후보자 전체 총수의 100분의 30 이상을 추천하라는 권고 조항
이다. 조문 마지막 부분에 '노력하여야 한다'고 규정하고 위반했을 경우
에는 어떤 처벌이 있는지는 규정하지 않고 있다.
같은 47조 5항의 내용은 다음과 같다.

⑤ 정당이 임기 만료에 따른 지역구지방의회의원선거에 후보
자를 추천하는 때에는 지역구시·도의원선거 또는 지역구자치
구·시·군의원선거 중 어느 하나의 선거에 국회의원지역구(군
지역을 제외하며, 자치구의 일부 지역이 다른 자치구 또는 군지역
과 합하여 하나의 국회의원지역구로 된 경우에는 그 자치구의 일
부 지역도 제외한다)마다 1명 이상을 여성으로 추천하여야 한
다. [신설 2010.1.25., 2010.3.12.]

2010년에 개정된 규정으로 국회의원이 자신의 지역구에서 1명 이상은 반드시 여성 후보자를 추천해야 한다는 의무 규정이다. 비례대표뿐만 아니라 지역구에서도 여성 후보자의 추천을 의무로 규정했다.

이제 본격적으로 지방의회 선거에서 나타난 여성 후보자의 현황을 살펴보자. 기초 지방선거에서 여성 후보자가 의미 있게 증가하기 시작한 것은 민선 4회 지방선거 때다. 앞서 언급했듯이 비례대표 도입과 함께 홀수 순위 여성 배치가 변화를 일으키기 시작한 것이다. 3회까지 3%를 넘지 못했던 여성 후보자 비율이 14% 이상 증가하고 이후 지속적으로 높아지면서 지난 8회 선거에서는 36.75%를 기록했다.

여성 후보자의 증가 추이를 자세히 살펴보면 지역별로도 차이를 보인다. 광주, 대전, 울산광역시와 서울특별시, 경기도 지역의 여성 후보자의 비율이 다른 지역보다 많이 높은 비율을 보이고 있다. 서울시의 자치구 여성 후보자 비율은 민선 1기부터 3기까지 줄곧 최상위 수준을 유지하고 있으며, 이후 서울특별시(5회)와 광주(4, 6, 7회), 대전광역시(8회) 자치구 여성 후보자 비율이 민선 4회 선거부터는 번갈아 가면서 수위에 위치하고 있다.

경기도 지역 시군의회의 여성 후보자 비율을 민선 4회 선거부터 빠르게 증가하면서 광역도는 물론이고 광역시에도 뒤처지지 않는 비율을 보이고 있다. 민선 8회 선거에서는 대전과 광주광역시에 이어 세 번째로 높은 비율을 차지하고 있다. 서울보다 높은 비율이다. 48.94%라는 숫자는 후보자의 절반은 여성이라는 말이다.

대전광역시 자치구 의원의 여성 후보자는 61.04%로 남성 후보자보다 많았다. 전체 77명의 후보자 중에서 47명이 여성이었다. 지방선거 여성 후보자의 비율을 넓은 범위에서 보면 도시 지역이라 할 수 있는 특별시와 광역시의 자치구의회 선거에서 높은 비율을 보이는 반면에 농촌지역인 광역도의 시,군의회 선거에 여성 후보자가 상대적으로 적게 출마하는 것으로 나타난다.

기초의회 후보자는 지역구 후보자와 비례대표 후보자로 나누어 살펴볼 수 있다. 비례대표 후보자는 위에서 살펴본 대로 여성 후보자를 홀수 순번마다 추천해야 한다. 정당에서 비례대표 후보자를 추천할 때는 1, 3, 5, 7번은 반드시 여성으로 추천해야 하고, 2, 4, 6, 8번은 여성과 남성의 구분 없이 추천할 수 있다.

그런데 기초의원 수가 10인 미만인 경우 비례대표는 1번만 추천할 수 있다. 당연히 여성 후보자만이 추천될 수 있다. 모든 정당에서 1번 여성 후보자를 추천하니 기초의회에서 여성의원은 1명 이상은 있다. 여성의원이 많다고 느껴진다면 조금만 더 생각해 보아야 한다. 그 1인을 제외한 나머지 모든 의원은 여성이 아닌 남성이다.

아무튼 광역 도 기초의회 여성 후보자의 구성을 구체적으로 살펴보면 자치구의회 여성 후보자 구성과 시·군의회 여성 후보자 구성이 다르다는 사실을 발견한다. 자치구의 여성 후보자의 비중이 4회 선거에서는 비례대표 후보가 조금 높았고 5회 때는 두 부분의 구성이 비슷하다가 6회 선거부터는 지역구 후보 비중이 비례대표 후보 비중보다 높아지기 시작했다. 8회 선거에서 비례대표 후보보다 지역구 후보자 거의 두 배 이상 높다.

반면에 경기도를 제외한 광역 도의 경우에는 7회 선거에 와서야 두 부분의 비중이 비슷해졌고 8회 선거에서 지역구 후보자의 수가 조금 앞서기 시작했다. 기초의원의 여성 후보자 수는 4회부터 크게 증가하지는 않지만, 지역구 후보자의 증가 폭에 따라 자치구 여성 후보자와 시군 여성 후보자의 비율이 차이가 남을 확인할 수 있다. 앞으로 지역구에서 출마하는 여성 후보자가 더 많아지길 기대한다.

6절 지방정치의 개혁, 정당 공천 개혁에서 출발한다

지방의회 출마의 관건은 정당의 공천이다. 정당 중에서도 국회 제1당과 2당의 공천이 대부분의 수치를 좌우한다. 다음 지방선거에서 책임 있는 정당의 역할을 잘 수행하길 바란다.

전체 기초의원에서 여성 당선자의 비율도 후보자의 증가 비율과 비슷하게 민선 4회부터 15% 이상으로 크게 증가해 8회 선거에서는 33%를 넘어서기 시작했다. 인구 비중과 비슷한 50%에 다가가려면 아직 먼 길이 남았다.

절반이 아니라 더 많은 여성의원이 지방의회에서 활약하는 미래를 그려본다. 안타까운 숫자는 지역구 여성 후보자의 출마가 늘어나면서 여성 후보자의 당선율이 떨어지고 있다는 지표다. 4, 5회 선거에서는 후보자 비율보다 당선자 비율이 조금 높았으나 6회 선거부터는 당선자 비율이 후보자 비율보다 낮아지고 있다.

지방자치단체의 살림살이를 살피고 낭비를 줄이려면 여성의 역할이

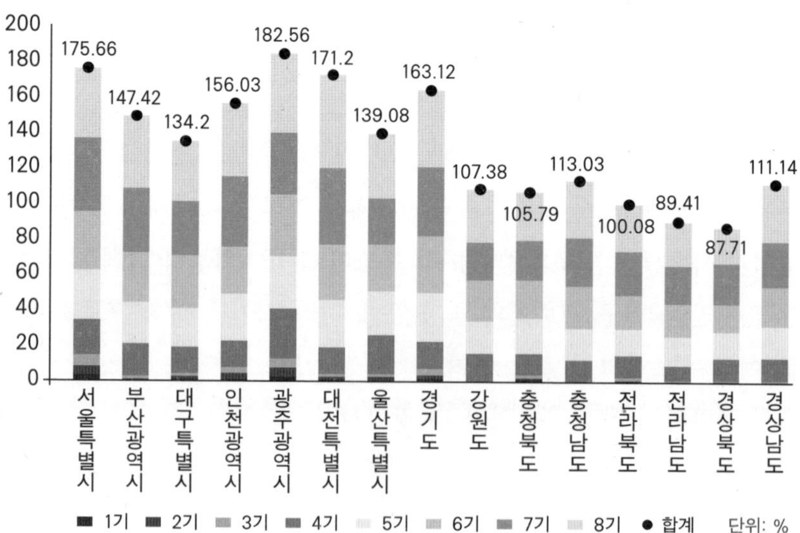

[그림 15-2] **광역별 기초의외 여성 당선자 비율(민선 1~8기)**

높아져야 한다. 지방자치 현장에서 따뜻함과 섬세함으로 주민의 삶을 살필 수 있는 돌봄의 품성이 더 요구되는 시대다. 많은 연구 결과는 여성 정치인의 증가가 복지·교육·보육·안전 정책을 확대시키고, 예산 투명성 개선, 주민 참여 확대와 밀접하게 연관되어 있음을 보여준다.

더 많은 여성이 지방의회에 진출해 지방자치 정책을 기획하고 추진해 가는 과정을 만들어 가야 한다. 여성의 눈으로 지방행정을 견제하고 감시하며, 부족한 부분을 보완해 가야 한다. 능력 있는 여성 정치인들이 지방선거에 더 많이 출마해 지역사회를 안전하고 풍요롭게 만들어 가길 기대한다.

제5부를 정리하며: 참여의 숫자는 민주주의의 미래를 보여준다

제5부에서 만난 숫자들은 민주주의의 현실, 지금 우리가 보고 있는 민주주의 얼굴이다. 참여의 문턱은 낮아졌지만, 참여의 현실은 여전히 불균등하다. 선거권은 확대되었지만, 선택지가 사라진 지역도 적지 않다. 새로운 주체가 등장했지만, 그 숫자는 아직 구조를 바꾸기에는 충분하지 않다. 이 모든 숫자는 지방자치가 완성된 제도가 아니라, 계속해서 시험받고 있는 과정임을 말해준다.

이 숫자들을 단순한 한계의 목록으로만 읽을 수는 없다. 무투표 당선이 반복되는 지역이 있다는 사실은, 동시에 그 구조가 문제라는 점이 분명해졌다는 뜻이기도 하다. 청년과 여성의 진입이 아직 소수라는 사실은, 그만큼 변화의 여지가 남아 있다는 신호이기도 하다. 참여의 숫자는 민주주의가 멈춰 있다는 증거이면서, 다시 움직일 수 있는 지점을 가리키는 좌표다.

제5부는 결론을 대신해 하나의 장면을 남긴다. 지방자치는 언제나 시민의 참여가 확장될 때 가장 역동적으로 변화해 왔다는 사실을 보여준다. 제도가 앞에서 시민을 이끈 사례도 있지만, 이보다 더 중요한 점은

시민의 참여가 제도의 경계를 조금씩 밀어내 왔다는 점이다. 선거 연령의 변화도, 새로운 정치 주체의 등장을 가능하게 만든 변화도, 모두 그런 과정의 일부였다.

이로써 책의 본문은 하나의 원을 완성한다. 헌법에 적힌 숫자에서 출발한 이야기는, 다시 시민의 숫자로 돌아왔다. 제도와 구조, 조례와 통치를 지나 마지막에 남은 것은 참여의 문제였다. 지방자치는 결국 누가 참여하는가에 따라 전혀 다른 모습으로 작동하는 제도임이 분명해졌다.

이제 남은 것은 정리와 선언이 아니라, 질문이다. 이 참여는 앞으로 어디까지 확장될 것인가?

그리고 그 변화는 어떤 민주주의를 만들어 낼 것인가? 이렇게 변화된 자치와 민주주의를 이끌어갈 시민의 힘, 시민자치력은 어떻게 성장하는가? 그 질문에 대한 답은 이제 책의 바깥에서 생활하며 행동하는 시민의 삶으로 이어질 것이다.

민주주의의 미래, 지방자치가 답하다

지방자치는 더 이상 중앙정치의 주변부나 행정 운영의 기술이 아니다. 지방자치는 한국 민주주의가 앞으로 어디로 나아가야 하는지를 보여주는 미래의 방향이자, 민주주의가 스스로를 지켜낼 수 있는 가장 강력한 토대다. 기후 위기와 코로나19와 같은 전지구적 위기, 대통령 탄핵이라는 국가적 위기, 지역 격차, 불평등과 갈등의 심화, 급변하는 기술과 산업의 변화 앞에서 민주주의가 흔들릴 때마다 지방자치는 그 충격을 흡수하고, 현장에서 다시 균형을 잡아 왔다. 권력을 견제하고, 시민의 삶을 보호하고, 지역의 문제를 가장 먼저 감지하는 능력, 이 모든 것이 지방자치가 가진 민주주의적 힘이다.

오늘날 민주주의가 직면한 문제는 이전 시대와는 전혀 다르다. 다양하게 분출되는 시민들의 요구를 모두가 만족하는 정책으로 수렴하기는 점점 더 어려워지고 있다. 특히 설계한 사람조차 설명할 수 없는 인공지능AI 시대에 발생하는 각종 사회문제를 과연 민주주의는 해결할 수 있을지 확신하기 어렵다. 풍부한 정보가 시민을 극단으로 몰아가며 4년이나 5년에 한 번씩 권한을 위임하는 선거만으로 민주주의가 유지될 수 있다는 믿음도 사라졌다. 민주주의의 위기를 경고하는 목소리가 커지고 있다.

이제 서로 얽혀 있는 복합적 문제들은 어떤 단일 정책이나 관행적으로 반복해 왔던 국가 주도 중앙집권 방식만으로는 해결할 수 없다는 사실만은 분명하다. 현장을 가장 잘 이해하는 지역의 대응력, 지역 스스로 문제를 정의하고 해결 방안을 찾아 합의해 가는 자치 역량, 아무리 혼란스럽고 긴박한 상황일지라도 시민 서로 서로가 의지하며 살아가는 시민의 힘市民力이 점점 더 중요해질 수밖에 없다.

지방자치는 단순한 행정단위를 넘어, 미래의 문제를 통합적으로 다루는 민주주의의 실험실이자 현장 지휘 본부가 되어가고 있다. 이 과정에서 무엇보다 중요한 것은 시민의 성장이다. 지방자치는 시민을 민주주의의 객체가 아니라 주체로 세운다. 지역의 문제를 읽고, 데이터를 해석하고, 정책의 우선순위를 판단하며, 권력의 작동을 감시하고 책임을 요구하는 능력이야말로 미래 민주주의의 경쟁력이다.

특히 공공데이터를 정확하게 이해하고 활용하는 시민은 정책을 소비하는 존재가 아니라, 정책을 함께 만들어 가는 새로운 유형의 민주시민이다. 잘 정비된 데이터는 참여의 언어가 되고, 투명한 정보는 권력을 견제하는 힘이 된다.

최근 들어 정부 각 부처는 물론이고 지방자치단체서도 공공데이터를 적극적으로 개방하고 있다. 광역자치단체만이 아니라 기초자치단체에서도 활발하게 데이터를 시민과 공유하며 여러 성과를 보여주고 있다. 먼저 경기도의 사례를 보자.

경기도는 실시간 버스·지적·환경·건축·상권 데이터를 시민에게 공개하며 데이터 기반 민주주의의 실험장을 만들어 왔다. 그 대표적 사례가 경기도 교통정보GTIS 개방이다. 경기도는 버스 위치·혼잡도·정류장 도착 정보 등을 공개했고, 이 데이터는 네이버·카카오와 수많은 스타트업에 의해 '전국 실시간 대중교통 시스템'으로 재탄생했다. 정확한 버스 도착 정보는 교통 불편을 줄였고, 민원은 급감했다. 시민에게 데이터가 곧 이동권이라는 사실을 처음으로 입증한 지역이 되었다.

수원시는 2025년 1월부터 데이터 포털 서비스를 개시해 기존 빅데이터 포털과 '통계로 보는 수원'을 통합해 개선한 '수원시 데이터 포털 서비스'를 제공하고 있다. 지도GIS 기반 시각화된 데이터와 민간 데이터를 활용한 정보를 시민들에게 제공하고 있다. '어르신 건강 및 요양시설 수요·공급 분석' 사례는 여러 기관에서 좋은 평가를 받으며 복지 분야 데이터 활용의 모범 사례가 되었다는 평가를 받고 있다.

공공데이터는 행정의 성과를 넘어 생활의 권리가 되었다. 성남시는 한 걸음 더 나아가, 전국 최초로 데이터를 활용해 복지 사각지대를 탐지하는 시스템을 구축했다. 전기·가스 사용량, 체납 정보, 병원 이용 패턴 등 여러 행정 데이터를 결합해 위기 가구를 조기에 발견하는 모델을 만들었다. 그 결과 도움을 요청하지 못하는 700여 가구가 구조되었다. 성남시는 데이터의 힘으로 "신고를 기다리는 복지"에서 "먼저 찾아가는 복지"로 민주주의의 방향을 바꾸었다.

그러나 지금 우리가 마주한 현실은 이러한 기대에 미치지 못한다. 정부와 지방자치단체가 적극적으로 공공데이터 개방을 통해 여러 방식으로 성과를 보이고 있지만, 아직 시작 단계라는 평가를 받는다. 생활의 불편을 해소하는 여러 플랫폼이 개발되고 실행되고 있으나 풀어나갈 과제 또한 산적해 있다는 의견이 다수를 이루고 있다.

필자가 만나는 공공데이터는 여전히 부실하거나 오류가 많다. 기관마다 통계의 기준과 시기가 달라 정책 연구나 공론장에서의 공유와 토론, 시민 감시 활동에 활용하기 어렵다. 정확한 데이터 없이는 민주주의도 자치도 본래의 힘을 온전히 발휘할 수 없다. 따라서 앞으로의 지방자치는 권한 확대, 재정 분권, 제도 개선과 함께 데이터의 신뢰성·일관성·접근성을 확보하는 문제도 시급히 해결해 나가야 한다.

이 책을 쓰면서 지방의원 정수와 의원 숫자를 비교, 분석하는 과정에서 중앙선거관리위원회가 제공하는 통계 차이로 한동안은 혼란을 겪었으나 이유를 찾고 나서 한숨을 돌린 적이 있었다. 공공데이터를 활용하면서 자료의 의미와 상황에 따른 변수를 함께 고려하지 않으면 혼선을 빚을 수 있으니 조심해야 함을 배웠다. 공공데이터를 제공하는 기관에서 자료에 대한 설명을 세심하게 해 준다면 작은 관심을 갖기 시작한 시민이 고생을 덜 할 수 있을 것이다. 공공데이터를 사실대로 제공하는 업무는 잘 처리했겠지만, 그 데이터를 활용하는 다양한 시민들의 요구는 충족했는지는 의문이다. 시민을 더 배려하는 행정서비스를 기대한다.

특히 지방자치 관련 자료들은 관심 밖으로 밀려나 있는 듯하다. 지방자치가 부활한 1991년 이후의 기록, 더 올라가 최초 지방자치가 시작된 1950년대의 관련 자료들까지 점검해 봐야 한다. 여러 기관에 산재한 정보를 한곳에 모으지 못한 채 각기 다른 규정과 방식으로 관리해 시민에게 제공하고 있는 한계를 해결해야 한다. 생활에서 당장에 부딪히는 불편을 해결하는 교통이나 안전, 돌봄 등에서 데이터의 활용도 시급하지만, 시민자치력을 키우고 참여를 확장하기 위한 관련 자료의 정비와 제공 또한 절실히 필요하다. 데이터는 민주주의의 기술적 기반이자, 시민의 권리이기 때문이다.

지금까지 이 책이 살펴본 숫자들은 과거의 기록이자 현재의 모습이며, 미래로 가는 길을 보여준다. 96과 97, 109와 110, 21과 20, 19 등은 과거의 숫자다. 75, 82, 69, 243, 117,370 등은 현재의 숫자이지만 변화하는 가변의 숫자다. 108과 381은 우리가 빨리 벗어나야 할 독배의 숫자임이 분명하다. 3, 혹은 7과 1,626은 희망의 숫자다.

이 숫자들은 결국 하나의 메시지로 수렴한다. 민주주의의 미래는 중앙이 아니라 지역에서 시작되며, 그 미래를 만들어 가는 힘은 제도나 권력이 아니라 시민에게 있다는 사실이다. 헌법 조문의 숫자, 지방자치단체의 수, 조례의 누적 건수, 선거연령과 대표성의 기준으로 등장한 숫자들은 모두 같은 방향을 가리킨다. 민주주의는 위에서 설계되어 아래로 전달되는 체계가 아니라, 지역의 삶 속에서 반복적으로 만들어지고 갱신되는 과정이라는 점이다. 숫자는 그 과정을 가장 솔직하게 기록해온 증거다.

이 책은 독자에게 거창한 행동을 요구하지 않는다. 다만 자신이 사는 지역의 조례 하나, 지방의회 회의록 한 페이지에 관심을 가지는 일만으로도 민주주의는 다시 활기를 띠기 시작한다는 점을 기억하길 바랄 뿐이다. 조례는 시민의 삶을 규정하는 가장 가까운 법이며, 지방의회 회의록은 권력이 어떤 방식으로 행사되었는지를 보여주는 민주주의의 기록이다. 그 숫자와 문장을 읽는 순간, 시민은 더 이상 정책의 수동적 수혜자가 아니라 민주주의의 작동 원리를 이해하는 주체가 된다. 민주주의는 거창한 참여 이전에, 이해와 관심이라는 가장 작은 행동에서 시작된다.

우리가 마주할 인공지능AI 시대에 펼쳐질 민주주의의 모습을 그려보는 일은 쉽지 않다. 그리고 민주주의 미래도 기존의 이론이나 제도로 감당하기 어렵다는 우려가 커지고 있다. 국내외 여러 사건 속에서 침묵하는 다수 시민이 강렬한 주장을 외치는 소수에 끌려가는 모습을 종종 목격한다. 대중매체가 등장하면서 나타나는 현상이었지만, 앞으로 인공지능AI과 결합한 다양한 매체가 미치는 영향력은 상상하기 힘들다. 시민이 지워지고, 그 자리를 컴퓨터가 차지해가고 있다. 다시 한번 강조하면 인공지능AI 시대, 민주주의 미래는 시민의 힘에 달려 있고, 지방자치 현장은 시민력을 키우고 민주주의를 배우는 가장 좋은 학교다.

지방자치는 과거에도 그랬고, 앞으로도 한국 민주주의의 가장 깊은 뿌리이자 가장 넓은 미래가 될 것이다. 이 책이 지방자치를 새로운 시각으로 바라보는 작은 출발점이 되기를 바란다.

숫자 속에 숨어 있는 지역의 역사, 시민의 목소리, 민주주의의 진동을 발견한다면, 우리는 앞으로의 길에 대해 더 명확한 확신을 가질 수 있다. 민주주의는 위기 앞에서 흔들릴 수 있지만, 자치는 언제나 그 위기를 돌파할 힘을 품고 있다. 민주주의의 미래는 중앙이 아니라 지역에서 시작된다. 그리고 그 미래를 열어가는 사람은 바로 시민 자신이다.

[참고자료 1] 시·군·구 인구 현황(2025년 10월 현재)

구분	시	군	구	합계
인구 총계	24,761,953	4,188,911	21,134,875	50,085,739
인구 평균	330,159	51,084	306,303	221,618
인구 중위값	244,345	40,106	287,305	137,449

[참고자료 2] 시·군·구 상위 5개와 하위 5개 자치단체 인구 현황

구분	시		군		구	
하위 5개 자치단체	강원 태백시	37,305	경북 울릉군	8,757	부산 중구	36,645
	충남 계룡시	45,986	경북 영양군	15,468	인천 중구	56,662
	강원 삼척시	60,819	인천 옹진군	19,648	부산 동구	83,997
	경북 문경시	65,660	전북 장수군	20,376	대구 중구	100,833
	전북 남원시	74,570	강원 양구군	20,468	부산 영도구	101,964
합계		284,340		84,717		380,101
평균		56,868		16,943		76,020
상위 5개 자치단체	경기 화성시	988,166	경북 칠곡군	105,104	대구 달서구	518,434
	경남 창원시	992,428	경기 양평군	127,241	서울 강서구	550,248
	경기 고양시	1,060,936	부산 기장군	174,962	서울 강남구	556,462
	경기 용인시	1,092,409	울산 울주군	219,171	서울 송파구	645,052
	경기 수원시	1,187,977	대구 달성군	254,935	인천 서구	651,032
합계		5,321,916		881,413		2,921,228
평균		1,064,383		176,283		584,246

[참고자료 3] 시·군·구 면적 현황(단위 ㎢)

구분	시	군	구	합계
지역 합계	39782.64	54916.77	3445.89	98148
평균	530.44	669.7167	49.94043	434
중위값	461.59	612.42	32	276.6

[참고자료 4] **시·군·구 상위 5개와 하위 5개 자치단체 면적 현황(단위 ㎢)**

구분	시		군		구	
하위 5개 자치단체	경기 구리시	33.34	경북 울릉군	73.04	부산 중구	3.04
	경기 과천시	35.87	충북 증평군	81.8	대구 중구	7.06
	경기 군포시	36.42	인천 옹진군	172.97	인천 동구	7.25
	경기 광명시	38.52	부산 기장군	218.34	서울 중구	9.96
	경기 오산시	42.69	경남 남해군	357.78	부산 동구	10.12
합계		186.84		903.93		37.43
평균		37.368		180.786		7.486
상위 5개 자치단체	경북 포항시	1,130.73	경북 봉화군	1,202.7	울산 북구	157.36
	강원 삼척시	1,187.85	강원 정선군	1,219.78	대전 유성구	176.62
	경북 상주시	1,254.7	강원 평창군	1,464.25	대구 동구	182.11
	경북 경주시	1,324.93	강원 인제군	1,646.2	부산 강서구	182.16
	경북 안동시	1,522.29	강원 홍천군	1,820.4	광주 광산구	222.69
합계		6,420.5		7,353.33		920.94
평균		1,284.1		1,470.666		184.188

[참고자료 5] **시·군·구 상위 5개와 하위 5개 자치단체 인구밀도 현황**

구분	시		군		구	
하위 5개 자치단체	강원 삼척시	51	강원 인제군	19	부산 강서구	818
	경북 상주시	72	경북 영양군	19	인천 중구	1,249
	경북 문경시	72	경북 봉화군	24	울산 북구	1,370
	전북 남원시	99	강원 화천군	25	대전 동구	1,606
	경북 안동시	101	강원 평창군	27	광주 광산구	1,745
합계		395		113		6,788
평균		779		23		1,358
상위 5개 자치단체	경기 군포시	6,918	경북 칠곡군	233	서울 강동구	20,302
	경기 광명시	7,532	울산 울주군	289	서울 중랑구	20,381
	경기 안양시	9,634	충북 증평군	453	서울 동작구	22,819
	경기 수원시	9,810	대구 달성군	595	서울 동대문구	24,216
	경기 부천시	14,226	부산 기장군	801	서울 양천구	24,483
합계		48,120		2,372		112,200
평균		9,624		474		22,440
상하위 평균 편차	122배		21배		17배	

[참고자료 6] **시·군·구 재정 규모 (단위 백만 원)**

구분	시	군	구	합계
지역 합계	103,226,679	47,520,761	53,507,928	204,255,368
평균	1,376,356	579,521	775,477	903,784.8142

[참고자료 7] **시·군·구 상위 5개와 하위 5개 자치단체 재정 규모(단위 백만 원)**

구분	시		군		구	
하위 5개 자치단체	충남 계룡시	237,968	경북 울릉군	210,000	부산 중구	195,273
	강원 태백시	436,192	충북 증평군	261,318	대구 중구	335,100
	강원 속초시	438,324	전남 구례군	340,751	인천 동구	342,046
	경기 과천시	447,119	강원 양구군	363,640	부산 동구	377,184
	강원 동해시	502,001	경북 영양군	374,800	울산 동구	400,017
합계		2,061,604		1,550,509		1,649,620
평균		412,321		310,102		329,924
상위 5개 자치단체	경기 용인시	2,932,199	전북 완주군	849,898	인천 남동구	1,205,985
	경기 화성시	3,118,753	전남 해남군	881,330	서울 노원구	1,277,967
	충북 청주시	3,132,644	전남 고흥군	884,642	서울 강서구	1,284,168
	경기 성남시	3,159,920	대구 달성군	953,000	인천 서구	1,301,876
	경남 창원시	3,291,189	울산 울주군	1,170,773	서울 강남구	1,328,078
합계		15,634,705		4,739,643		6,398,074
평균		3,126,941		947,929		1,279,615

분야	세부 분야	조례명
도시건설	도시관리	도시계획조례, 경관 조례, 도시공사 설립 및 운영 조례
		빈집 정비 지원 조례, 소규모 공동주택관리 지원에 관한 조례
	교통	자전거 이용 활성화에 관한 조례
		희망택시 운행 및 이용 주민 지원에 관한 조례
	주택	도시재생 활성화 및 지원에 관한 조례
		공동주택관리 분쟁조정위원회 구성·운영 조례
	기반시설 등	공정 하도급 및 상생협력에 관한 조례
		주소 정보 등에 관한 조례, 도시가스공급사업 보조금 지원에 관한 조례
경제산업	일자리	일자리 창출 지원에 관한 조례
		생활임금 조례, 노동자 권리 보호 및 증진을 위한 조례
	기업지원	ESG 경영 활성화 지원 조례
		기업 활동 지원 조례, 투자유치 촉진 등에 관한 조례
	소상공인	전통시장 및 상점가 육성을 위한 조례, 소상공인 보호 및 지원에 관한 조례
		모범장수기업 육성 및 지원에 관한 조례, 상품권 관리 및 운영 조례
	창업 등	1인 창조기업 육성 및 지원에 관한 조례
		노동복지기금 설치 및 운용 조례, 사회적경제 육성 및 지원에 관한 조례
교육	학교지원	교육경비 보조에 관한 조례
		학교 밖 청소년 지원 조례, 창의·인성교육 활성화 지원 조례
	장학사업	장학회 설립 및 지원에 관한 조례
		미래인재 양성을 위한 교육지원 조례
	인재육성	청주학사 설치 및 운영 조례
		마을교육공동체 활성화 지원에 관한 조례
	평생학습	민주시민교육에 관한 조례
		성인문해교육 지원에 관한 조례
농림수산	농업관련	풍수해 보험료 지원에 관한 조례
		농산물대금 선지급제 지원에 관한 조례
	임업관련	산림교육 활성화 지원에 관한 조례
		나무은행 설치 및 운영 조례
	수산업관련	농수산물종합유통센터 관리 및 운영 조례
		수산물가공산업 육성 및 지원조례
	농어촌발전	귀농어·귀촌 지원에 관한 조례
		귀농자 지원 조례, 청년영농실습농장 설치 및 운영에 관한 조례

문화 관광	문화 활동	문화복지 증진에 관한 조례
		마을 전승의례 지원 조례
	예술인 지원	예술인 기회소득 지급 조례
		청년 문화예술 육성 및 지원 조례
	관광 관련	문화관광해설사 운영 및 지원 조례
		맨드라미의 섬 조성 및 지원 등에 관한 조례
	체육	생활체육 및 체육복지 진흥 조례
		이스포츠(전자스포츠) 진흥 및 지원 조례
	축제 등	국제영화제 지원에 관한 조례
		축제 운영 및 지원에 관한 조례
보건 의료	건강 증진	건강도시 기본조례
		초등학생 치과주치의 의료 지원 조례
	정신 건강	심리지원센터 설치 및 운영에 관한 조례
		정신건강복지센터 설치 및 운영 조례
	감염병 관련	감염병의 예방 및 관리에 관한 조례, 공공심야약국 운영 및 지원 조례
		아토피 치유마을 관리 및 운영 조례
	치매 등	치매안심센터 설치 및 운영에 관한 조례
		자살예방 및 생명존중문화 조성을 위한 조례
복지	여성	성인지예산제의 실효성 향상 조례
		여성폭력방지 및 피해자 보호·지원 조례
	노인	어르신의 존엄한 삶 정리 교육 지원 조례
		노인 구강보건사업 지원 조례, 노인건강증진 등에 관한 조례
	장애인	발달장애인 권리보장 및 지원 조례, 무장애 도시 조성 조례
		시청각중복장애인의 권리보장 및 지원에 관한 조례
	아동	아동학대 예방 및 피해아동 보호에 관한 조례
		아동의 놀 권리 보장 조례, 출생 미등록 아동 발굴 및 지원 조례
	인권	노동인권 보호 및 증진을 위한 기본 조례
		청소년 노동인권 보호 및 증진 조례
	다문화	외국인노동자등 보호 및 지원 조례
		다문화가족 지원에 관한 조례
	보훈	보훈회관 설치 및 운영에 관한 조례
		독립유공자 예우 및 지원 조례
	사회적 약자	은둔형 외톨이 지원 조례, 저장강박 의심가구 지원 조례
		북한이탈주민 정착지원에 관한 조례

안전	재난 재해	재난현장 통합지원본부 설치 및 운영 조례
		사회재난 구호 및 복구 지원에 관한 조례
	치안	주민밀착형 탄력순찰 지원 조례
		안전취약계층에 대한 안전 환경 지원 조례
	산업 안전	산업재해 예방 및 노동안전보건 지원 조례
		중대재해 예방 및 관리에 관한 조례
	위험물 등	디지털성범죄 방지 및 피해 지원에 관한 조례
		화학물질 안전관리 조례, 다중운집행사 안전 관리에 관한 조례
의회	의회 운영	의회 공인조례
		의회 교섭단체 구성 및 운영에 관한 조례
	의정활동 지원	의회 의원 연구단체 구성 및 지원 조례
		의회 의원 행동강령 조례
	사무처 지원	의회 지방공무원 후생복지에 관한 조례
		의회 사무기구 설치 및 직원정수 조례
	시민 참여	의회 주민조례발안에 관한 조례
		의회 청소년 지방자치 아카데미 운영 조례
행정 일반	자치단체 활동	상징물 관리 조례
		시민헌장 조례, 일제잔재 청산 등에 관한 조례
	시민 참여	주민참여예산제 운영 조례
		마을공동체미디어 활성화 지원 조례
	세무 회계	지방재정공시심의위원회 조례
		납세자보호에 관한 사무처리 조례
	기관 운영	행정기구 설치 조례
		구청, 동행정복지센터 소재지에 관한 조례
	법정기구 운영	민주평화통일자문회의 단양군협의회 지원 조례
		종합자원봉사센터 설치 및 운영 조례
환경	기후 위기	기후위기 대응을 위한 탄소중립 기본조례, 신재생에너지 사업의 효율적 지원을 위한 주민수용성확보 기여금 조성 조례
		에너지 기본 조례, 미세먼지 피해저감 및 지원에 관한 조례
	생태계 보호	생태계 교란 생물 퇴치 촉진을 위한 조례
		우포따오기 관리에 관한 조례
	공원 녹지	도시공원 및 녹지 등에 관한 조례
		도시숲 등의 조성 및 관리 조례
	재활용 등	재활용가능자원의 재사용·재활용 활성화 조례
		환경교육 진흥에 관한 조례, 빗물관리에 관한 조례

광역	건설도시	경제산업	교육	농림수산	문화관광	보건의료	복지	안전	의회	행정일반	환경	합계
강원도	74	97	21	96	88	39	107	51	34	144	61	812
비율	9.11	11.95	2.59	11.82	10.84	4.80	13.18	6.28	4.19	17.73	7.51	100
경기도	141	152	33	86	136	66	217	87	52	162	103	1235
비율	11.42	12.31	2.67	6.96	11.01	5.34	17.57	7.04	4.21	13.12	8.34	100
경상남도	74	93	16	80	91	41	139	53	28	136	59	810
비율	9.14	11.48	1.98	9.88	11.23	5.06	17.16	6.54	3.46	16.79	7.28	100
경상북도	72	107	23	116	95	43	136	78	30	133	68	901
비율	1.08	1.61	0.35	1.74	1.43	0.65	2.04	1.17	0.45	2.00	1.02	13.54
광주광역시	102	103	26	26	104	40	136	60	25	156	63	841
비율	13.16	13.29	3.35	3.35	13.42	5.16	17.55	7.74	3.23	20.13	8.13	108.52
대구광역시	94	93	18	26	75	36	112	51	27	128	40	700
비율	13.43	13.29	2.57	3.71	10.71	5.14	16.00	7.29	3.86	18.29	5.71	100
대전광역시	90	93	19	16	77	33	131	65	31	139	58	752
비율	11.97	12.37	2.53	2.13	10.24	4.39	17.42	8.64	4.12	18.48	7.71	100
부산광역시	133	128	22	39	112	56	146	75	34	147	77	969
비율	13.73	13.21	2.27	4.02	11.56	5.78	15.07	7.74	3.51	15.17	7.95	100
서울특별시	120	93	23	16	84	42	130	64	44	146	63	825
비율	14.55	11.27	2.79	1.94	10.18	5.09	15.76	7.76	5.33	17.70	7.64	100
세종특별시	106	61	23	47	65	43	133	61	30	147	60	775
비율	13.55	7.87	2.97	6.06	8.39	5.55	17.16	7.87	3.87	18.97	7.74	100
울산광역시	84	104	16	47	69	31	115	60	28	122	56	732
비율	11.48	14.21	2.19	6.42	9.43	4.23	15.71	8.20	3.83	16.67	7.65	100
인천광역시	105	117	27	30	88	46	136	57	34	140	69	849
비율	12.37	13.78	3.18	3.53	10.37	5.42	16.02	6.71	4.00	16.49	8.13	100
전라남도	85	118	28	124	111	44	155	71	34	151	87	108
비율	8.43	11.71	2.78	12.30	11.01	4.37	15.38	7.04	3.37	14.98	8.63	100
전라북도	78	118	26	83	96	46	150	73	32	147	57	906
비율	8.61	13.02	2.87	9.16	10.60	5.08	16.56	8.06	3.53	16.23	6.29	100
제주특별도	106	93	29	93	153	63	187	60	41	161	94	1080
비율	9.81	8.61	2.69	8.61	14.17	5.83	17.31	5.56	3.80	14.91	8.70	100
충청남도	68	102	25	106	88	49	156	64	31	142	70	901
비율	7.55	11.32	2.77	11.76	9.77	5.44	17.31	7.10	3.44	15.76	7.77	100
충청북도	58	58	15	44	66	30	95	53	22	106	37	584
비율	9.93	9.93	2.57	7.53	11.30	5.14	16.27	9.08	3.77	18.15	6.34	100
합계	1589	1730	390	1075	1598	748	2381	1083	557	2407	1122	14680
비율	10.82	11.78	2.66	7.32	10.89	5.10	16.22	7.38	3.79	16.40	7.64	100

[참고자료 10] **광역별 기초자치단체 조례 분야별 분포**

광역별 기초	건설 도시	경제 산업	교육	농림 수산	문화 관광	보건 의료	복지	안전	의회	행정 일반	환경	합계
강원도	960	534	217	635	774	470	1282	515	384	1860	501	8132
비율	11.81	6.57	2.67	7.81	9.52	5.78	15.76	6.33	4.72	22.87	6.16	452
경기도	2266	1214	513	712	1385	975	3045	1093	800	3463	1245	16711
비율	13.56	7.23	3.07	4.26	8.29	5.83	18.22	6.54	4.79	20.72	7.45	539
경상남도	994	544	231	614	774	447	1288	594	386	1780	624	8276
비율	12.01	6.57	2.79	7.42	9.35	5.40	15.56	7.18	4.66	21.51	7.54	460
경상북도	1069	597	234	713	808	488	1353	582	447	2103	580	8974
비율	11.91	6.65	2.61	7.95	9.00	5.44	15.08	6.49	4.98	23.43	6.46	408
광주광역시	206	162	73	47	173	171	541	182	140	602	197	2494
비율	8.26	6.50	2.93	1.88	6.94	6.86	21.69	7.30	5.61	24.14	7.90	499
대구광역시	295	188	108	73	273	225	686	269	209	851	217	3394
비율	8.69	5.54	3.18	2.15	8.04	6.63	20.21	7.93	6.16	25.07	6.39	377
대전광역시	159	139	78	47	138	156	460	164	147	473	149	2110
비율	7.54	6.59	3.70	2.23	6.54	7.39	21.80	7.77	6.97	22.42	7.05	422
부산광역시	591	339	195	67	382	392	1096	439	416	1433	337	5687
비율	10.39	5.96	3.43	1.18	6.72	6.89	19.27	7.72	7.31	25.20	5.93	355
서울특별시	952	691	408	83	715	732	2292	717	594	2274	679	10137
비율	9.39	6.82	4.02	0.82	7.05	7.22	22.61	7.07	5.86	22.43	6.70	405
울산광역시	169	117	58	56	148	114	361	164	122	498	123	1930
비율	8.76	6.06	3.01	2.90	7.67	5.91	18.70	8.50	6.32	25.80	6.37	383
인천광역시	375	247	123	87	297	264	738	290	220	956	265	3862
비율	9.71	6.40	3.18	2.25	7.69	6.84	19.11	7.51	5.70	24.75	6.86	386
전라남도	1160	690	307	946	1057	585	1745	728	497	2472	717	10904
비율	10.64	6.33	2.82	8.68	9.69	5.37	16.00	6.68	4.56	22.67	6.58	496
전라북도	748	458	166	669	645	385	1179	147	300	1481	484	6972
비율	10.73	6.57	2.38	9.60	9.25	5.52	16.91	6.55	4.30	21.24	6.94	498
충청남도	894	573	244	609	706	421	1297	516	351	1654	560	7825
비율	11.42	7.32	3.12	7.78	9.02	5.38	16.58	6.59	4.49	21.14	7.16	522
충청북도	574	356	132	425	458	302	891	351	257	1185	351	5282
비율	10.82	6.74	2.50	8.05	8.67	5.72	16.87	6.65	4.87	22.43	6.65	480
합계	11412	6849	3087	5783	8733	6127	18254	7061	5270	23085	7029	102690
비율	11.11	6.67	3.01	5.63	8.50	5.97	17.78	6.88	5.13	22.48	6.84	454

[참고자료 11] **시·군·구 분야별 조례 분포**

지자체	건설 도시	경제 산업	교육	농림 수산	문화 관광	보건 의료	복지	안전	의회	행정 일반	환경
시 비율	12.56	7.60	2.86	5.90	9.37	5.55	17.40	6.41	4.52	20.48	7.36
군 비율	10.90	5.82	2.72	8.88	8.60	5.63	15.57	6.87	4.96	23.67	6.40
구 비율	9.25	6.35	3.57	1.20	7.08	7.00	21.12	7.56	6.28	23.96	6.62

[참고자료 12] **광역시와 도 산하 기초자치단체 조례 분야별 분포**

구분	도시	경제	교육	농림	문화	보건	복지	안전	의회	행정	환경	합계
광주광역시	206	162	73	47	173	171	541	182	140	602	197	2494
대구광역시	295	188	108	73	273	225	686	269	209	851	217	3394
대전광역시	159	139	78	47	138	156	460	164	147	473	149	2110
부산광역시	591	339	195	67	382	392	1096	439	416	1433	337	5687
서울특별시	952	691	408	83	715	732	2292	717	594	2274	679	10137
울산광역시	169	117	58	56	148	114	361	164	122	498	123	1930
인천광역시	375	247	123	87	297	264	738	290	220	956	265	3862
광역시기초합	2747	1883	1043	460	2126	2054	6174	2225	1848	7087	1967	29614
비율	9.28	6.36	3.52	1.55	7.18	6.94	20.85	7.51	6.24	23.93	6.64	395
강원도	960	534	217	635	774	470	1282	515	384	1860	501	8132
경기도	2266	1214	513	712	1385	975	3045	1093	800	3463	1245	16711
경상남도	994	544	231	614	774	447	1288	594	386	1780	624	8276
경상북도	1069	597	234	713	808	488	1353	582	447	2103	580	8974
전라남도	1160	690	307	946	1057	585	1745	728	497	2472	717	10904
전라북도	748	458	166	669	6445	385	1179	457	300	1481	484	6972
충청남도	894	573	241	609	706	421	1297	516	351	1654	560	7825
충청북도	574	356	132	425	458	302	891	351	257	1185	351	5282
광역도기초합	8665	4966	2044	5323	6607	4073	12080	4836	3422	15998	5062	73076
비율	11.86	6.80	2.80	7.28	9.04	5.57	16.53	6.62	4.68	21.89	6.93	484

[참고자료 13] **연혁 조례 기수별 현황**

기수	건설도시	경제산업	교육	농림수산	문화관광	보건의료	복지	안전	의회	행정일반	환경	합계
0기	5345	1018	587	1527	1394	1336	1044	574	305	9447	1042	23619
비율	22.63	4.31	2.49	6.47	5.90	5.66	4.42	2.43	1.29	40.00	4.41	100
1기	2013	419	323	430	676	461	443	113	773	3332	626	9609
비율	20.95	4.36	3.36	4.47	7.04	4.80	4.61	1.18	8.04	34.68	6.51	100
2기	1232	404	159	340	690	429	601	276	614	3488	629	8862
비율	13.90	4.56	1.79	3.84	7.79	4.84	6.78	3.11	6.93	39.36	7.10	100
3기	2880	1052	491	992	1724	1060	1770	340	1253	7565	1799	20926
비율	13.76	5.03	2.35	4.74	8.24	5.07	8.46	1.62	5.99	36.15	8.60	100
4기	3870	1137	685	899	2150	1044	2492	1683	1618	11038	2314	28930
비율	13.38	3.93	2.37	3.11	7.43	3.61	8.61	5.82	5.59	38.15	8.00	100
5기	9032	2753	1795	2488	4781	2127	7444	2026	4774	21681	4326	63227
비율	14.29	4.35	2.84	3.94	7.56	3.36	11.77	3.20	7.55	34.29	6.84	100
6기	9217	4478	2120	33024	6053	2848	9172	2894	2884	21879	4675	69244
비율	13.31	6.47	3.06	4.37	8.74	4.11	13.25	4.18	4.16	31.60	6.75	100
7기	15700	7458	3078	5247	10189	4088	16023	5472	4215	27873	7158	106501
비율	14.74	7.00	2.89	4.93	9.57	3.84	15.04	5.14	3.96	26.17	6.72	100
8기	16116	9563	3846	6211	13109	5233	20232	6343	7605	31673	7988	127919
비율	12.60	7.48	3.01	4.86	10.25	4.09	15.82	4.96	5.95	24.76	6.24	100
9기	13961	8980	3400	677	13191	6311	19613	6840	6746	25162	7626	118547
비율	11.78	7.58	2.87	5.67	11.13	5.32	16.54	5.77	5.69	21.23	6.43	100

[참고자료 14] 연혁 조례 지역별 현황

광역	건설도시	경제산업	교육	농림수산	문화관광	보건의료	복지	안전	의회	행정일반	환경	합계
강원특별자치도	5408	2630	1217	2543	4410	1715	5538	2054	1805	10502	2441	40263
비율	13.43	6.53	3.02	6.32	10.95	4.26	13.75	5.1	4.48	26.08	6.06	100
경기도	15559	6210	2936	3768	8544	4170	13509	4155	4703	26246	6838	96638
비율	16.1	6.43	3.04	3.9	8.84	4.32	13.98	4.3	4.87	27.16	7.08	100
경상남도	7151	3557	1511	3114	5098	2177	6249	2330	2785	15625	3750	53347
비율	13.4	6.67	2.83	5.84	9.56	4.08	11.71	4.37	5.22	29.29	7.03	100
경상북도	5049	2282	951	2813	4043	1330	5002	1620	2090	11215	2436	38831
비율	13	5.88	2.45	7.24	10.41	3.43	12.88	4.17	5.38	28.88	6.27	100
광주광역시	2292	1192	424	384	1504	791	2480	829	977	5139	1166	17178
비율	13.34	6.94	2.47	2.24	8.76	4.6	14.44	4.83	5.69	29.92	6.79	100
대구광역시	2086	1011	480	368	1468	698	2427	879	1005	5481	996	16899
비율	12.34	5.98	2.84	2.18	8.69	4.13	14.36	5.2	5.95	32.43	5.89	100
대전광역시	2481	1307	600	406	1478	830	2448	971	1023	5300	1063	17907
비율	13.85	7.3	3.35	2.27	8.25	4.64	13.67	5.42	5.71	29.6	5.94	100
부산광역시	4784	1861	928	478	2395	1649	4535	1773	2310	11125	2141	33979
비율	14.08	5.48	2.73	1.41	7.05	4.85	13.35	5.22	6.8	32.74	6.3	100
서울특별시	8434	3503	2090	513	4265	3096	8871	2572	3518	16612	4244	57717
비율	14.61	6.07	3.62	0.89	7.39	5.36	15.37	4.46	6.4	28.78	7.35	100
세종특별시	492	271	87	201	296	160	469	201	144	692	239	3252
비율	15.13	8.33	2.68	6.18	9.1	4.92	14.42	6.18	4.43	21.28	7.35	100
울산광역시	1580	957	328	346	1110	538	1644	743	773	3994	861	12874
비율	12.27	7.43	2.55	2.69	8.62	4.18	12.77	5.77	6	31.02	6.69	100
인천광역시	3726	1639	722	669	2407	1242	3436	1169	1428	8025	1450	25913
비율	14.38	6.33	2.79	2.58	9.29	4.79	13.26	4.51	5.51	30.97	5.6	100
전라남도	5938	2947	1263	3828	5264	2044	6671	2125	2661	12910	3273	48924
비율	12.14	6.02	2.58	7.82	10.76	4.18	13.64	4.34	5.44	26.39	6.69	100
전북특별자치도	4202	2596	844	3164	3986	1392	4998	1661	1619	8883	2362	35707
비율	11.77	7.27	2.36	8.86	11.16	3.9	14	4.65	4.53	24.88	6.61	100

제주도	102	23	16	24	81	23	53	31	44	277	54	728
제주특별자치도	1115	543	161	548	1208	269	763	298	296	1917	485	7603
	1217	566	177	572	1289	292	816	329	340	2194	539	8331
비율	14.61	6.79	2.12	6.87	15.47	3.5	9.79	3.95	4.08	26.34	6.48	100
충청남도	5622	2827	1209	2854	3926	1632	5688	1834	2106	11275	2644	41617
비율	13.51	6.79	2.91	6.86	9.43	3.92	13.67	4.41	5.06	27.09	6.35	100
충청북도	3345	1906	717	1854	2474	1181	4053	1316	1500	7920	1740	28006
비율	11.94	6.81	2.56	6.62	8.83	4.22	14.47	4.7	5.36	28.28	6.21	100
광역 합계	79366	37262	16484	27875	53957	24937	78834	26561	30787	163138	38183	577384
합계 비율	13.75	6.45	2.85	4.8.3	9.35	4.32	13.64	4.60	5.33	28.25	6.61	100

[참고자료 15] **기초자치단체 조례, 의원 수, 공무원 수 현황**

자치단체	조례	평균	의원 수	평균	조례/의원 수	공무원 수	평균
서울	10,137	405	427	17	24	37,324	1,493
부산	5,687	355	182	11	32	13,708	857
대구	3,394	377	128	14	27	8,478	942
인천	3,862	386	123	12	32	10,543	1,054
광주	2,494	499	69	14	36	5,351	1,070
대전	2,110	422	63	13	32	4,629	926
울산	1,930	386	50	10	39	4,108	822
경기	16,711	539	463	15	36	52,268	1,686
강원	8,132	452	174	10	45	14,698	817
충북	5,282	480	136	12	40	11,864	1,079
충남	7,825	522	177	12	44	15,971	1,065
전북	6,972	498	198	14	36	14,800	1,057
전남	10,904	496	247	11	45	19,025	865
경북	8,974	408	281	13	31	22,149	1,007
경남	8,276	460	270	15	31	20,836	1,158
합계/평균	102,690	454	2,988	13	35	255,752	1,132

[참고자료 16] 광역자치단체 조례, 의원수, 공무원 수 현황

자치단체	조례	의원 수	공무원 수	조례/의원 수
서울	825	112	11,468	7
부산	969	47	5,009	21
대구	700	32	3,523	22
인천	849	40	4,126	21
광주	841	23	2,568	37
대전	752	22	2,611	34
울산	732	22	2,037	33
세종	775	20	1,989	39
경기	1,235	156	4,680	8
강원	812	49	2,458	17
충북	584	35	1,953	17
충남	901	48	2,300	19
전북	306	40	1,983	23
전남	1,008	61	2,294	17
경북	901	61	2,430	15
경남	810	64	2,694	13
제주	1,080	40	5,330	27
합계	14,680	872	59,453	17
평균	864	51	3,497	17

[참고자료 17] 민선 1회부터 8회까지 의원 정수와 무투표 당선자 비율과 경쟁률 현황

구분	광의합	무당선	비율	후보 합	경쟁률	기의합	무당선	비율	후보 수	경쟁률
1	972	41	4.22	2,617	2.69	4,541	282	6.1	11,936	2.63
2	690	49	7.10	1,743	2.53	3,490	689	19.74	7,723	2.21
3	682	44	6.45	1,736	2.55	3,485	452	12.97	8,353	2.40
4	733	13	1.77	2,273	3.1	2,888	35	1.21	8,985	3.11
5	761	44	5.78	2,030	2.67	2,888	72	2.49	6,731	2.33
6	789	53	6.72	1,947	2.47	2,898	138	4.76	6,119	2.11
7	824	24	2.91	2,181	2.65	2,927	61	2.08	6,200	2.12
8	872	108	12.39	1,766	2.03	2,988	375	12.55	5,103	1.71

[참고자료 18] **민선 4-8회 지역구 기초의원 선거 양당 현황**

구분	당선자	민주	국힘	양당 합	비율	비율	양당 합	국힘	민주	후보자
4	2,513	543	1,401	1,944	77.36	40.74	3,246	1,943	1,303	7,968
5	2,512	871	1,087	1,958	77.95	54.72	3,186	1,901	1,285	5,822
6	2,519	989	1,206	2,195	87.14	59.77	3,214	1,858	1,356	5,377
7	2,541	1,400	876	2,276	89.57	60.12	3,197	1,492	1,705	5,318
8	2,601	1,218	1,216	2,434	93.58	75.454	3,338	1,663	1,675	4,424

[참고자료 19] **민선 4-8회 비례대표 기초의원 선거 양당 현황**

구분	당선자	민주	국힘	양당 합	양당 비율	양당 외 정당 당선자
4	375	87	200	307	81.87	68
5	376	154	160	314	83.51	62
6	379	168	207	375	98.94	4
7	385	238	133	371	96.36	14
8	386	166	219	385	99.74	1

*민선4기 양당 이외의 정당 당선자는 민주당 43, 민주노동당 14, 국민중심당 11명
*민선5기 양당 이외의 정당 당선자는 자유선진당 22, 민주노동당 25, 국민참여당 7, 미래연합 1, 친박연대 7명
*민선6기 양당 이외의 정당 당선자는 통합진보당 3, 정의당 1명
*민선7기 양당 이외의 정당 당선자는 바른미래당 2, 민주평화당 3, 정의당 9명
*민선8기 양당 이외의 정당 당선자는 정의당 1명이 유일함.

[참고자료 20] **민선 1-8기 광역의원 지역별 무투표 당선자 현황(10% 이상 지역만 표기)**

기수	지역	의원정수	무투표 당선	비율	후보 수	비례후보	후보 합	경쟁률
1	합계	972	41	4.22	2,439	178	2,617	2.69
	부산광역시	61	12	19.67	126	10	136	2.23
2	합계	690	49	7.1	1,567	176	1,743	2.53
	충청남도	36	4	11.11	77	10	87	2.42
	전라북도	38	10	26.32	66	9	75	1.97
	전라남도	55	9	16.36	117	10	127	2.31
	경상북도	60	7	11.67	135	15	150	2.5
	경상남도	51	7	13.73	116	10	126	2.47
	제주도	17	2	11.76	38	5	43	2.53
3	합계	682	44	6.45	1,528	208	1,736	2.55
	부산광역시	44	10	22.73	90	11	101	2.3
	대구광역시	27	5	18.52	58	9	67	2.48
	울산광역시	19	3	15.79	34	8	42	2.21
	경상북도	57	9	15.79	115	15	130	2.28
	경상남도	50	9	18	99	12	111	2.22
4	합계	733	13	1.77	2,062	211	2,273	3.1
	대구광역시	29	5	17.24	60	7	67	2.31
5	합계	761	44	5.78	1,764	266	2,030	2.67
	부산광역시	47	6	12.77	93	14	107	2.28
	대구광역시	29	6	20.69	61	14	75	2.59
	전라북도	38	6	15.79	78	13	91	2.39
	전라남도	57	14	24.56	105	19	124	2.18
6	합계	789	53	6.72	1,719	228	1,947	2.47
	대구광역시	30	6	20	49	9	58	1.93
	전라북도	38	5	13.16	74	13	87	2.29
	전라남도	58	14	24.14	114	14	128	2.21
	경상북도	60	17	28.33	103	14	117	1.95
7	합계	824	24	2.91	1,886	295	2,181	2.65
	전라남도	58	7	12.07	115	16	131	2.26
	경상북도	60	6	10	133	16	149	2.48

기수	지역	의원정수	무투표 당선	비율	후보 수	경쟁률	합계
8	합계	872	108	12.39	1,539	227	1,766	2.03

	합계	872	108	12.39	1,539	227	1,766	2.03
8	대구광역시	32	20	62.50	39	9	48	1.50
	광주광역시	23	11	47.83	32	8	40	1.74
	전라북도	40	22	55	53	10	63	1.58
	전라남도	61	26	42.62	92	11	103	1.69
	경상북도	61	17	27.87	106	13	119	1.95

[참고자료 21] **민선 1-8기 기초의원 지역별 무투표 당선자 현황(10% 이상 지역만 표기)**

기수	지역	의원정수	무투표 당선	비율	후보 수	경쟁률
1	합계	4,541	2,882	6.21	11,936	2.63
	부산광역시	320	35	10.94	700	2.19
	인천광역시	206	24	11.65	432	2.10
	대전광역시	107	12	11.21	258	2.41
	충청북도	180	19	10.56	473	2.63
	충청남도	223	5	2.24	657	2.95
	제주도	51	10	19.61	124	2.43
2	합계	3,490	689	19.74	7,723	2.21
	부산광역시	225	73	32.44	405	1.80
	대구광역시	146	71	48.63	241	1.65
	인천광역시	135	21	15.56	314	2.33
	대전광역시	75	14	18.67	184	2.45
	울산광역시	59	18	30.51	117	1.98
	경기도	466	48	10.3	1,129	2.42
	강원도	195	36	18.46	405	2.28
	충청북도	146	33	22.6	308	2.11
	충청남도	206	33	16.02	471	2.29
	전라북도	249	43	17.27	565	2.27
	전라남도	295	37	12.54	717	2.43
	경상북도	342	109	31.87	656	1.92
	경상남도	309	90	29.13	611	1.98
	제주도	41	9	21.95	87	2.12

	합계	3,485	452	12.97	8,353	2.40
	부산광역시	215	67	31.16	420	1.95
	대구광역시	140	34	24.29	309	2.21
	인천광역시	131	14	10.69	310	2.37
	광주광역시	84	13	15.48	187	2.23
3	울산광역시	59	13	22.03	125	2.12
	강원도	190	22	11.58	490	2.58
	충청남도	209	28	13.40	512	2.45
	경상북도	339	55	16.22	786	2.32
	경상남도	314	67	21.34	676	2.15
	제주도	38	6	15.79	85	2.24
4	합계	2,888	35	1.21	8,985	3.11
5	합계	2,888	72	2.49	6,731	2.33
6	합계	2,898	138	4.76	6,119	2.11
7	합계	2,927	61	2.08	6,200	2.12
	합계	2,988	375	12.55	5,103	1.71
	서울특별시	127	119	27.87	627	1.47
	부산광역시	182	35	19.23	280	4.54
	인천광역시	123	20	16.26	189	1.54
8	대전광역시	63	8	12.70	90	1.43
	울산광역시	50	6	12.00	88	1.76
	경기도	463	54	11.66	768	1.66
	전라북도	198	40	20.2	337	1.70

[참고자료 22] **지방의회 1-12기 연령별 당선자 비율과 인구 비율 비교 현황**

구분	30세 미만	30세이상 40세미만	40세이상 50세미만	50세이상 60세미만	60세이상 70세미만	70세 이상
지방의회 1기	7.12	39.85	37.78	13.58	1.68	
지방의회 2기	8.42	41.91	36.81	11.51	1.30	0.05
1955년 인구비율	14.85	11.90	9.31	6.02	3.91	1.65
지방의회 3기	12.16	42.06	34.81	10.02	0.90	0.06
1960년 인구비율	16.78	11.90	8.89	6.20	3.89	2.18
5회 당선자 수	22	524	1545	1973	466	11
5회 당선자 비율	0.48	11.54	34.02	43.45	10.26	0.24
1995년 인구 비율	20.12	17.08	10.87	8.37	4.74	2.91
6회 당선자 수	6	357	1297	1409	416	4
비율	0.17	10.23	37.17	40.38	11.92	0.11
2000년 인구 비율	18.95	18.77	12.42	8.93	5.7	3.58
7회 당선자 수	4	227	1348	1386	512	8
비율	0.11	6.51	38.68	39.77	14.69	0.23
2002년 인구 비율	17..28	18.01	15.11	9.39	6.88	4.34
8회 당선자 수	11	198	1195	1139	335	10
비율	0.38	6.86	41.38	39.44	11.6	0.35
2006년 인구 비율	15.59	17.45	17.06	10.91	7.59	5.71
9회 당선자 수	10	158	1010	1299	404	7
비율	0.35	5.47	34.97	44.98	13.99	0.24
2010년 인구 비율	13.59	16.57	17.51	13.99	8.3	7.11
10회 당선자 수	8	99	719	1563	484	25
비율	0.28	3.42	24.81	53.93	16.7	0.86
2014년 인구 비율	12.94	15.22	17.4	16.01	9.17	8.65
11회 당선자 수	26	165	621	1500	595	18
비율	0.89	5.67	21.22	51.26	20.33	0.62
2018년 인구 비율	13.17	14.03	16.38	16.62	11.48	10.12
12회 당선자 수	66	267	561	1281	770	42
비율	2.18	8.94	18.78	42.89	25.78	1.41
2022년 인구 비율	12.48	12.86	15.69	16.74	14.39	11.82

[참고자료 23] **지방의회 민선 1-8기 지역별 여성 후보자 현황**

구분	1	2	3	4	5	6	7	8
합계	1.70	1.80	2.65	14.24	21.95	26.50	33.68	36.75
서울특별시	4.62	4.58	6.08	19.38	29.85	35.01	45.53	47.21
부산광역시	1.00	0.99	2.14	6.91	28.62	24.72	37.58	40.34
대구광역시	1.58	1.66	2.59	12.33	20.00	25.73	31.14	33.15
인천광역시	2.08	3.50	3.55	15.12	24.09	28.37	40.30	46.01
광주광역시	3.03	3.23	5.88	21.93	28.57	37.12	45.76	49.54
대전광역시	3.10	1.09	1.13	14.13	25.00	31.09	45.63	61.04
울산광역시		5.13	3.20	20.20	28.05	38.27	40.00	37.33
경기도	2.40	2.30	3.67	16.86	27.43	34.58	45.03	48.94
강원도	0.40	0.67	1.43	12.57	16.71	22.00	25.62	34.72
충청북도	1.48	0.97	0.80	11.87	19.23	22.99	27.27	30.00
충청남도	0.15	0.42	1.17	11.09	20.25	19.57	31.41	36.30
전라북도	0.57	0.71	1.89	12.31	14.25	20.30	26.50	33.80
전라남도	0.55	0.42	0.81	11.47	14.23	18.47	24.01	23.96
경상북도	0.19	0.46	1.40	9.49	16.38	20.53	22.12	21.02
경상남도	0.88	0.49	1.04	12.48	19.11	23.62	26.18	30.14
제주도	0.81	0.00	0.00					

[참고자료 24] 기초의회 민선 1-8기 지역별 여성 당선자 비율 현황

구분	1	2	3	4	5	6	7	8
합계	4.59	1.61	2.21	15.13	21.68	25.26	30.75	33.40
서울특별시	4.34	5.00	5.65	19.57	28.40	33.17	39.72	39.81
부산광역시	0.63	0.89	1.40	18.68	23.63	28.02	35.71	38.46
대구광역시	1.97	2.05	1.43	14.66	21.55	28.45	31.03	33.06
인천광역시	0.97	3.70	3.05	15.18	26.79	25.86	39.83	40.65
광주광역시	3.20	4.94	5.95	26.47	30.88	33.82	33.82	43.48
대전광역시	1.87	1.33	1.33	15.87	25.40	31.75	42.86	50.79
울산광역시		3.39	1.69	22.00	24.00	26.00	26.00	36.00
경기도	2.50	1.72	3.40	15.59	27.10	31.32	39.37	42.12
강원도	0.00	0.00	0.53	15.38	18.93	22.49	21.89	28.16
충청북도	1.11	0.68	1.33	12.98	19.85	21.37	22.73	25.74
충청남도	0.00	0.00	0.48	12.36	17.98	23.67	26.90	31.64
전라북도	0.71	1.20	0.84	12.69	15.23	18.78	24.37	26.26
전라남도	0.29	0.00	1.03	9.05	16.05	18.11	21.40	23.48
경상북도	0.25	0.29	1.18	12.68	14.79	15.49	22.54	20.49
경상남도	0.44	0.00	0.64	13.51	17.76	21.92	25.76	31.11
제주도	0	0	0					

삶의 행복을 꿈꾸는 교육은 어디에서 오는가?

● **교육혁명을 앞당기는 배움책 이야기** 혁신교육의 철학과 잉걸진 미래를 만나다!

● 비고츠키 선집 발달과 협력의 교육학 어떻게 읽을 것인가?

혁신학교   성열관·이순철 지음 | 224쪽 | 값 12,000원

행복한 혁신학교 만들기   초등교육과정연구모임 지음 | 264쪽 | 값 13,000원

서울형 혁신학교 이야기   이부영 지음 | 320쪽 | 값 15,000원

혁신교육, 철학을 만나다   월렌트 데이비스·데니스 수마라 지음 | 현인철·서용선 옮김 | 304쪽 | 값 15,000

대한민국 교사, 어떻게 가르칠 것인가?   윤성관 지음 | 320쪽 | 값 15,000원

아이들을 어떻게 가르칠 것인가   사토 마나부 지음 | 박찬영 옮김 | 232쪽 | 값 13,000원

국제이해교육은 세계시민교육이다   한국국제이해교육학회 지음 | 396쪽 | 값 24,000원

경쟁을 넘어 발달 교육으로   현광일 지음 | 288쪽 | 값 14,000원

혁신교육 존 듀이에게 묻다   서용선 지음 | 292쪽 | 값 16,000원

다시 읽는 조선교육사   이만규 지음 | 750쪽 | 값 37,000원

교실 속으로 간 이해중심 교육과정(개정판)   온정덕 외 지음 | 216쪽 | 값 15,000원

대한민국 교육혁명   교육혁명공동행동 연구위원회 지음 | 224쪽 | 값 12,000원

포스트 코로나 시대의 교육   성열관 외 지음 | 224쪽 | 값 15,000원

내일 수업 어떻게 하지?   아이함께 지음 | 300쪽 | 값 15,000원

핀란드 교육의 기적   한넬레 니에미 외 엮음 | 장수명 외 옮김 | 456쪽 | 값 23,000원

한국 교육의 현실과 전망   심성보 지음 | 724쪽 | 값 35,000원

독일의 학교교육   정기섭 지음 | 536쪽 | 값 29,000원

교실 속으로 간 이해중심 통합교육과정   온정덕 외 지음 | 224쪽 | 값 15,000원

초등 백워드 교육과정 설계와 실천 이야기   김병일 외 지음 | 352쪽 | 값 19,000원

학습격차 해소를 위한 새로운 도전 보편적 학습설계 수업   조윤정 외 지음 | 240쪽 | 값 15,000원

● **경쟁과 차별을 넘어 평등과 협력으로 미래를 열어가는 교육 대전환!** 혁신교육 현장 필독서

학교의 미래, 전문적 학습공동체로 열다   새로운학교네트워크·오윤주 외 지음 | 276쪽 | 값 16,000원

마을교육공동체 생태적 의미와 실천   김용련 지음 | 256쪽 | 값 15,000원

학교폭력, 멈춰!   문재현 외 지음 | 348쪽 | 값 15,000원

학교를 살리는 회복적 생활교육   김민자·이순영·정선영 지음 | 256쪽 | 값 15,000원

삶의 시간을 잇는 문화예술교육   고영직 지음 | 292쪽 | 값 18,000원

미래교육을 디자인하는 학교교육과정   박승열 외 지음 | 348쪽 | 값 18,000원

코로나 시대, 마을교육공동체운동과 생태적 교육학   심성보 지음 | 280쪽 | 값 17,000원

혐오, 교실에 들어오다   이혜정 외 지음 | 232쪽 | 값 15,000원

수업, 슬로리딩과 함께   박경숙 외 지음 | 268쪽 | 값 15,000원

물질과의 새로운 만남   베로니카 파치니-케처바우 외 지음 | 이연선 외 옮김 | 218쪽 | 값 15,000원

그림책으로 만나는 인권교육   강진미 외 지음 | 272쪽 | 값 18,000원

수업 고수들 수업·교육과정·평가를 말하다	박현숙 외 지음	368쪽	값 17,000원
아이들의 배움은 어떻게 깊어지는가	이시이 준지 지음	방지현·이창희 옮김	200쪽	값 11,000원
미래, 공생교육	김환희 지음	244쪽	값 15,000원
들뢰즈와 가타리를 통해 유아교육 읽기	리세롯 마리엣 올손 지음	이연선 외 옮김	328쪽	값 17,000원
혁신고등학교, 무엇이 다른가?	김현자 외 지음	344쪽	값 18,000원
시민이 만드는 교육 대전환	심성보·김태정 지음	248쪽	값 15,000원
평화교육 과거, 현재 그리고 미래를 그리다	모니샤 바자즈 외 지음	권순정 외 옮김	268쪽	값 18,000원
마을교육공동체란 무엇인가?	서용선 외 지음	360쪽	값 17,000원
강화도의 기억을 걷다	최보길 지음	276쪽	값 14,000원
체육 교사, 수업을 말하다	전용진 지음	304쪽	값 15,000원
평화의 교육과정 섬김의 리더십	이준원·이형빈 지음	292쪽	값 16,000원
마을로 걸어간 교사들, 마을교육과정을 그리다	백윤애 외 지음	336쪽	값 16,000원
혁신교육지구와 마을교육공동체는 어떻게 만들어지는가?	김태정 지음	376쪽	값 18,000원
서울대 10개 만들기	김종영 지음	348쪽	값 18,000원
선생님, 통일이 뭐예요?	정경호 지음	252쪽	값 13,000원
10년 후 통일	정동영 지음	328쪽	값 15,000원
함께 배움 학생 주도 배움 중심 수업 이렇게 한다	니시카와 준 지음	백경석 옮김	280쪽	값 15,000원
다정한 교실에서 20,000시간	강정희 지음	296쪽	값 16,000원
즐거운 세계사 수업	김은석 지음	328쪽	값 13,000원
학교를 개선하는 교장	마이클 풀란 지음	서동연·정효준 옮김	216쪽	값 13,000원
선생님, 민주시민교육이 뭐예요?	염경미 지음	244쪽	값 15,000원
교육혁신의 시대 배움의 공간을 상상하다	함영기 외 지음	264쪽	값 17,000원
도덕 수업, 책으로 묻고 윤리로 답하다	울산도덕교사모임 지음	320쪽	값 15,000원
교육과 민주주의	필라르 오카디즈 외 지음	유성상 옮김	420쪽	값 25,000원
교육회복과 적극적 시민교육	강순원 지음	228쪽	값 15,000원
비판적 미디어 리터러시 가이드	더글러스 켈너·제프 셰어 지음	여은호·원숙경 옮김	252쪽	값 18,000원
지속가능한 마을, 교육, 공동체를 위하여	강영택 지음	328쪽	값 18,000원
대전환 시대 변혁의 교육학	진보교육연구소 교육과정연구모임 지음	400쪽	값 23,000원
교육의 미래와 학교혁신	마크 터커 지음	전국교원양성대학교 총장협의회 옮김	336쪽	값 18,000원
남도 임진의병의 기억을 걷다	김남철 지음	288쪽	값 18,000원
프레이리에게 변혁의 길을 묻다	심성보 지음	672쪽	값 33,000원
다시, 혁신학교!	성기신 외 지음	300쪽	값 18,000원
백워드로 설계하고 피드백으로 완성하는 성장중심평가	이형빈·김성수 지음	356쪽	값 19,000원
우리 교육, 거장에게 묻다	표혜빈 외 지음	272쪽	값 17,000원

교사에게 강요된 침묵	설진성 지음	296쪽	값 18,000원
왜 체 게바라인가	송필경 지음	320쪽	값 19,000원
풀무의 삶과 배움	김현자 지음	352쪽	값 20,000원
비고츠키 아동학과 글쓰기 교육	한희정 지음	300쪽	값 18,000원
교실을 위한 프레이리	아이러 쇼어 엮음	사람대사람 옮김	410쪽	값 23,000원
마을, 그 깊은 이야기 샘	문재현 외 지음	404쪽	값 23,000원
비난받는 교사	다이애나 폴레비치 지음	유성상 외 옮김	404쪽	값 23,000원
한국교육운동의 역사와 전망	하성환 지음	308쪽	값 18,000원
철학이 있는 교실살이	이성우 지음	272쪽	값 17,000원
왜 지속가능한 디지털 공동체인가	현광일 지음	280쪽	값 17,000원
선생님, 우리 영화로 세계시민 만나요!	변지윤 외 지음	328쪽	값 19,000원
아이를 함께 키울 온 마을은 어떻게 만들어야 할까?	차상진 지음	288쪽	값 17,000원
선생님, 제주 4·3이 뭐예요?	한강범 지음	308쪽	값 18,000원
마을배움길 학교 이야기	김명신 외 지음	300쪽	값 18,000원
다시, 남도의 기억을 걷다	노성태 지음	332쪽	값 19,000원
세계의 혁신 대학을 찾아서	안문석 지음	284쪽	값 17,000원
소박한 자율의 사상가, 이반 일리치	박홍규 지음	328쪽	값 19,000원
선생님, 평가 어떻게 하세요?	성열관 외 지음	220쪽	값 15,000원
남도 한말의병의 기억을 걷다	김남철 지음	316쪽	값 19,000원
생태전환교육, 학교에서 어떻게 할까?	심지영 지음	236쪽	값 15,000원
어떻게 어린이를 사랑해야 하는가	야누쉬 코르착 지음	송순재·안미현 옮김	408쪽	값 23,000원
북유럽의 교사와 교직	예스터 에크하트 라르센 외 엮음	유성상·김민조 옮김	412쪽	값 24,000원
산마을 너머 지금 뭐해?	최보길 외 지음	260쪽	값 17,000원
전문적 학습네트워크	크리스 브라운 외 엮음	성기선·문은경 옮김	424쪽	값 24,000원
초등 개념기반 탐구학습 설계와 실천 이야기	김병일 외 지음	380쪽	값 27,000원
선생님이 왜 노조 해요?	교사노동조합연맹 기획	324쪽	값 18,000원
교실을 광장으로 만들기	윤철기 외 지음	212쪽	값 17,000원
자율성과 전문성을 지닌 교사 되기	린다 달링 해몬드 외 지음	전국교원양성대학교총장협의회 옮김	412쪽	값 25,000원
선생님, 완벽하지 않아도 괜찮아요	유승재 지음	264쪽	값 17,000원
지속가능한 리더십	앤디 하그리브스 외 지음	정바울 외 옮김	352쪽	값 21,000원
남도 명량의 기억을 걷다	이돈삼 지음	280쪽	값 17,000원
교사가 아프다	송원재 지음	300쪽	값 18,000원
존 듀이의 생명과 경험의 문화적 전환	현광일 지음	272쪽	값 17,000원
왜 읽고 쓰고 걸어야 하는가?	김태정 지음	300쪽	값 18,000원

미래 교직 디자인	캐럴 G. 베이즐 외 지음 | 정바울 외 옮김 | 192쪽 | 값 17,000원
타일러 교육과정과 수업 설계의 기본 원리	랄프 타일러 지음 | 이형빈 옮김 | 176쪽 | 값 15,000원
시로 읽는 교육의 풍경	강영택 지음 | 212쪽 | 값 17,000원
부산 교육의 미래 2026	이상철 외 지음 | 384쪽 | 값 22,000원
11권의 그림책으로 만나는 평화통일 수업	경기평화교육센터·곽인숙 외 지음 | 304쪽 | 값 19,000원
명랑 10대 명량 챌린지	강정희 지음 | 320쪽 | 값 18,000원
교장이 바뀌면 학교가 바뀐다	홍제남 지음 | 260쪽 | 값 16,000원
모두 아픈 학교, 공동체로 회복하기	김성천 외 지음 | 276쪽 | 값 17,000원
교육정치학의 이론과 실천	김용일 지음 | 296쪽 | 값 18,000원
마오쩌둥의 국제정치사상	정세현 지음 | 332쪽 | 값 19,000원
교사, 깊이 있는 학습을 말하다	황철형 외 지음 | 214쪽 | 값 15,000원
더 나은 사고를 위한 교육	앤 마가렛 샤프 외 지음 | 김혜숙·박상욱 옮김 | 438쪽 | 값 26,000원
더 좋은 교육과정 더 나은 수업	이형빈 지음 | 292쪽 | 값 18,000원
한나 아렌트와 교육	모르데하이 고든 엮음 | 조나영 옮김 | 376쪽 | 값 23,000원
공동체의 힘, 작은학교 만들기	미셸 앤더슨 외 지음 | 권순형 외 옮김 | 264쪽 | 값 18,000원
토대역량과 사회정의	존 알렉산더 지음 | 유성상·이인영 옮김 | 324쪽 | 값 22,000원
마을교육, 다 함께 가치	김미연 외 지음 | 320쪽 | 값 19,000원
북한 교육과 평화통일 교육	이병호 지음 | 336쪽 | 값 22,000원
나는 어떤 특수교사인가	김동인 지음 | 268쪽 | 값 17,000원
능력주의 시대, 교육과 공정을 사유하다	한만중 외 지음 | 252쪽 | 값 17,000원
교사와 학부모, 어디로 가는가?	한만중 외 지음 | 252쪽 | 값 17,000원
프레네, 일하는 인간의 본성과 교육	셀레스텡 프레네 지음 | 송순재 엮음 | 김병호 외 옮김 | 564쪽 | 값 33,000원
지속가능한 마을교육공동체 운동	양병찬·한혜정 지음 | 268쪽 | 값 18,000원
평생학습으로 두 나라를 잇다	고바야시 분진 지음 | 양병찬·이정연 편역 | 220쪽 | 값 15,000원
초등 1학년 교실, 궁금하세요?	이경숙 지음 | 324쪽 | 값 19,000원
정의로운 한국사	김은석 지음 | 272쪽 | 값 17,000원
세계의 교사교육	린다 달링–해먼드·앤 리버맨 편저 | 전국교원양성대학교총장협의회 번역 332쪽 | 값 21,000원
남도 항일독립운동가의 기억을 걷다	김남철 지음 | 292쪽 | 값 19,000원
'좋아요'와 '싫어요'를 넘어	여은호·원숙경 지음 | 268쪽 | 값 18,000원
독일 정치교육	볼프강 잔더·케르스틴 폴 편저 | 김상무·김원태 편역 | 강구섭 외 공역 504쪽 | 값 32,000원
혁신교육과 마을교육의 도전과 전환	윤양수 지음 | 216쪽 | 값 17,000원
에듀테크, 교육에 좋은가?	닐 셀윈 지음 | 유성상 외 옮김 | 264쪽 | 값 18,000원
한국의 교사와 교원노조	박정훈 지음 | 344쪽 | 값 21,000원
교육의 정치적 중립성	김용 외 지음 | 416쪽 | 값 25,000원